Hans-Peter Nolting
Peter Paulus

# Pädagogische Psychologie

3., vollständig überarbeitete und erweiterte Auflage

Verlag W. Kohlhammer

3., vollständig überarbeitete und erweiterte Auflage 2004


Umschlag: Data Images GmbH
Gesamtherstellung:
W. Kohlhammer Druckerei GmbH + Co. Stuttgart
Printed in Germany

3-17-018212-9

# Inhaltsverzeichnis

# Vorwort zur dritten Auflage

In dieser Neufassung des Grundrisses *Pädagogische Psychologie* haben wir uns, wie bisher, von folgenden Zielen leiten lassen:

- einen Überblick über typische Begriffe und Fragestellungen der Pädagogischen Psychologie zu geben,
- dabei gleichermaßen die Felder »Unterricht« wie auch »Erziehung« zu beleuchten,
- für inneren Zusammenhalt statt bloßer Themenaddition zu sorgen,
- deutlich zu machen, dass Pädagogische Psychologie einerseits eine Wissenschaft ist und andererseits auch Orientierungen für das Urteilen und Handeln in der Praxis geben kann,
- in einer Sprache zu schreiben, die auch für psychologische Anfänger und interessierte Laien hinreichend verständlich ist.

Dabei haben wir auch im Blick, dass die Pädagogische Psychologie wie wohl kaum ein anderes Gebiet der Psychologie einen besonders großen Interessentenkreis unter Nichtpsychologen hat, die gewöhnlich nur ein psychologisches Kurzstudium absolvieren und auf Anwendungsbezüge Wert legen (Lehrer/innen, Erzieher/innen usw.).

Um beim Wissenserwerb Ordnung und Zusammenhalt zu erleichtern, ist das Buch nicht nur thematisch gegliedert, sondern auch hierarchisch aufgebaut. Kapitel 2 skizziert »grundlegende«, übergreifende Aspekte, die sich sozusagen als »rote Fäden« durch viele Inhalte hindurchziehen. Danach folgen die beiden »klassischen« Schwerpunkte »Erziehung« (Kapitel 3) und »Unterricht« (Kapitel 4).

Die Pädagogische Psychologie ist heute zu einem so weit gespannten Gebiet geworden, dass selbst umfangreiche Lehrbücher dieses Titels keinen Anspruch auf »Vollständigkeit« erheben können. Um so mehr gilt dies für einen kurz gefassten Grundriss. Da wir aber nicht auf thematische Vielfalt verzichten wollten, beschränkt sich die Erörterung der aufgenommenen Themen meistens auf einen Umfang von 5 bis 10 Seiten, gelegentlich auch mehr.

Was ist neu in dieser »neu bearbeiteten und erweiterten Auflage«? Die wichtigsten *inhaltlichen* Neuerungen sind:

- Alle Kapitel wurden ausgiebig aktualisiert.

- Im Kapitel 2 über grundlegende Aspekte werden die »pädagogische Situation« und die »interpersonalen Bezüge« jeweils als eigene Grundaspekte dargestellt.
- Zugleich wurde dieses Kapitel insgesamt gestrafft, während die Schwerpunkte »Erziehung« und »Unterricht« (Kapitel 3 und 4) mehr Raum erhielten.
- Kapitel 3 über Erziehung wurde umorganisiert, so dass Platz entstand für den neuen Abschnitt »Verminderung von Angst und Aggression«.
- Kapitel 4 über Unterricht wurde ebenfalls neu strukturiert, so dass das Thema »Transfer« ausgeweitet und ein eigener Abschnitt über »Unterrichtsstörungen« aufgenommen werden konnte.

Hinzu kommen Änderungen in der *Darstellungsform*:
- In allen Kapiteln sind immer wieder Zwischentitel eingefügt, um die inhaltliche Strukturierung deutlicher hervorzuheben.
- Zahlreiche Tafeln bieten schematische Übersichten oder Zusammenfassungen.
- Exkurse zu einzelnen Untersuchungen oder illustrierenden Beispielen sind typografisch abgesetzt.
- An vielen Stellen wurde der Text unter dem Kriterium der Klarheit sprachlich verbessert.

Wie Bücher aufgenommen und genutzt werden, hängt nicht nur von dem Buch selbst ab, sondern auch von den Vorkenntnissen und Erwartungen der Leser. Die sind oft so unterschiedlich, dass es schwer ist, allen gleichermaßen gerecht zu werden. Doch glauben wir, dass das Buch vielen Leserinnen und Lesern geordnetes Orientierungswissen verschafft und überdies Hinweise für mögliche Vertiefungen liefert.

Göttingen und Lüneburg, Januar 2004

Hans-Peter Nolting
Peter Paulus

# 1 Was ist Pädagogische Psychologie?

»Pädagogische Psychologie« enthält »Psychologie« als Hauptbegriff und »pädagogisch« als Spezifizierung. Psychologie beschäftigt sich, knapp formuliert, mit dem Verhalten und Erleben von Menschen, und die Pädagogische Psychologie tut dies in Hinblick auf pädagogische Sachverhalte. Man könnte auch sagen: Pädagogische Psychologie ist pädagogisch relevante Psychologie. Was heißt dies?

## 1.1 Das »Pädagogische« und das »Psychologische«

Wir beginnen mit der Frage, welche Sachverhalte »pädagogisch« bzw. »psychologisch« zu nennen sind, und skizzieren dann das Verhältnis der entsprechenden Fachdisziplinen.

### Die Sachverhalte: pädagogische und psychologische

»Pädagogisch« ist alles, was die »Erziehung« betrifft, wobei man hier Erziehung in einem weiten Sinne verstehen muss – als Oberbegriff, der Unterricht, Ausbildung u.dgl. mit einschließt, der also mehr umfasst als das, was Eltern gewöhnlich unter »Erziehung« verstehen. Hilfreich erscheint uns folgende Definition von Brezinka (1978, S. 45), in der wir Kernbegriffe hervorgehoben haben: »Unter Erziehung werden *Handlungen* verstanden, durch die Menschen *versuchen*, das Gefüge der *psychischen Dispositionen* anderer Menschen in irgendeiner Hinsicht dauerhaft zu *verbessern* oder seine als *wertvoll* beurteilten Komponenten zu *erhalten* oder die Entstehung von Dispositionen, die als *schlecht* bewertet werden, zu *verhüten*.«

Solche »Handlungen« könnten z. B. Ermunterungen, Verbote oder das Anbieten von Lernspielzeug sein. Pädagogische Handlungen sind intentional und zielgerichtet (Menschen »versuchen«...), während Lernen »durch das Leben« nicht als Erziehung gilt. Sie richten sich überdies auf die Realisierung irgendwelcher Wertvorstellungen, wie mehrere Wörter der Definition anzeigen (»verbessern«, »wertvoll«,

»schlecht«). Erreicht werden soll dabei nicht nur eine momentane, sondern eine mehr oder minder dauerhafte oder nachhaltige Wirkung auf andere Menschen – eben eine Beeinflussung ihrer »Dispositionen«.

Zum Sachgebiet »Erziehung«, mit dem sich die Erziehungswissenschaft befasst, gehören aber nicht nur die eigentlichen »Handlungen«, sondern alles, was damit in Zusammenhang steht: die Akteure des pädagogischen Feldes, also die Erziehenden und Erzogenen (oder Lernenden), die handlungsleitenden Ziele und Normen, die Institutionen, in denen die Erziehung systematisch organisiert wird (Schulwesen, Heime usw.), die Lehrpläne, Lehrstoffe und Lehrmittel. An der Erziehungswissenschaft in diesem umfassenden Sinne sind verschiedene Disziplinen beteiligt, nicht nur die Pädagogik, sondern auch die Pädagogische Soziologie, diverse Fachdidaktiken (z. B. für Deutsch- oder Physikunterricht) und eben auch die Pädagogische Psychologie.

Das »Psychologische« beginnt stets dort, wo es um das Verhalten und Erleben der Akteure des pädagogischen Feldes, also um die Erzieher und Erzogenen, geht. Psychologische Sachverhalte sind dabei unter anderem:

- die psychischen Prozesse, die sich in den Akteuren abspielen: also ihr Wahrnehmen und Denken, ihre Emotionen und Motivationen im aktuellen Erziehungsgeschehen;
- das Verhalten der Akteure zueinander, ihre interpersonale Orientierung und Beeinflussung,
- die Dispositionen, die durch die Erziehung gefördert werden sollen: z. B. bestimmte Fähigkeiten, Einstellungen, Verhaltensgewohnheiten u. dgl. sowie
- die Lernvorgänge, durch die diese Dispositionen entwickelt werden.

Mit Sachverhalten dieser Art beschäftigt sich also die Pädagogische Psychologie. Im Vordergrund stehen dabei solche Aspekte, die relativ direkt mit dem erzieherischen Handeln, mit den Lernenden oder den Erzieher-Lerner-Relationen zu tun haben. Es gibt aber auch Fragestellungen jenseits dieses Kernbereichs, beispielsweise: Gibt es Zusammenhänge zwischen der Schulleistung und der Beliebtheit bei Mitschülern? Oder: Was sind die Gründe für den Abbruch eines Studiums? Auch solche Fragen gehören sinnvollerweise zum Gegenstand der Pädagogischen Psychologie, weil sie einen pädagogischen Kontext betreffen, oder anders formuliert: weil es sich um psychologische Aspekte von »pädagogischen Situationen« handelt (Krapp, Prenzel & Weidenmann 2001, S. 23).

Wie unterscheiden sich die Disziplinen? Beschäftigen sich nicht beide mit den Akteuren des pädagogischen Feldes? Und lehrt nicht schon ein Blick ins Vorlesungsverzeichnis, dass beide Fächer oft Veranstaltungen mit gleichem Titel anbieten? Durchaus, aber es gibt Unterschiede. Die Pädagogische Psychologie untersucht weit »mikroskopischer« die Prozesse, die sich in den Akteuren und zwischen den Akteuren abspielen. Die Pädagogik tut dies nicht so intensiv, befasst sich dafür aber mehr mit nichtpsychologischen Aspekten wie pädagogischen Institutionen und mit ganz grundsätzlichen Fragen: Warum und wozu soll auf welche Weise erzogen werden? Das heißt auch: Die Beschäftigung mit pädagogischen Zielen, mit der Frage, was angestrebt werden *soll*, was beispielsweise die Bildungsziele der Gesamtschule sein sollten, ist explizit eine Aufgabe der Pädagogik, und zwar jenes Zweiges, der häufig als »normative Pädagogik« bezeichnet wird (vgl. Brezinka 1978, Klauer 1973). Die Psychologie hingegen beschäftigt sich weit weniger mit dem, was sein »soll«, sondern primär mit dem, was »ist«, also beispielsweise mit den tatsächlichen Wirkungen eines bestimmten Erziehungs- oder Unterrichtsverhaltens. Indirekt kann sie damit allerdings auch zur Diskussion über Ziele beitragen, wenn sie nämlich untersucht, ob ein angestrebtes Ziel überhaupt erreichbar ist, auf welchen Wegen und eventuell mit welchen unerwünschten Nebenwirkungen.

Pädagogische Psychologie ist also überwiegend eine empirische Wissenschaft, die beschreibt und erklärt, während die Pädagogik zumindest teilweise eine »normative« Wissenschaft ist, in der explizit gewertet wird. Allerdings gibt es auch die deskriptive oder empirische Pädagogik, die sich mit den Handlungen und Mitteln zur Erreichung der Ziele sowie den tatsächlichen Wirkungen befasst und sich besonders oft mit der Pädagogischen Psychologie überschneidet (Thurner 1981).

Der Unterschied zur Pädagogik liegt übrigens, anders als Laien manchmal vermuten, nicht darin, dass Psychologie »theoretisch« und die Pädagogik »praktisch« ist. Zunächst einmal: »Praktisch« sind auch die normative und empirische Pädagogik nicht, sondern lediglich der dritte Bereich, die »praktische« bzw. »präskriptive« Pädagogik (Brezinka 1978, Klauer 1973), die Aussagen macht von der Art: Wenn du Ziel X erreichen willst, dann ist es zweckmäßig, Mittel Y einzusetzen (wobei sie sich möglichst auf empirische Befunde stützt). Dies tut auch die Pädagogische Psychologie. Auch sie beschäftigt sich sehr direkt mit pädagogischer Beeinflussung, z. B. mit dem Erzieherverhalten, mit Lehrstrategien, mit Textverständlichkeit usw. und leitet daraus nicht selten Handlungsempfehlungen ab.

Insgesamt sind somit zwischen beiden Disziplinen, trotz der unterschiedlichen Akzente, scharfe Abgrenzungen kaum möglich. Der gemeinsame Gegenstand »Erziehung« lässt es wohl zu, an ihm verschiedene Aspekte zu *unterscheiden,* aber nicht, sie voneinander zu *trennen,* so dass man oft kaum umhin kommt, auch Aspekte der Nachbardisziplin mit anzusprechen.

Wie ausgeführt, gehört Pädagogische Psychologie gleichzeitig zur Psychologie und zur Erziehungswissenschaft. Ging es bisher vornehmlich um den zweiten Aspekt, um die pädagogischen Bezüge, soll im Folgenden ihr Charakter »als Psychologie« im Vordergrund stehen.

## 1.2 Sowohl »Gebiet« als auch »Blickwinkel«

Es ist üblich, Wissenschaften in »Gebiete« oder »Teildisziplinen« zu unterteilen. In der Psychologie unterscheidet man gewöhnlich

- Allgemeine Psychologie, Differentielle/Persönlichkeitspsychologie, Entwicklungspsychologie und Sozialpsychologie als Grundlagengebiete,
- Klinische Psychologie, Pädagogische Psychologie, Arbeits- und Organisationspsychologie, Medizinische Psychologie, Verkehrspsychologie und viele weitere »Bindestrich-Psychologien« als Anwendungsgebiete.

Allerdings ist die Unterscheidung in »Grundlagen-« vs. »Anwendungs«gebiete nicht unproblematisch. Auch die Pädagogische Psychologie lässt sich nicht einfach als Anwendungsfach kennzeichnen.

### Pädagogische Psychologie als Gebiet

»Gebiete« werden charakterisiert durch typische Themen und Fragestellungen, in denen sie sich von anderen Gebieten unterscheiden. Sie sind freilich keine abgegrenzten Areale, sondern lediglich Schwerpunkte, die sich durchaus mit anderen Gebieten überschneiden. So enthält die Pädagogische Psychologie auch Allgemeine Psychologie (insbesondere Lernpsychologie), Entwicklungspsychologie, Sozialpsychologie, Differentielle Psychologie einschließlich entsprechender Diagnostik sowie Klinische Psychologie (insbesondere zu Lern- und Verhaltensstörungen).

Das Spezifische der Pädagogischen Psychologie ergibt sich aus dem bereits erläuterten Kontext: pädagogische Handlungen und Situationen. Innerhalb des Gesamtgebietes zeichnen sich wiederum zwei Schwerpunkte ab, nämlich *Erziehung* und *Unterricht*, wobei dann »Erziehung« nicht mehr Oberbegriff ist, sondern eine engere Bedeutung hat. »Erziehung« legt den Akzent auf sozial-emotionale Aspekte, während »Unterricht« primär die Förderung von Leistungen im Auge hat.

In gewissem Grade lassen sich diese Schwerpunkte den Sozialisationsinstanzen »Familie« und »Schule« zuordnen. Allerdings betreibt die Schule immer auch »Erziehung« (und sei es nur im Dienste eines reibungslosen Unterrichts) und in der Familie wird auch »unterrichtet«. Mit »Schule« und »Familie« steht zugleich das Kindes- und Jugendalter im Vordergrund und hier liegt traditionell der Schwerpunkt der Pädagogischen Psychologie. Seit einigen Jahren kommen aber zunehmend spezifische Aspekte des Erwachsenenalters und höheren Lebensalters bzw. der Erwachsenenbildung, des Studiums usw. zur Sprache.

Unter dem Titel »Pädagogische Psychologie« setzen Einführungen und Lehrbücher durchaus unterschiedliche thematische Akzente. Das gilt schon für die Gewichtung der beiden Bereiche Unterricht und Erziehung. So befassen sich viele Bücher primär mit Unterricht und kognitivem Lernen, andere primär mit Erziehung und sozial-emotionalem Lernen und wieder andere in etwa gleichem Maße mit beiden Seiten (wie das vorliegende Buch).

### Besonderer Blickwinkel auf psychisches Geschehen

Bezeichnet man Pädagogische Psychologie als ein »Gebiet«, will man sie damit, wie dargelegt, von anderen Gebieten der Psychologie unterscheiden. Nun gibt es aber auch viel *Gemeinsames.* Das zeigen schon die vielfältigen Überschneidungen. Und das *muss* auch so sein, wie eine einfache Überlegung deutlich macht: Es wird nämlich in jedem Fall psychisches Geschehen von Menschen untersucht und dieses kann im pädagogischen Feld nicht prinzipiell anders »funktionieren« als etwa bei der Arbeit (wiewohl diese Felder verschiedene psychologische »Gebiete« ausmachen). Aber: Die Pädagogische Psychologie betrachtet das Geschehen aus einem ganz anderen *Blickwinkel* als die Arbeitspsychologie.

Um den *gemeinsamen* Kern in knapper Form zu charakterisieren, eignen sich unseres Erachtens die folgenden »grundlegenden Aspekte des psychischen Systems« (Nolting & Paulus 1999):

- *Aktuelle Prozesse (innere Prozesse und Verhalten):* Sie bilden das »eigentliche« psychische Geschehen und vollziehen sich in der unmittelbaren Auseinandersetzung zwischen Mensch und Umwelt. Dabei lassen sich zwei Funktionsrichtungen unterscheiden: (a) aufnehmende Prozesse wie Wahrnehmen, erfassendes Denken und Emotionen, mit denen Menschen ihre Umwelt »verarbeiten«, und (b) einwirkende Prozesse wie Motivation, planendes Denken, äußeres Verhalten/Handeln, mit denen Menschen die Umwelt beeinflussen und gestalten.

- *Situative Faktoren:* Welche konkreten Prozesse sich zu einem bestimmten Zeitpunkt in einem Menschen abspielen (z. B. *was* jemand denkt oder fühlt), das ist unterschiedlich je nach der Situation, nach der aktuellen Umwelt, in der er sich befindet (z. B. nach der Art der Anforderung oder nach anwesenden Personen).
- *Personale Dispositionen:* Die konkreten Prozesse sind außerdem abhängig von der »Person«, von ihren »Dispositionen« (Verhaltensgewohnheiten, Kenntnissen, Einstellungen usw.). Menschen unterscheiden sich eben darin, zu welchen Gedanken, Emotionen, Verhaltensweisen usw. sie »disponiert« sind.
- *Entwicklung:* Die personalen Dispositionen sind ihrerseits das Ergebnis der bisherigen Entwicklung und sie können sich auch künftig weiterentwickeln. Bestimmt wird die Entwicklung teilweise (aber nicht nur) von den »Spuren«, die sich aus den aktuellen Prozessen ergeben können, also von »Lernen«.

Als »grundlegend« kann man diese Aspekte bezeichnen, weil sie fundamentale Tatbestände des Verhaltens und Erlebens betreffen und insofern theorieneutral sind: Es gibt keine Lehrmeinung, die den einen oder anderen Aspekt für bedeutungslos erklärt. Unterschiedlich sind aber die Auffassungen über ihre Gewichtung und die inhaltliche Ausfüllung (schon die eben genannte Gliederung der aktuellen Prozesse ist in diesem Sinne nicht mehr ganz theoriefrei).

Will man ein beliebiges Verhalten – oder auch Verhaltensprodukte wie etwa Schulleistungen – erklären, so kann jeder der vier Systemaspekte hierfür einen nützlichen Suchbereich bilden. Man kann also unter anderem nach den aktuellen inneren Prozessen hinter dem Verhalten fragen (z. B. nach Denkprozessen) und ebenso nach Entwicklungsbedingungen (z. B. im Elternhaus). Doch sind die Aspekte nicht separat, sondern in ihrem Verhältnis *zueinander* zu betrachten, wie es in Tafel 1 dargestellt ist.

Mehr noch: Das Zusammenspiel und die Wechselwirkungen zwischen Mensch und Umwelt liefern Erklärungen, die sich aus den einzelnen Suchbereichen noch nicht ableiten lassen – so wie etwa eine Paarbeziehung »mehr« ist als zwei Personen. Hieraus ergibt sich ein Zusatzaspekt von ebenfalls grundlegender Bedeutung, nämlich:

- *Interaktion* – gemeint als Sammelbegriff für alle »Inter«-Aspekte im Zusammenspiel von einzelnen Menschen und der Umwelt im Allgemeinen bzw. mit anderen Menschen im Besonderen (= soziale Interaktion). Zu solchen Inter-Aspekten gehören auch Phänome wie Kommunikation und Beziehung.

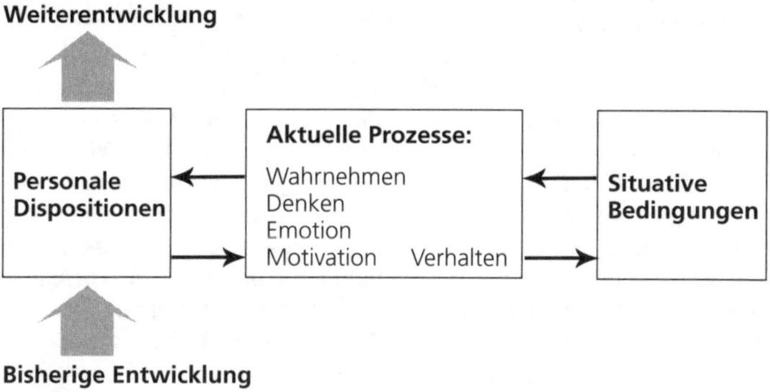


**Tafel 1:** Grundlegende Aspekte des psychischen Systems: Im Zentrum steht das aktuelle psychische Geschehen aus Verhalten und zugrunde liegenden inneren Prozessen. Die aktuellen Prozesse werden von situativen Faktoren und von personalen Faktoren (Dispositionen) bestimmt. Die Dispositionen sind das Ergebnis der bisherigen Entwicklung und sie entwickeln sich weiter (Zusätzlich durch Pfeile angedeutet: Das Verhalten wirkt auch auf die Situation; die aktuellen Prozesse können Dispositionen verändern. Nicht explizit dargestellt: die Interaktion zwischen *zwei* Menschen; s. hierzu Tafel 12 auf S. 54)

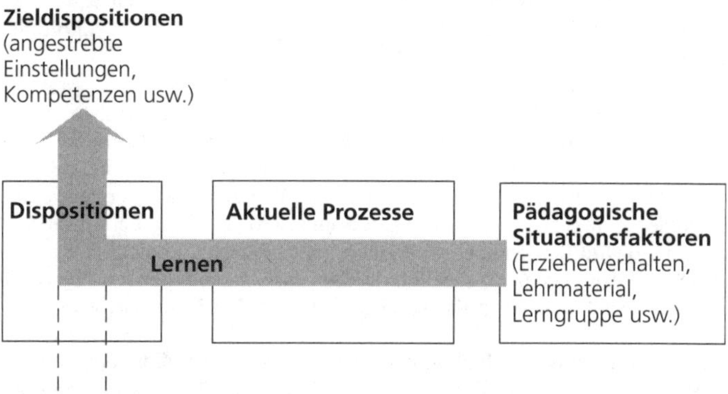


**Tafel 2:** Der Schwerpunkt des *pädagogisch-psychologischen* Blickwinkels innerhalb der grundlegenden Aspekte: Pädagogische Situationen setzen über aktuelle Prozesse Lernvorgänge in Richtung auf Zieldispositionen in Gang

Zusammen ergeben die 4+1 Grundaspekte eine *themen- und theorieneutrale Makrostruktur* vom »ganzen« psychischen System und erfüllen eine wichtige didaktische Funktion: nämlich Wissensinhalte, die durch »Gebiete« und »Themenbereiche« (auch innerhalb der Pädagogischen Psychologie!) getrennt werden, wieder zueinander in Beziehung zu setzen und so für *Zusammenhalt* zu sorgen. Das Wissen auf Zusammenhalt hin zu organisieren, sozusagen »systemgemäß«, empfiehlt sich ganz besonders dort, wo man es nicht mit einzelnen Funktionen, sondern mit »ganzen Menschen« zu tun hat – und das gilt für alle Praxisfelder. Hier müssen vielfältige Aspekte, die in Forschung und Lehre gewöhnlich separat erörtert werden (z. B. Lernen, Kommunikation, Fähigkeiten), zu einem Gesamtsystem verbunden werden.

Den gemeinsamen Kern in den Vordergrund zu stellen hilft aber nicht nur bei der Integration des Wissens, sondern bringt auch ein anderes Verständnis von »Gebieten« mit sich: Sie werden zu *Betrachtungsweisen.* Entweder richten Gebiete den Blick vorrangig auf *einen* der Grundaspekte (z. B. auf Person-Unterschiede) *oder* sie betrachten das *Gesamt*system in Bezug auf einen bestimmten Kontext. »Unser« Gebiet, die Pädagogische Psychologie, ist so eine »Kontextwissenschaft« (Hofer 1987) und in gewisser Weise auch eine »praxisbezogene Betrachtungsweise« (Nolting & Paulus 1999). Sie betrachtet das Gesamtsystem aus dem pädagogischem Blickwinkel und ihre vorrangige Frage lautet etwa so: Welche pädagogischen Situationen setzen über welche aktuellen Prozesse welche Lernprozesse in Richtung auf welche Zieldispositionen in Gang? (s. Tafel 2). In diesem Sinne ist Pädagogische Psychologie mithin keine eigene Art von Psychologie, sondern *pädagogisch relevante* Psychologie.

Zwei Beispiele: Mit der Natur von Motivationsvorgängen beschäftigt sich die Allgemeine Psychologie; die Pädagogische Psychologie betrachtet Motivation im Hinblick auf das Erreichen bestimmter pädagogischer Ziele: Was motiviert Schüler zu schulischem Lernen? Wie kann man Lernmotivation fördern? Welche Rolle spielen Motivationsprobleme bei Lernstörungen? Ebenso wird Entwicklung nicht »rein« entwicklungspsychologisch betrachtet (mit dem Akzent auf dem Beschreiben und Erklären), sondern eben auch unter dem Aspekt von pädagogischen Zielen und Einflussmöglichkeiten.

Die Formulierung, die Pädagogische Psychologie sei pädagogisch relevante Psychologie, meint lediglich, dass »das Psychologische« im Kern dasselbe ist wie in der gesamten Psychologie und andere Gebiete daher potentiell auch für die Pädagogische Psychologie relevant sind (vgl. etwa Oerter 1987). Es bedeutet allerdings *nicht*, dass man alle Theorien und Befunde aus der »nichtpädagogischen« Psychologie unbesehen auf die Pädagogische Psychologie übertragen könnte. Beispielsweise können lern- oder motivationspsychologische Laborexperimente zwar für pädagogische Fragen von Interesse sein, aber sie sind nicht automatisch repräsentativ für das Lernen unter Unterrichtsbedingungen. Die »Relevanz« ist von der Pädagogischen Psychologie zu prüfen und hierzu sind die Besonderheiten von Unterricht eigens zu untersuchen.

Allerdings gibt es keine verbindliche Auffassung über das Verhältnis von Pädagogischer Psychologie zur übrigen Psychologie und auch nicht über das Gewicht, das dem »praktischen« Anteil in der Pädagogischen Psychologie zukommen sollte. Letztlich heißt dies, dass es »die« Pädagogische Psychologie nicht gibt, sondern dass man sie so oder anders verstehen kann. Mit den vorangehenden Ausführungen glauben wir allerdings, die Pädagogische Psychologie innerhalb eines Rahmens von derzeit weitgehend akzeptierten Ansichten beschrieben zu haben.

## 1.3 Geschichte und Entwicklungstrends

Jedes Fach hat seine Geschichte. Die der Pädagogischen Psychologie ist vergleichsweise kurz. Wir möchten sie unter drei Perspektiven betrachten: Selbstverständnisse, Forschungstraditionen und theoretische Strömungen.

### Selbstverständnisse der Pädagogischen Psychologie

In der Perspektive des Selbstverständnisses geht es darum, wie sich die Pädagogische Psychologie im Verhältnis zu Pädagogik/Erziehungswissenschaft und Psychologie verortet hat. In der Gründungsphase um die Jahrhundertwende war die Pädagogische Psychologie zunächst nur eine *verkürzte Psychologie für Pädagogen* (z. B. Stößner 1909). Ihr Ziel war, wesentliche Erkenntnisse der experimentell orientierten Psychologie zu vermitteln, in der Hoffnung, dass der kreative Pädagoge diese Erkenntnisse auf geeignete Gegenstände der Erziehungstheorie und -praxis selbsttätig anwenden könne. Parallel dazu gab es aber auch eine zweite Strömung, die die Pädagogische Psychologie schon eigenständiger verstand: als Disziplin, die die Erziehungswirklichkeit mit der *Methodologie der Psychologie* erforscht (z. B. Meumanns »Experimentelle Pädagogik«; vgl. Ewert 1979). Dabei herrschte die Auffassung vor, dass sich die menschliche Entwicklung nach allgemeinen Gesetzmäßigkeiten vollziehe, dass es ebensolche Gesetzmäßigkeiten des Lernens gebe und das sich das Lehren als »Lernen machen« nach einem Trichter-Modell eines aktiven Lehrers und eines passiven Schülers vollziehe.

Nach dem Zweiten Weltkrieg lassen sich verschiedene Epochen identifizieren (vgl. Held 2001; Krapp, Prenzel & Weidenmann 2001, S. 10 ff; Weinert 2001). In ihrem Verlauf bildete sich ein ganzheitlicheres Verständnis der Person und ihrer Entwicklung heraus, das Abstand nimmt von starren Festlegungen durch Lerngesetze oder genetische Vorgaben, sondern die Plastizität menschlicher Entwicklung ins Zentrum rückt und damit auch der Pädagogischen Psychologie neue Perspektiven eröffnet (vgl. Weinert 2001, S. 143 ff). So versteht Roth als Aufgabe der Pädagogischen Psychologie »die Beobachtung und Erforschung des unter Erziehungseinwirkung stehenden Kindes und Jugendlichen« (Roth 1959, S. 110). Pädagogische Psychologie kann jetzt als *Theorie der pädagogischen Praxis* verstanden werden, wobei mit Praxis vorrangig die Schule gemeint ist. Die Prozesse des Unterrichtens und Erziehens werden nun selbst zum Gegenstand. Problemstellungen aus der pädagogischen Praxis werden zum Ausgangspunkt der Theoriebildung und die Anwendbarkeit von psychologischen Theorien und Methoden (von Lern-, Motivations-, und Interaktionstheorien u. a.) wird als eigenes Problem erforscht.

Schließlich ist noch ein weiteres Selbstverständnis zu nennen, in dem sich Pädagogische Psychologie weniger als Theorie, sondern mehr als *psychologische Technologie* versteht, die die Optimierung von Erziehungs- und vor allem Unterrichtsprozessen zum Ziel hat (vgl. Held 2001, Herrmann 1994, Lukesch 1998). Es geht hier vornehmlich um ihre Wirksamkeit und um die Vermeidung unerwünschter Nebenwirkungen, möglichst unter Wahrung von Ökonomiegesichtspunkten (vgl. Noack & Kracke 2000, S. 338).

### Thematische Traditionen

Im Verlaufe ihrer Geschichte und im eben beschriebenen Wandel des Theorie-Praxis-Verhältnisses sind von der Pädagogischen Psychologie immer wieder zentrale Problemstellungen bearbeitet worden, die sich als thematische Forschungstraditionen verstehen lassen (Heller 1999, Weinert 1974a).

Da Erziehung eng verknüpft ist mit Bedingungen und Folgen menschlicher Entwicklung, gibt es in der Pädagogischen Psychologie notwendigerweise eine *entwicklungspsychologische* Forschungstradition. In ihr wurde beispielsweise die Frage untersucht, in welchem Maße die damals so genannte Schulreife (heute Schulfähigkeit) durch Reifen oder Lernen bestimmt wird. Oft geht es auch um die Bereitstellung von Grundlagen für die pädagogische Förderung von Kindern und Jugendlichen, z. B. in der moralischen Urteilsbildung oder Identitätsentwicklung (vgl. Mietzel 2002). Da sich die Entwicklungspsychologie heutzutage nicht mehr nur auf Kindheit und Jugend beschränkt, sondern die ganze Lebensspanne im Auge hat, hat sie auch für pädagogisch-psychologische Fragen des mittleren und höheren Lebensalters an Bedeutung gewonnen, z. B. für den Erhalt der kognitiven Leistungsfähigkeit (vgl. Staudinger & Schindler 2002).

In der *lernpsychologischen* Forschungstradition wird das zentrale Thema der Pädagogischen Psychologie aufgegriffen: die Veränderung personaler Dispositionen durch Lernen. Lange Zeit wurden (entsprechend ihrem frühen Selbstverständnis) lediglich allgemeinpsychologische lerntheoretische Konzepte und Befunde aus Laborexperimenten in die pädagogische Praxis extrapoliert. Diesem Vorgehen war jedoch nur geringer Erfolg beschieden, vor allem weil von vielen wichtigen Gegebenheiten der Praxis abstrahiert wurde und dadurch die »ökologische Validität« der Erkenntnisse notgedrungen gering war. Heute bezieht die pädagogisch-psychologische Lernforschung diese Faktoren mit ein, berücksichtigt die interaktionelle Ebene des Lernens, ebenso wie die individuellen Lernvoraussetzungen, die vorgegebenen Lehrziele etc. Ein weiterer Wandel besteht darin, dass früher das »Verhalten« im Mittelpunkt des lernpsychologischen Interesses stand, während es heute der Wissenserwerb und die kognitiven Vorgänge der Informationsverarbeitung sind. Durch die Methoden der Kognitionspsychologie wird es künftig auch leichter sein, den Erwerb und die Nutzung alltäglichen und wissenschaftlichen Wissens zu erforschen (vgl. Steiner 2001).

Da Erziehen und Unterrichten häufig einen interaktionellen Charakter haben und zudem oft auch institutionell eingebunden sind, gibt es auch eine *sozialpsychologische* Forschungstradition in der Pädagogischen Psychologie (vgl. Perrez, Huber & Geißler 2001). Sie ist vor mehr als sechzig Jahren wesentlich durch die Untersuchungen zu Führungsstilen in Gruppen angestoßen worden (vgl. Lewin, Lippitt & White 1939). In diesem Forschungsbereich richtet sich das Augenmerk auf Phänomene wie das Lernen in Gruppen, die Rolle des Lehrers, die institutionellen Rahmenbedingungen, die sozialen Einflüsse von Familie, Peer-Gruppe, Medien usw. Zunehmend werden auch ökologische Gesichtspunkte mit berücksichtigt, so z. B. die mögliche Auswirkung der häuslichen und schulischen »Lernumwelt« auf Lernergebnisse der Schüler (vgl. Eder 1996, von Saldern 1991). Erziehung und Entwicklung werden überdies im Kontext umfassenderer Wirkgefüge bzw. Systeme betrachtet (vgl. Bronfenbrenner 1989).

Lern- und Erziehungsprozesse in der Schule laufen nicht immer reibungslos ab, sondern bergen manchmal Probleme wie Erziehungsschwierigkeiten, Lernstörungen, Verhaltensauffälligkeiten, gestörte Eltern-Kind-Beziehungen u. dgl. Sie sind wohl der häufigste Anlass für Eltern und Erzieher, sich mit Psychologie zu beschäftigen. Deshalb gibt es auch in der Pädagogischen Psychologie eine *klinisch-psychologische*

Forschungstradition. In ihr geht es um Fragen der Diagnostik, Beratung und Prävention sowie um die Förderung bzw. Optimierung von Entwicklungsprozessen, womit sich auch Überschneidungen zur entwicklungspsychologischen Tradition ergeben (vgl. Petermann 2000).

Pädagogisches Handeln erfordert häufig verlässliche Information z. B. über den Grad der Lernzielerreichung eines Schülers oder über seine individuellen Lernvoraussetzungen (vgl. Ingenkamp 1997). Dies ist der Grund für eine *psychodiagnostische* Tradition. Als ihr Begründer gilt der Franzose Alfred Binet. Er entwickelte ab 1905 eine psychologisch fundierte Testbatterie zur möglichst objektiven Erfassung der Intelligenz von 3- bis 15-jährigen Kindern, um ihre Sonderschulbedürftigkeit zu ermitteln. Während es lange Zeit vorwiegend um die Feststellung der kognitiven Leistungsfähigkeit ging, richtet sich die pädagogische Diagnostik heute vermehrt auch auf die Erfassung emotional-motivationaler Persönlichkeitsfaktoren (z. B. Prüfungsängstlichkeit, Leistungsmotivation, soziale Beziehungen und Erfahrungen, Selbstbild; vgl. Brickenkamp 1997).

Mit der *unterrichtspsychologischen* Forschungstradition schließlich ist jener Praxisbereich angesprochen, der seit jeher der Kernbereich Pädagogischer Psychologie ist. Statt von Unterrichtspsychologie wird

| **Zeitspanne** | **Entwicklungstrend** |
|---|---|
| 1940er und 1950er Jahre | • Wiederanknüpfen an internationale Entwicklungen<br>• Systematische Ordnung des bisher Erreichten<br>• Interdisziplinarität der Pädagogischen Psychologie |
| 1960er und 1970er Jahre | • Ausweitung und Differenzierung pädagogisch-psychologischer Forschung in der Folge der »Bildungskatastrophe« (Picht 1964)<br>• Rezeption und Anwendung der behavioristisch orientierten Lernforschung: Programmierter Unterricht, Pädagogische Verhaltensmodifikation<br>• Biologische Determinanten der Begabung, Begabung vs. Lernen; »natürliche Grenzen der Bildsamkeit«, Frage der Chancengleichheit<br>• Erziehungsverhalten, elterliche Erziehungsstile, schichtspezifische Unterschiede<br>• Erklärung und Vorhersage des Schulerfolgs<br>• Kritische Analysen zum schulischen Beurteilungswesen: Fehleranfälligkeit der Zensurengebung; mangelnde Eignung von Schulreifetests<br>• Untersuchungen zur Lehrerpersönlichkeit und zur Wirksamkeit von Schule und Unterricht |

| Zeitspanne | Entwicklungstrend |
|---|---|
| Seit den 1980er Jahren | • Erweiterung des traditionellen Forschungs- und Anwendungsfeldes: gesamte Lebensspanne; Lehren und Lernen bei Erwachsenen, neue Medien<br>• Kognitive Wende in der Lern- und Motivationsforschung: Gedächtnis- und Wissenspsychologie; kognitiv-handlungsorientierte Motivationsforschung<br>• Neues Forschungsparadigma der Instruktionspsychologie: Novizen-Experten-Paradigma (Anfänger-Experten-Vergleiche; Expertiseforschung); konstruktivistische Ansätze und situiertes Lernen<br>• Neue Schwerpunkte bei der Untersuchung der Lernenden: Hochbegabung; Lern- und Denkstrategien; selbstgesteuertes Lernen<br>• Evaluationsstudien und internationale Leistungsvergleiche: zur Verbesserung der Lehre an Hochschulen; zur Aufdeckung systembedingter Defizite im Bildungssystem<br>• Internationalisierung der pädagogisch-psychologischen Forschung |

**Tafel 3:** Trends in der Pädagogischen Psychologie in Deutschland seit dem Zweiten Weltkrieg (in Anlehnung an Krapp, Prenzel & Weidenmann 2001)

heute oft von Instruktionspsychologie gesprochen (vgl. Reinmann-Rothmeier & Mandl 1999, Weinert 1996). Der Komplex »Unterricht« bündelt die verschiedenen Traditionen und macht deutlich, wie notwendig systemische Konzeptionen sind. Zugleich werden hier auch zukünftig zu bearbeitende Aufgaben für die Pädagogische Psychologie sichtbar: Neben den systemischen Ansätzen werden möglicherweise Fragestellungen mehr Gewicht bekommen, die die »Entwicklung und Förderung von Leistungsexzellenz« (Heller 1999, S. 313) behandeln oder die sich Problemen widmen, die sich für die Schule aus der Multikulturalität der Gesellschaft ergeben (vgl. Khanide & Giebeler 2003).

Jenseits der Schule expandiert die Pädagogische Psychologie verstärkt in neue Bereiche (vgl. Weinert 2001): Das »lebenslange Lernen« macht die gesamte Lebensspanne zum Gegenstand, die berufliche Ausbildung, das sportliche Training und alle möglichen Formen der beruflichen Weiterbildung ergänzen Fragestellungen des schulischen Lernens. Neue Bereiche und Problemstellungen tun sich auf durch die sich unvermindert entwickelnde und alle Lebensbereiche tiefgreifend durchdringende Informationstechnologie.

Tafel 3 gibt in Anlehnung an Krapp, Prenzel & Weidenmann (2001) einen Überblick über den Wandel der Forschungsschwerpunkte der deutschsprachigen Pädagogischen Psychologie in den letzten sechzig Jahren.

## Theoretische Strömungen

Als theoretische Strömungen werden in der heutigen Psychologie besonders häufig Tiefenpsychologie, Behaviorismus und Kognitivismus genannt (vgl. Schönpflug & Schönpflug 1997). Vielfach wird zusätzlich die Humanistische Psychologie als eigenständige Richtung aufgeführt und in immer stärkerem Maße auch die systemische Sichtweise.

In diesen Strömungen artikulieren sich, wie die Bezeichnungen schon andeuten, unterschiedliche Auffassungen über die menschliche Natur oder besser: über das Verhältnis des Menschen zur Welt. Sie dienen als gedankliche Gerüste zur Entwicklung psychologischer Theorien, aber auch als Orientierung für die praktische Arbeit. Die Kerngedanken der »Menschenbilder« dieser fünf Richtungen lassen sich etwa so formulieren:

- *Tiefenpsychologie (Psychoanalyse und andere psychodynamische Ansätze)*: Der Mensch ist bestimmt durch Triebimpulse. In die grundlegenden Ziele und Motive seines Handelns hat er nur geringe Einsicht.
- *Behaviorismus*: Der Mensch ist das Produkt allgemeingültiger Lernprozesse. Er ist letztlich determiniert durch Umweltgegebenheiten.
- *Kognitivismus:* Der Mensch handelt als vernunftorientiertes Wesen aus bewusster Erkenntnis und Einsicht.
- *Humanistische Psychologie*: Der Mensch ist Gestalter seiner selbst. Sein inhärentes Ziel ist es, sich selbst zu verwirklichen.
- *Systemische Sichtweise:* Der Mensch ist ein komplexes System, das mit anderen Systemen umfassendere Systeme bildet. Erleben und Verhalten werden durch diese Einbettung entscheidend determiniert.

Im Folgenden möchten wir diese Richtungen und ihre Bedeutung für die Pädagogische Psychologie ein wenig erläutern, allerdings nicht ohne ausdrücklich darauf hinzuweisen, dass Zwischenpositionen und Verbindungen aus mehreren Ansätzen möglich sind und vielfach vertreten werden (auch von uns).

Die *tiefenpsychologische* Strömung ist durch Sigmund Freud (1856–1939) begründet worden. Seine Lehre, die Psychoanalyse, ist noch heute die weitaus bekannteste tiefenpsychologische Richtung. Doch haben Mitarbeiter Freuds und andere Tiefenpsychologen seine Auffassungen weiterentwickelt oder eigenständige Konzeptionen vorgelegt. Eine davon ist die Individualpsychologie Alfred Adlers, die schon eine Nähe zur Humanistischen Psychologie hat und die vor allem durch Rudolf Dreikurs für die familiale und schulische Erziehung bedeutsam geworden ist (z. B. Dreikurs & Solz 1997). Im Ganzen hat die Tiefenpsychologie allerdings wenig Einfluss auf die Pädagogische Psychologie genommen. So führt die »psychoanalytische Pädagogik« (vgl. Muck & Trescher 1993) eher ein Eigenleben neben der Pädagogischen Psychologie, was vor allem wohl mit dem Wissenschaftsverständnis der Psychoanalyse zu tun hat (vgl. S. 25). Dennoch erhielt die Pädagogische Psychologie wichtige Anstöße, sich mit klassischen Themen der Tiefenpsychologie zu befassen: Mit der frühkindlichen Lebensphase und den familialen Sozialisationsbedingungen, mit der Erziehungsberatung und der Prävention psychischer Störungen (z. B. Anna Freud, Aichhorn, Redl, Zulliger). Der Einfluss der Tiefenpsychologie, insbesondere der Individualpsychologie, drückt sich auch darin aus, dass die Einrichtung von Erziehungsberatungsstellen in der Zeit nach dem Ersten Weltkrieg wesentlich auf Vertreter dieser Richtung zurückgeführt werden kann.

Der *Behaviorismus*, die bedeutendste anglo-amerikanische Version der Psychologie, geht auf John B. Watson (1978–1958) zurück und hat in Burrhus F. Skinner (1904–1990) seinen wichtigsten Vertreter. Für die Pädagogische Psychologie ist der Behaviorismus vor allem von Interesse, weil er dem Lernen eine zentrale Rolle zuschreibt. Dabei konzentrieren sich die Behavioristen auf das beobachtbare Verhalten des Organismus (z. B. Motorik, Mimik, Gestik, Sprechen) sowie seine situativen Bedingungen und Folgen. Als Prototypen des Lernens schlechthin gelten die »Klassische Konditionierung« und die »Operante Konditionierung« (vgl. Gräsel 1999; s. auch S. 39). Letztere hatte schon Thorndike (1913) in seinen Lernexperimenten als »Gesetz des Effekts« in den Grundzügen vorweggenommen. Vor allem in den siebziger Jahren hat die behavioristisch orientierte Lernforschung die Pädagogische Psychologie entscheidend beeinflusst. Im »Programmierten Lernen« fand sie einen prägnanten Ausdruck, ebenso in den Methoden der »Verhaltensmodifikation« (s. S. 81 u. 102).

Seit den siebziger Jahren stellt der *Kognitivismus* die dominierende theoretische Strömung in der Psychologie dar und hat auch auf vielfältige Weise das pädagogisch-psychologische Denken beeinflusst (s. auch Tafel 3). In diesem Menschenbild werden die erkennenden Funktionen des Subjekts ins Zentrum gerückt. Untersucht wird daher unter anderem: Wie wird Wissen über Sachverhalte, Wissen zur Problembewältigung oder Wissen über das eigene Wissen erworben? Wie können solche Lernvorgänge gefördert werden? Wie wird durch Kognitionen das eigene Handeln gesteuert? Solche Fragen sind auch von großem pädagogischem Interesse. Auch hat der Kognitivismus wesentlich dazu beigetragen, dass die Instruktionspsychologie nicht nur als angewandte

Lernpsychologie gesehen wird, sondern selbst Grundlagenforschung zum Lernen im schulischen Kontext betreibt (vgl. Reinmann-Rothmeier & Mandl 1999, Weinert 1996). Hier lassen sich komplexe Informationsverarbeitungsprozesse unter realistischeren Bedingungen studieren als im experimental-psychologischen Labor.

Die »kognitive Wende« in den siebziger Jahren erfasste im Übrigen auch den Behaviorismus bzw. wurde von einigen seiner Vertreter mit eingeleitet (z. B. Bandura 1986). Kognitive Strukturen und Prozesse (z. B. Selbststeuerung des Verhaltens in der »Pädagogischen Verhaltensmodifikation«; Selbstwirksamkeitserwartungen) wurden in das behavioristische Analyse-Schema des Verhaltens eingeführt. In diesem *Kognitiven Behaviorismus* steht der Lerner nicht mehr so stark unter der Determination situativer Bedingungen, vielmehr wird ihm ein Stück Autonomie zurückgegeben. Anders als im eigentlichen Kognitivismus werden Kognitionen aber nur als vermittelnde Glieder zwischen Reiz und Reaktion und nicht so sehr als »Motor« des Geschehens betrachtet.

Die *Humanistische Psychologie*, die sich in den fünfziger Jahren zu entwickeln begann, enthält zwar ebenfalls kognitivistische Elemente, sie betont aber in stärkerem Ausmaß emotional-motivationale Aspekte des Menschseins, insbesondere ein inhärentes Streben nach Selbstverwirklichung (vgl. Paulus 1994). In Deutschland sind es seit den sechziger Jahren vor allem Reinhard und Anne-Marie Tausch gewesen, die den humanistisch-psychologischen Ansatz von Carl R. Rogers sehr erfolgreich in die Pädagogische Psychologie hineingetragen haben (z. B. Tausch & Tausch 1998; zuerst 1963). Sie verstehen Erziehung als »Begegnung von Person zu Person« und sehen mitmenschliche Haltungen der Erzieher wie »Achtung, Wärme, Rücksichtnahme«, »einfühlendes, nicht-wertendes Verstehen« und »Echtheit« als besonders bedeutsam für die psychisch gesunde Entwicklung der Kinder an (Rogers 1961/2003). Ebenfalls von Rogers ausgehend hat Thomas Gordon (1972/1996) ein Modell der Konfliktregulierung für die Praxis in Erziehung und Unterricht entwickelt, das als »Niederlagelose Methode der Konfliktbewältigung« bekannt geworden ist (s. S. 89).

Die *systemische* Sichtweise, die sich sozusagen quer zu den anderen anthropologischen Annahmen entwickelte, hat auch in der Pädagogischen Psychologie deutlich an Boden gewonnen. Sie betont besonders, dass individuelle psychische Phänomene in ihrer Vernetztheit und in ihrer Einbindung in übergeordnete Zusammenhänge zu betrachten seien. So wird das Individuum als Teil eines umfassenden Gefüges, beispielsweise der Familie, der Schulklasse oder der Schule gesehen. Auch Verhaltensauffälligkeiten und Lernstörungen von Schülern werden aus ihren sich gegenseitig aufschaukelnden oder aufrechterhaltenden Bedingungen verstanden (»Teufelskreis Lernstörungen«; Betz & Breuninger 1996).

Insgesamt haben kognitivistische Einflüsse in den letzten Jahren die theoretischen Konzeptionen der Pädagogischen Psychologie maßgeblich beeinflusst und ihr eine neue Ausrichtung gegeben. Es ist aber sicher nicht sinnvoll, eine der anderen Strömungen, die zur Zeit nicht so aktuell sind, ausschließen zu wollen, denn jede trägt ihren spezifischen Anteil zum Verständnis des Menschen bei und befruchtet dadurch auch das pädagogisch-psychologische Denken.

## 1.4 Forschungsmethoden

So gut wie unumstritten wird die Pädagogische Psychologie als eine empirische Wissenschaft verstanden. Dennoch ist dies nicht selbstverständlich. Immerhin gab und gibt es eine »verstehende Psychologie«, wie sie besonders in den zwanziger und dreißiger Jahren z. B. von Eduard Spranger betrieben wurde, sowie die tiefenpsychologischen Ansätze zur Erziehung. Gerade deren Distanz gegenüber empirischen Forschungsmethoden ist sicher ein wesentlicher Grund dafür, dass sie sich in der Pädagogischen Psychologie nicht etablieren konnten.

Die empirische Pädagogische Psychologie nutzt prinzipiell die gleichen Forschungsmethoden wie die übrigen Teildisziplinen der Psychologie. Allerdings kommen bevorzugt solche zur Geltung, die geeignet sind, den interaktiven Charakter pädagogischer Konstellationen zu erfassen und die Zielerreichung pädagogischer Bemühungen, also Veränderungen bei den Lernenden, zu überprüfen.

Mit dem Stichwort »Methoden« können umfassende Forschungsstrategien oder auch einzelne Verfahren der Datengewinnung gemeint sein. Innerhalb der Forschungsstrategien ist zwischen Erhebungen und Experimenten zu unterscheiden (vgl. Selg, Klapprott & Kamenz 1992).

### Strategietyp: Erhebung

Bei Erhebungen werden vorfindbare, nicht vom Untersucher beeinflusste Sachverhalte ermittelt (z. B. das Verhalten von Lehrern in Konfliktsituationen). In solchen auch *Feldstudien* genannten Untersuchungen werden die Sachverhalte beobachtet oder erfragt und dann mit Hilfe statistischer Methoden miteinander in Beziehung gesetzt. So werden unter anderem sog. Korrelationskoeffizienten ermittelt, die Auskunft über den Zusammenhang von Variablen geben, z. B. über den Zusammenhang zwischen bestimmten Aspekten des elterlichen Erziehungsstils und dem Selbstvertrauen oder der Aggressivität der Kinder. Allerdings erlauben solche Korrelationen noch keinen sicheren

Schluss darüber, was hier Ursache und Wirkung ist. Überprüfbar wird die Kausalität erst in einem Experiment oder einer Längsschnittuntersuchung.

*Längsschnittstudien* sind Langzeitstudien, in denen dieselben Versuchspersonen in (größeren) Zeitabständen wiederholt untersucht werden, beispielsweise um Konstanz und Wandel von Intelligenz oder Ängstlichkeit im Lebenslauf zu erfassen oder um die Persönlichkeitsentwicklung von Heimkindern und familiär aufgewachsenen Kindern zu vergleichen. Solche Studien erlauben in gewissem Ausmaß auch Aussagen über Ursache und Wirkung, weil man ermittelt, welcher Sachverhalt früher und welcher später auftritt. Verlieren z. B. Lehrkräfte ihr berufliches Interesse, weil sie in vorangehenden Jahren starken beruflichen Stress erlebt haben? Oder erleben bevorzugt solche Lehrkäfte ihren Beruf als »Stress«, die schon mit geringem beruflichen Interesse Lehrer geworden sind? Oder bedingt sich beides gegenseitig? Längsschnittuntersuchungen sind sehr aufwendig und werden deshalb recht selten durchgeführt. So kann z. B. die Zusammenstellung von vergleichbaren Stichproben Probleme bereiten. Auch müssen die Versuchspersonen über längere Zeiträume verfügbar und zur Mitarbeit bereit sein; denn Ausfälle können die Ergebnisse verzerren, wenn es nicht rein zufällig ist, welche Personen ausfallen.

*Evaluationsstudien* sind empirische Bewährungskontrollen zur Bewertung z. B. von pädagogischen Maßnahmen, verschiedenen schulischen Unterrichtsformen oder auch universitären Lehrveranstaltungen. Hierzu werden vorab pädagogische, zunehmend auch ökonomische Maßstäbe und Kriterien definiert, an denen die Effektivität bzw. Effizienz einer Maßnahme gemessen wird. Die Maßnahme selbst kann unter Umständen auch den Charakter eines Experimentes haben.

### Strategietyp: Experiment

Ein Experiment ist ein »planmäßig ausgelöster und wiederholbarer Vorgang, bei dem beobachtet wird, in welcher Weise sich unter Konstanthaltung anderer Bedingungen mindestens eine abhängige Variable ändert, nachdem mindestens eine unabhängige Variable geändert worden ist« (Klauer 2001b, S. 77). Zur Aufdeckung von Kausalzusammenhängen ist es auch in der Pädagogischen Psychologie unverzichtbar, etwa um den Einfluss bestimmter pädagogischer Maßnahmen feststellen zu können. Die »unabhängige Variable« könnte z. B. eine neue Lehrmethode sein, die »abhängige Variable« z. B. der Wissenszuwachs oder die Zufriedenheit der Lernenden. Um die Ergebnisse der Experimentalgruppe tatsächlich kausal auf die unabhängige Variable (hier: auf die Lehrmethode) zurückführen zu können, muss man sie mit einer Kontrollgruppe vergleichen, bei der bis auf die neue Lehrmethode gleiche Bedingungen gegeben sind (s. Tafel 4).

| **Lerner werden zufällig einer der beiden Gruppen zugewiesen** | **Unabhängige Variable** | **Abhängige Variablen** |
|---|---|---|
| Experimentalgruppe | Neue Lehrmethode A | • Wissenszuwachs<br>• Zufriedenheit |
| Kontrollgruppe | Herkömmliche Lehrmethode B | • Wissenszuwachs<br>• Zufriedenheit |

**Tafel 4:** Beispiel für ein mögliches Experiment in der Pädagogischen Psychologie

Diese Veränderungsmessung mutet einfach an, kann aber mit Fehlerquellen behaftet sein. So könnten schon vor dem Experiment Unterschiede zwischen den Gruppen in dem zu untersuchenden Merkmal vorhanden sein (z. B. in den Vorkenntnissen). Es gibt aber Möglichkeiten, solche Einflüsse zu kontrollieren – in diesem Fall, indem in beiden Gruppen vor der Durchführung des Experiments der Kenntnisstand gemessen wird (Prä-Posttest-Design).

Am besten lassen sich unerwünschte Einflüsse natürlich im experimental-psychologischen Labor kontrollieren. *Labor-Experimente* können daher eine hohe Gültigkeit im Hinblick auf die eingeführten Bedingungen besitzen (»interne Validität«), auch mag die Generalisierbarkeit der Ergebnisse auf ähnliche Situationen gegeben sein (»externe Validität«). Doch die »ökologische Validität« ist möglicherweise gering. Das heißt, die untersuchten Effekte sind vielleicht nicht repräsentativ für die Umwelten, in denen die Menschen leben und lernen.

Labor-Experimente sind typisch für die Allgemeine Psychologie. In der Pädagogischen Psychologie haben wir es eher mit Quasi-Experimenten zu tun; man spricht auch von Feld-Experimenten bzw. ökologischen Experimenten. Bei diesen Experimenten bleiben die natürlichen Bedingungen weitgehend erhalten, so etwa bei Untersuchungen, die in der Schule die Wirkung unterschiedlicher Klassengrößen oder verschiedener Formen der Leistungsdifferenzierung auf das Lernen überprüfen wollen (vgl. Beispiele bei Wellenreuther 2000, S. 203 ff).

Sozusagen »über« allen genannten Strategien steht eine weitere, die *Metaanalyse* (Plath 2001). In ihr werden mehrere Untersuchungen zum selben Themenkomplex einer zusammenfassenden statistischen

Auswertung unterzogen, z. B. zur Frage, welche Faktoren das längerfristige Behalten von Lerninhalten bei Schülern beeinflussen (vgl. Semb & Ellis 1994). Die Metaanalyse ergänzt die bisher üblichen vergleichenden Literaturübersichten und kann sie bei speziellen Forschungsfragen, zu denen viele Untersuchungen vorliegen, auf ein besser abgesichertes Niveau heben.

### Datenerhebung und Datenauswertung

Die Methoden der Datenerhebung, die innerhalb der Forschungsstrategien eingesetzt werden, kann man grob in zwei grundlegende Typen aufgliedern: Beobachtung und Befragung.

Ein elementares Verfahren ist die *Verhaltensbeobachtung*, so z. B. die freie Beobachtung des kindlichen Spiels im Elternhaus oder im Kindergarten. Systematisch betrieben arbeitet die Beobachtung mit geschulten Beobachtern, mit klar definierten Beobachtungszielen und mit darauf zugeschnittenen präzise definierten Beobachtungskategorien (vgl. Rosemann 1999). Tafel 5 zeigt als Beispiel das Beobachtungssystem von Amidon und Hunter (zit n. Grell 1980), das zur Erfassung der verbalen Lehrer-Schüler-Interaktion eingesetzt wird.

| | | |
|---|---|---|
| Vom Lehrer ausgehendes Verbalverhalten | 1 | Gibt Informationen oder Meinungen |
| | 2 | Gibt Anweisung |
| | 3 | Stellt enge Frage |
| | 4 | Stellt weite Frage |
| Lehrer-Erwiderung | 5 | Akzeptiert<br>a) Gedanken, b) Verhalten, c) Gefühle |
| | 6 | Lehnt ab<br>a) Gedanken, b) Verhalten, c) Gefühle |
| Schüler-Erwiderung | 7a | Voraussagbare Antwort an Lehrer |
| | 7b | Nicht voraussagbare Antwort an Lehrer |
| | 8 | Antwort an Mitschüler |
| Vom Schüler ausgehendes Verbalverhalten | 9 | Beginnt Gespräch mit Lehrer |
| | 10 | Beginnt Gespräch mit Mitschüler |
| Anderes | 11 | Stille |
| | Z | Durcheinander |

**Tafel 5:** Das Verbal Interaction Category System von Amidon & Hunter (entnommen aus Grell 1980, S. 52) zur Analyse von Lehrer-Schüler-Interaktionen im Unterricht

*Einschätzungen* fassen mehrere Beobachtungen zusammen. Methodisch bedient man sich meist sog. Rating-Skalen (Schätzskalen), auf denen der Ausprägungsgrad bestimmter Eigenschaften oder Verhaltensweisen zu markieren ist. Die Zahl der Abstufungen einer Skala kann unterschiedlich sein; auch sind verbale Bezeichnungen der Stufen möglich (z. B. 1 = nie, 2 = sehr selten, 3 = selten, 4 = häufig, 5 = sehr häufig, 6 = immer). Als Beispiel zwei Merkmale zur Beschreibung von Unterricht auf einer 6-stufigen Skala:

| | |
|---|---|
| Der Unterricht ist klar gegliedert | 1----2----3----4----5----6 |
| Im Unterricht ist es unruhig | 1----2----3----4----5----6 |

*Befragungen* benötigt man, um etwas über die »Innenwelt« von Menschen zu erfahren, über ihre Gedanken, Gefühle, Einstellungen usw. (man kann sie allerdings auch nach ihren konkreten oder zusammenfassenden Beobachtungen fragen). Zu den Verfahren gehören standardisierte oder freie Interviews, schriftliche Befragungen mit einem Fragebogen, Verbalisationsmethoden wie das »laute Denken« oder auch die Soziometrie zur Erfassung interpersonaler Beziehungen (am bekanntesten das »Soziogramm«, das z. B. in der Schulklasse durch Fragen wie: »Neben wem möchtest du gerne sitzen?« hergestellt wird).

Psychologische *Tests* sind in der Pädagogischen Psychologie weit verbreitet (vgl. Langfeldt & Tent 1999). Sie dienen häufig nicht nur der Forschung, sondern auch der Diagnose von Praxisfällen und können sich sowohl auf Beobachtungen (z. B. Lösung von Intelligenzaufgaben) als auch auf Befragungen stützen (z. B. Fragebogen zur Schulängstlichkeit). Eine genuin pädagogisch-psychologische Entwicklung stellen die lehrziel- oder kriteriumsorientierten Tests dar (vgl. Klauer 1987a). Sie beantworten die Frage, in welchem Ausmaß Lerner ein bestimmtes Lernziel erreicht haben.

Je nach Forschungsabsicht werden die Daten unter qualitativen oder quantitativen Gesichtspunkten erhoben und ausgewertet. *Quantitative Auswertungen* (z. B. Mittelwertvergleich, Korrelationsberechnung) werden in der pädagogisch-psychologischen Forschung vor allem dort eingesetzt, wo personübergreifende Zusammenhänge aufgefunden werden sollen; so z. B. wenn die Effektivität verschiedener Lehrmethoden bei unterschiedlichen Schülergruppen überprüft werden soll. *Qualitative Auswertungen* dienen unter anderem der Bildung von Hypothesen, der intensiven Einzelfallstudie oder ersten Einblicken in neue Forschungsfelder (sog. Pilotstudien). Qualitativ ausgewertet werden mündliche oder schriftliche Äußerungen, wie etwa das »laute Denken« einer Versuchsperson bei Problemlöseaufgaben, Unterrichtsprotokolle, Tagebücher usw. Aus ihnen werden nach bestimmten Interpretationsregeln individuelle Denkverläufe, Wissensstrukturen und subjektive

Theorien erschlossen (vgl. Flick, Kardoff und Steinke 2000). Die Erhebungsergebnisse können oft in einem zweiten Schritt quantifiziert und statistisch ausgewertet werden. Damit werden Übergänge zwischen qualitativen und quantitativen Zugängen möglich.

# 2 Grundlegende Aspekte

Wie dargelegt, wird Pädagogische Psychologie häufig als Psychologie von Erziehung und Unterricht umschrieben und beiden Schwerpunkten werden wir jeweils ein eigenes Kapitel widmen. Zuvor möchten wir aber übergreifende Aspekte herausstellen.

## 2.1 »Grundlegend« heißt: Für (fast) jeden Kontext relevant

Auf Seite 13 ff haben wir bereits 4 + 1 »grundlegende Aspekte des psychischen Systems« vorgestellt: Aktuelle Prozesse, Situation, Person, Entwicklung sowie Interaktion als Zusatzaspekt. Da psychisches Geschehen im pädagogischen Bereich nicht grundsätzlich anders »funktioniert« als in anderen Feldern, orientieren wir uns an diesen Systemaspekten, um Grundlegendes hervorzuheben. Für unsere Thematik werden diese Aspekte natürlich pädagogisch eingefärbt und das wirkt sich auch in der Reihenfolge aus.

- Zuerst behandeln wir den Aspekt *Entwicklung durch Lernen*, da es das eigentliche Anliegen pädagogischen Tuns ist, die Entwicklung von Menschen zu beeinflussen – über die Erzeugung von Lernvorgängen.
- Die Lernprozesse werden durch (pädagogische) *Situationen* angeregt und gesteuert. Von den Lernenden aus gesehen handelt es sich um externe Bedingungen.
- Die internen Bedingungen der beteiligten »Akteure« kommen mit dem Aspekt der *Personen* im Erziehungsfeld zur Geltung. Es geht um die schlichte, aber folgenreiche Tatsache, dass sowohl die Erziehenden als auch die Lernenden individuell unterschiedlich sind.
- Mit den *inter*personalen Bezügen wird der Tatbestand berücksichtigt, dass Erziehung und Unterricht gewöhlich ein zwischenmenschliches Geschehen sind. Es werden hiermit Aspekte beachtet, die sich nicht schon aus einzelnen Personen oder aus situativen Bedingungen ergeben.

Den *aktuellen psychischen Prozessen* – Wahrnehmung, Denken, Motivation, Emotion und Verhalten – werden wir keine gesonderten Abschnitte widmen, weil wir uns sonst zu weit von den typischen Schwerpunkten der Pädagogischen Psychologie entfernen würden. Aber: Da sie der zentrale Gegenstand der Psychologie schlechthin sind, sind sie nahezu allgegenwärtig und werden an verschiedenen Stellen mitbehandelt (z. B. bei Lernprozessen, bei Kommunikation, beim produktiven Denken, bei der Lernmotivation usw.).

Den genannten »inhaltlichen« Grundaspekten fügen wir am Schluss noch einen Abschnitt über formale *Tätigkeiten* hinzu, die beim Gewinnen oder Anwenden pädagogisch-psychologischer Informationen ausgeübt werden. Solche Tätigkeiten sind mehr oder weniger »unvermeidlich« und insofern ebenfalls »grundlegend«.

Die »grundlegenden Aspekte« dienen nicht nur der Ordnung im Kopf, sie sind auch *auf unterschiedlichste Praxisfälle transferierbar*. Um ein Problem zu analysieren, kann man unter anderem immer fragen: Wann und wo tritt das auf (Frage nach situativen Bedingungen)? Oder: Wie wirken die Akteure zusammen (Frage nach interpersonalen Aspekten)? Mit solchen Fragen kann man sich in beliebigen Fällen weiterhelfen und sich zugleich vor voreiligen Urteilen schützen. Man vermeidet z. B. eine vorschnelle Zuschreibung personaler »Eigenschaften«, wenn man auch nach situativen Faktoren oder nach Interaktionsprozessen fragt, und man vermeidet eine vorschnelle Erklärung durch »die Institution« oder andere externe Bedingungen, wenn man auch nach der individuellen Variation des Verhaltens und Erlebens innerhalb derselben Institution fragt.

Wenn es in der Überschrift heißt, grundlegende Aspekte seien für »fast« jeden Kontext relevant, so bezieht sich die Einschränkung »fast« darauf, dass man zuweilen den Blick lediglich auf einen dieser Grundaspekte richten will, etwa auf den Lern- und Entwicklungsaspekt (z. B. Trainierbarkeit des moralischen Urteils) oder auf den interpersonalen Bezug (z. B. Mutter-Kind-Beziehung).

## 2.2. Entwicklung durch Lernen: Lernformen, Erziehung und ihre Grenzen



Erziehung will Einfluss auf die Entwicklung des Menschen nehmen. Daher ist zunächst zu erörtern, auf welchen Wegen eine Beeinflussung möglich ist und auf welche Grenzen sie stößt.

In der Psychologie ist immer wieder diskutiert worden, was mit *Entwicklung* gemeint ist (z. B. Ulich 1987, Montada 2002). Übereinstimmung besteht darin, dass Entwicklung mit »Veränderung« zu tun hat und zwar mit relativ nachhaltiger Veränderung (nicht mit momentanen Schwankungen durch Ermüdung, Launen, Drogenwirkung usw.). Entsprechend der »Entwicklungsachse« in unserem Schema grundlegender Systemaspekte (s. S. 14) heißt dies: Gemeint ist (neben körperlichem Wachstum) die *Veränderung personaler Dispositionen*, also die Veränderung von Fähigkeiten, Fertigkeiten, Vorlieben, Gewohnheiten, Einstellungen usw. Auch dies ist der Sache nach wohl konsensfähig, wenngleich »Disposition« nicht einheitlich als Oberbegriff verwendet wird.

Aber es gibt Divergenzen in der Frage, *welche* Dispositionsveränderungen Entwicklung zu nennen sind: alle oder nur bestimmte. Eng gefasst bezieht sich Entwicklung nur auf Veränderungen, die mit dem *Lebensalter* verknüpft sind, z. B. auf alterstypische Veränderungen des Denkens im Kindesalter oder auf Veränderungen der Selbstwahrnehmung im Jugendalter. Weiter gefasst bezieht sich Entwicklung auf Veränderungen der Person im Kontext des *individuellen Lebenslaufs* (vgl. Thomae 1986). Dann werden nicht nur alterstypische, sondern auch persontypische Veränderungen einbezogen. Ein bestimmter Mensch »entwickelt« z. B. im Laufe der Jahre ausgeprägtes Leistungsstreben oder altruistische Einstellungen. Sehr weit gefasst bezieht sich Entwicklung auf *alle* Dispositionsveränderungen, auf alterstypische und individuelle, überdies neben langfristigen (»Lebenslauf«) auch auf relativ kurzfristige. Wenn z. B. Unterrichtsstunden das Wissen erweitern oder eine Psychotherapie selbstsicherer macht, so entwickeln sich Menschen damit ein wenig weiter. Solche Veränderungen haben nicht direkt mit dem Alter zu tun, vielleicht auch nicht mit der langfristigen Personentwicklung.

Aus zwei Gründen halten wir uns an diesen weit gefassten Begriff: Erstens ist der Übergang zwischen den kleinen Schritten und langfristigen Veränderungen fließend. Manche Veränderung von Fertigkeiten, Einstellungen und anderen Dispositionen ist so unmerklich klein, dass eine »Entwicklung« zunächst gar nicht zu erkennen ist; und doch setzt sich der sichtbare Entwicklungsfortschritt aus vielen kleinen Schritten zusammen. Zweitens interessiert sich die *Pädagogische* Psychologie (anders als die Entwicklungspsychologie) für alle erziehungsbedingten Entwicklungsfortschritte, nicht nur langfristige und alterstypische, sondern auch relativ kurzfristige und natürlich ganz personspezifische. Gerade die Tatsache, dass Entwicklung individuell unterschiedlich verlaufen kann, ist von größtem Interesse. Denn darauf gründet sich die Möglichkeit und der Sinn von Erziehung.

Neben dem Begriff der Entwicklung findet man häufig den der *Sozialisation*. Die Begriffe sind verwandt, doch akzentuiert »Sozialisation« die Nahtstelle zwischen Individuum und Gesellschaft, und in dieser Stellung hat der Begriff zwei Seiten: Einerseits meint er die Personentwicklung in Bezug auf gesellschaftlich relevantes Handeln. Andererseits meint er die Vermittlung der für die Gesellschaftsmitglieder bedeutsamen Werthaltungen und Fertigkeiten durch gesellschaftliche Institutionen (vgl. Hurrelmann & Ulich 1991). Solche Vermittlung zu leisten ist natürlich auch die Aufgabe der *Erziehung* und sie überschneidet sich daher ebenfalls mit »Sozialisation«. »Erziehung« wird allerdings ausgeprägter als intentionales, zielgerichtetes Handeln verstanden (vgl. Kap. 1.1).

Um die Begriffe Erziehung und Entwicklung in einen Funktionszusammenhang zu bringen, brauchen wir noch ein Verbindungsglied – den Begriff des Lernens. Ohne Lernen wäre Erziehung nicht möglich. Erziehung beeinflusst die Entwicklung, indem sie Lernprozesse veranlasst und steuert. Diese Einflussrichtung sei in der folgenden Begriffs-Sequenz zusammengefasst (dass die Entwicklung der Erzogenen auch auf die Erziehung zurückwirkt, ist später noch zu erörtern):

Erziehung → *Lernen* → Entwicklung

*Lernen* bedeutet in der Psychologie nicht nur die Aneignung von Kenntnissen und Fertigkeiten. Zwar gibt es nicht »die« allgemein verbindliche Definition des Lernens, aber der Tendenz nach wird Lernen verstanden als eine relativ stabile Veränderung des Erlebens und Verhaltens oder Verhaltenspotentials (da sich das Gelernte nicht immer zeigen muss) aufgrund von Erfahrungen (vgl. Zimbardo & Gerrig 1999). Wir könnten auch so definieren: Lernen ist die erfahrungsbedingte Veränderung personaler Dispositionen (momentane Schwankungen und reifungsbedingte Veränderungen sind damit ausgeklammert).

Lernen hat zwar immer mit aktuellen Prozessen wie Wahrnehmen, Denken oder Motivation zu tun, impliziert jedoch eine zeitliche Dimension: Ein aktueller Vorgang führt dazu, dass ein Mensch in Zukunft (!) anders disponiert ist. Insofern spricht man nur von Lernen, wenn aktuelle Vorgänge »Spuren« hinterlassen. Liest man z. B. einen Zeitungsartikel über einen Politiker, so sind die dabei ablaufenden Gedanken und Gefühle noch kein Lernen. Aber in dem Maße, wie sich über den Zeitpunkt des Lesens hinaus Kenntnisse und Gefühle zu diesem Politiker verändern, hat man gelernt. Lernen ist also einerseits eine Nachwirkung aktueller Prozesse, andererseits wirkt es auf diese ein: Es sorgt dafür, dass bestimmte Denkprozesse, Verhaltensweisen usw. in Zukunft anders ablaufen.

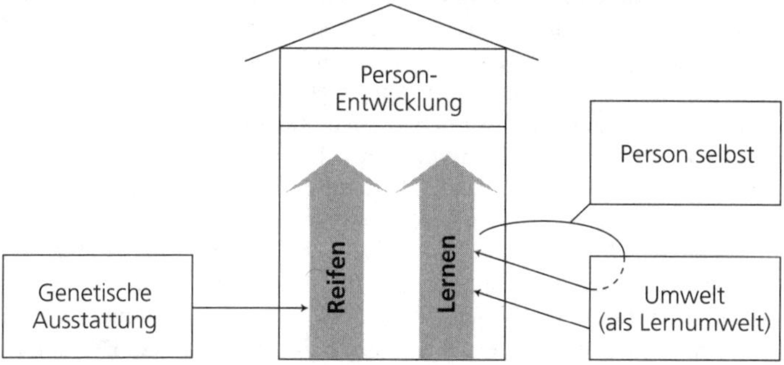


**Tafel 6:** Faktoren der Entwicklung: Reifungsprozesse werden durch Gene gesteuert, Lernvorgänge durch die Umwelt (als Erfahrungsraum) und durch das Individuum selbst (nicht eingezeichnet: physische Umwelteinflüsse).

Erziehung versucht sozusagen, Menschen »ausgewählten« Erfahrungen auszusetzen und dadurch erwünschte Lernvorgänge zu veranlassen bzw. unerwünschte zu verhindern. Aber die dargestellte Sequenz von Erziehung zu Entwicklung bedeutet nicht, dass *nur* Erziehung die Entwicklung steuert; es gibt auch andere Einflüsse. Um die Spielräume und Grenzen von Erziehung zu beurteilen, ist es daher wichtig, sie im Gesamtgefüge von Faktoren der Personentwicklung zu betrachten.

**Entwicklungsfaktoren im Überblick**

Die Frage, was die Entwicklung vorantreibt, kann man auf zwei Ebenen beantworten. Auf der Ebene von Entwicklungsprozessen werden gewöhnlich Reifen und Lernen gegenübergestellt. Auf der Ebene der Strukturen, die die Prozesse steuern, geht es um Gene, die Umwelt und das Individuum selbst. Tafel 6 fasst das Faktorengefüge zusammen, ohne allerdings die vielfältigen Wechselwirkungen darstellen zu können.

*Reifen* ist rein biologisch zu verstehen (nicht etwa wertend: »reifer und vernünftiger werden«). Gemeint sind alterstypische körperliche Wachstumsvorgänge und damit verbundene psychische Änderungen, die auf der Entfaltung eines genetischen Programms beruhen.

Außer durch Reifung verändern sich die Dispositionen von Menschen durch Erfahrungen, also durch *Lernen*. Lernen setzt aber voraus, dass der Organismus eine angeborene »Speicherfähigkeit«, also ein »Gedächtnis« besitzt. Insofern gehören die Begriffe Lernen und Gedächtnis unmittelbar zusammen. Allerdings hat man beim »Lernen« eher das Aufnehmen im Auge, beim »Gedächtnis« eher das Behalten und Reproduzieren. Außerdem denkt man bei »Gedächtnis« primär an das Speichern von »Wissen«. Da aber z. B. auch Vorlieben oder sportliche Fertigkeiten gelernt werden können, muss es hierfür ebenfalls einen »Speicher« geben (ein »implizites« Gedächtnis).

Auf der Ebene der steuernden Strukturen ist zu allererst die *genetische* Ausstattung zu nennen. Diese hat einen artspezifischen und einen individuellen Anteil. Der artspezifische steuert die allen Menschen gemeinsame alterstypische Entwicklung sowie die Ausformung beständiger biologischer Zyklen. Es sind, wie gesagt, vornehmlich solche Entwicklungsvorgänge, die als Reifung bezeichnet werden. Der individuelle Teil der genetischen Ausstattung ist mitverantwortlich für die körperlichen und psychischen Merkmale einzelner Menschen.

Bei den Einflüssen der *Umwelt* sind zwei Aspekte zu unterscheiden: (1) die physische Einwirkung auf den Organismus (Nahrung, Schadstoffe, Klima usw.) und (2) der Niederschlag von Informationen (»Erfahrung«). Herrmann (1976) unterscheidet in diesem Sinne die »materielle Umgebung« von der »Lernumwelt«. Beide Aspekte können im konkreten Fall miteinander verknüpft sein. Beispielsweise kann ein Unfall sowohl einen körperlichen Schaden verursachen, der die Entwicklung beeinträchtigt, als auch psychische Wirkungen hervorrufen. Ohne physische Umwelteinflüsse als unbedeutend zu erachten, ist in der Psychologie die Umwelt als Erfahrungsraum, also die »Lernumwelt« gemeint.

Während mehrere Menschen mit demselben Genbestand auf die Welt kommen (eineiige Zwillinge), ist die Umwelt niemals auch nur für zwei Menschen völlig gleich. Einige Umweltaspekte werden von allen oder fast allen Menschen geteilt; z. B. wachsen fast alle Menschen unter sprechenden Mitmenschen auf. Andere Umweltaspekte sind kulturspezifisch und werden von Mitgliedern einer bestimmten Volksgruppe, Religionsgemeinschaft o. dgl. geteilt. Wieder andere sind familienspezifisch und werden nur von Geschwistern geteilt. Und manche Aspekte sind so personspezifisch, dass sich selbst eineiige Zwillinge, die in derselben Familie aufwachsen, darin unterscheiden: z. B. die spezifische Behandlung durch Eltern und Geschwister, der persönliche Freundeskreis, Krankheiten und Unfälle usw.

Erbe und Umwelt wirken bei der Entwicklung immer untrennbar zusammen. Kein genetisches Programm kann sich ohne Umwelt entfalten, und ohne genetische Voraussetzungen kann keine Umwelt Entwicklung bewirken. Wenn von prozentualen »Anteilen« von Erbe und Umwelt die Rede ist, so beziehen sie sich *nicht* auf die Entwicklung *einzelner* Menschen, sondern auf die Erklärung ihrer *Unterschiede*: Wie weit beruhen sie auf unterschiedlichen Genen bzw. unterschiedlichen Umwelten? Unterschiede zwischen eineiigen Zwillingen beispielsweise beruhen zu null Prozent auf unterschiedlichen Genen, wiewohl jeder einzelne Zwilling für seine Entwicklung sozusagen hundert Prozent Gene benötigt. Es gibt keine festen Prozentanteile von Erbe und Umwelt, sie sind unterschiedlich je nach Merkmal (ob Intelligenz, politische Einstellungen oder anderes), nach untersuchter Population und auch nach Lebensalter. Was jedoch durch die Zwillingsforschung und Adoptionsstudien deutlich wird, ist dies: Individuelle Unterschiede beruhen vor allem auf genetischen Unterschieden und auf Unterschieden der personspezifischen, individuellen Umwelt, während die familienspezifische (für Geschwister gemeinsame) Umwelt nur wenig ins Gewicht fällt (Dunn & Plomin 1996, Rowe 1997). In derselben Familie aufzuwachsen bedeutet, psychologisch gesehen, daher nicht, in derselben Umwelt aufzuwachsen. Selbst innerhalb der Familie (außerhalb ohnehin) lebt jeder Mensch überwiegend in einer »eigenen« Welt.

Es ist aber nicht nur von der Umwelt abhängig, welche Lernprozesse ein Mensch vollzieht. Als weitere Instanz kommt auch das *Individuum selbst* in Frage. In gewissem Grade sind Menschen Gestalter der eigenen Entwicklung (z. B. Kossakowski 1991, Schachinger 2000); denn sie

- verarbeiten, interpretieren und bewerten Ereignisse in der Umwelt,
- initiieren und lenken ihr Lernen (z. B. wählen Lernmaterial, üben und trainieren, entdecken),
- beeinflussen und gestalten die Umwelt, von der dann ihre Entwicklung mitbestimmt wird,
- entscheiden selber mit, welchen Umwelten sie sich aussetzen, suchen bestimmte Umwelten auf und meiden andere.

Aufgrund seiner *Eigenaktivität* hat der Mensch also Einfluss darauf, was er lernt, wobei die Art der Eigenaktivität von den bereits entwickelten Dispositionen (Motiven, Einstellungen, Fähigkeiten usw.) abhängt. Zwar könnte man einwenden, diese seien doch selber das Produkt von Anlage und Umwelt. Dies würde aber nicht ausschließen, dass das »Produkt« zugleich eine treibende Kraft ist – mit welchem Gewicht, das ist eine andere Frage (hierzu S. 43 f).

## Einzelne Lernformen

Lernen selbst kann man nicht sehen, sondern nur die Lerneffekte. Wie kommen sie zustande? Hierzu gibt es in der Psychologie verschiedene Theorien, wobei sich die Ansicht durchgesetzt hat, dass keine Theorie alle Lernphänomene erklären kann, sondern dass es sinnvoll ist, von unterschiedlichen Arten von Lernprozessen auszugehen. Die Einteilungen variieren allerdings und ebenso die Bezeichnungen, unter denen eine Lernform geführt wird. Im Folgenden skizzieren wir häufig genannte Typen (vgl. Edelmann 2000, Gage & Berliner 1996, Gagné 1980, Schermer 2002):

| Lernform | Vorrangig relevant für |
|---|---|
| • Klassische Konditionierung (Signallernen) | unwillkürliche Reaktionen, besonders affektiver und vegetativer Art |
| • Lernen am Effekt (operantes, instrumentelles Lernen) | Verhaltensgewohnheiten und -fertigkeiten sozialer, motorischer, sprachlicher u. a. Art |
| • Lernen am Modell (Lernen durch Beobachtung) | Erwerb neuer Verhaltensmuster sozialer, motorischer, sprachlicher u. a. Art |
| • Wissenserwerb I: mechanisch (kognitiv-assoziatives Lernen) | sinnarme gedankliche oder sprachliche Assoziationen, »auswendig lernen« |
| • Wissenserwerb II: verstehend (kognitiv-sinnhaltiges Lernen) | komplexes, vernetztes Wissen zu verschiedenen Bereichen (fachlich, sozial usw.) |
| • Wissenserwerb III: entdeckend (Problemlösen) | dasselbe |

**Tafel 7:** Wichtige Typen des Lernens

Bei der *klassischen Konditionierung* (auch: Signallernen, reaktive Konditionierung; ursprünglich: bedingter Reflex) lernt man neue Auslöser für bestimmte unwillkürliche, insbesondere emotionale und vegetative Reaktionen. So kann etwa ein an sich harmloser Reiz (z. B. ein weißer Kittel) zu einem Auslöser von Angst werden, weil er mit einem Schmerz auslösenden Reiz (z. B. der Spritze eines Arztes) gekoppelt war. Andere Reize rufen aufgrund »guter« Erfahrung bei einem Menschen positive Gefühle hervor. Nach diesem Prinzip können auch bestimmte Erzieher oder bestimmte Erziehungssituationen (z. B. Zubettgehen) zum Auslöser bestimmter Emotionen werden.

Die klassische Konditionierung ist zwar ein »passiver« Lernvorgang. Doch kann man bestimmte Reiz-Reaktions-Verbindungen aktiv durch »Gegenkonditionierung« verändern, indem man sich bestimmten Kopplungen absichtlich aussetzt. Im Beispiel der Angst kann das etwa so aussehen, dass man sich in entspanntem Zustand schrittweise mit immer stärkeren Angstauslösern konfrontiert (sog. »systematische Desensibilisierung«).

Beim *Lernen am Effekt* (auch: Lernen am Erfolg und Misserfolg, instrumentelles Lernen, operante Konditionierung, Lernen durch Bekräftigung/Verstärkung) lernt das Individuum aus den Konsequenzen seines aktiven Verhaltens. Es lernt z. B. soziale Verhaltensgewohnheiten, manuelle Fertigkeiten oder auch Vorlieben und Interessen.

Die Effekte selbst sind vielfältig und lassen sich nach verschiedenen Kriterien differenzieren (s. Tafel 8). Formal werden gewöhnlich fünf Typen unterschieden: (1) Wenn ein positives Ereignis eintritt, ist dies eine »positive Bekräftigung« oder Belohnung (z. B. emotionale Zuwendung, Erfolg). (2) Wenn ein negativer Zustand aufhört oder vermieden wird, ist dies eine »negative Bekräftigung«, die aber ebenfalls positiv erlebt wird, nämlich als »Erleichterung« (z. B. Strafvermeidung durch Entschuldigung, Schmerzlinderung durch Tabletten). (3) Wenn ein negatives Ereignis eintritt, ist dies eine aversive Bestrafung (z. B. böse Blicke, Tadel, Schmerzreize). (4) Wenn etwas Positives aufgehoben wird, ist dies die Bestrafung durch Entzug oder Verlust (Geldverlust, Fernsehverbot). (5) Bleibt das Verhalten folgenlos, ist dies eine »Nichtbekräftigung« oder »Löschung« (z. B. ein Verhalten wird nicht beachtet).

Die Übergänge zwischen den Typen sind zuweilen fließend. Auch ist es möglich, dass auf dasselbe Verhalten mehrere Konsequenzen zugleich folgen. Für das Lernergebnis gilt die Regel: Die positive und negative Bekräftigung erhöhen die Wahrscheinlichkeit, dass das Verhalten wieder auftritt, die Bestrafungen und die Nichtbekräftigung senken sie.

**Fünf Arten von Effekten: formal**

| | |
|---|---|
| + kommt | = Positive Bekräftigung |
| – geht | = Negative Bekräftigung |
| – kommt | = Aversive Bestrafung |
| + geht | = Bestrafung durch Entzug |
| Kein Effekt | = Nichtbekräftigung |

**Vier Arten von Bekräftigern/Strafen: inhaltlich**

| | |
|---|---|
| Soziale: | z. B. Zuwendung bzw. böse Blicke |
| Materielle: | z. B. Geld bzw. Geldbuße |
| Aktivitäten: | z. B. Spiele bzw. Strafarbeit |
| Informative: | z. B. »richtig« bzw. »falsch« |

**Tafel 8:** Arten von Effekten beim Lernen am Effekt

Inhaltlich lassen sich vor allem vier Arten von Bekräftigungen und Bestrafungen nennen: soziale, materielle, aktionale und informative (vgl. Edelmann 2000). Es handelt sich also um die Reaktionen von Mitmenschen, um Geld und Güter, um angenehme oder unangenehme Aktivitäten sowie um die bloße Rückmeldung, dass man etwas richtig oder falsch gemacht hat.

Wenngleich das Lernen am Effekt für erzieherisches Handeln von größter Bedeutung ist, geht es bei dieser Lernart doch nicht nur um Konsequenzen, die von Erziehern oder andereren Menschen »erteilt« werden. Das Individuum lernt auch allein aus selbst produzierten Effekten, z. B. bei sportlichen Übungen oder im Umgang mit Geräten. Erzeugt man auf dem Computermonitor über eine bestimmte Taste das erwünschte Bild, ist dies eine selbst produzierte positive Bekräftigung informativer Art. (Auf Fragen der pädagogischen Anwendung geht Kapitel 3.3 näher ein).

*Lernen am Modell* (Lernen durch Beobachtung) ist eine weitere grundlegende Lernart. Durch das Vorbild anderer Menschen kann man außerordentlich ökonomisch, sozusagen mit einem Schlage, recht komplexe Verhaltensmuster erwerben, beispielsweise soziale Umgangsformen, sprachliche Wendungen, technische Handgriffe und sogar spezifische Vorblieben, Abneigungen oder Ängste.

Die pädagogische Relevanz des Modell-Lernens ist offenkundig: Erziehende können gezielt erwünschte Verhaltensweisen vormachen (z. B. vorsichtiges Verhalten im Straßenverkehr, Hilfeleistungen, rhetorische Techniken). Pädagogisch bedeutsam ist es auch, dass sie problematisches Verhalten unterlassen (z. B. Rauchen, Racheakte, anderen ins Wort fallen), denn sie können auch dann als Modell wirken, wenn sie es gar nicht beabsichtigen.

Das Lernen am Modell hat zwar einen ähnlichen inhaltlichen Geltungsbereich wie das Lernen am Effekt (soziales, motorisches, sprachliches Verhalten usw.), aber eine ganz andere Funktion. Es ermöglicht den Erwerb von Verhaltensweisen, die für das Individuum wirklich neu sind, während Erfolg und Misserfolg bereits vollzogene Verhaltensweisen bezüglich ihrer Auftretenswahrscheinlichkeit beeinflussen. Knapp formuliert: Modelle lehren neue Verhaltensweisen, Effekte lehren sie einzusetzen oder zu unterlassen.

So bedeutsam die genannten Lernformen für die Veränderung von Verhaltensdispositionen sind, sie erklären nur begrenzt, wie man im Laufe des Lebens sein »Weltwissen« aufbaut und sich schulische Lernstoffe aneignet. Eben dies ist der Schwerpunkt der folgenden »kognitiven« Lernarten: Lernen als *Wissenserwerb* bzw. als Informationsverarbeitung. Es gibt hierzu verschiedene Differenzierungen und Bezeichnungen; die folgenden drei Varianten decken ein breites Spektrum ab.

Das *Lernen sinnarmen, assoziativen Wissens* geschieht durch »mechanische« Verknüpfung von gedanklichen und sprachlichem Wissenselementen. Beispiele: »Ludwig van ...«, »Morgenstund' hat Gold ...« – jeder weiß, wie es weitergeht, und zwar »automatisch«. Die Verbindung entsteht aufgrund raumzeitlicher Nähe (»Kontiguität«), d. h. weil man die Elemente »zusammen« hört oder sieht. Zum Großteil lernt man die Assoziationen ganz beiläufig. In anderen Fällen werden sie planmäßig durch Unterricht oder Werbung vermittelt oder vom Lerner absichtlich »auswendig gelernt«.

Das *Lernen sinnhaltigen Wissens* ist in erster Linie gemeint, wenn von »kognitivem« Lernen die Rede ist. Hier werden nicht mechanische, sondern »verstandene« Verbindungen hergestellt, zum Teil bildet sich ausgesprochen »intelligentes« Wissen. Das Spektrum reicht von Begriffen und komplexem Tatsachenwissen bis zu abstrakten Prinzipien und theoretischen Modellen. Entscheidend für die Entstehung von »Sinn« ist, dass neue Informationen mit dem bereits vorhandenen Wissen verknüpft werden, dass jeder kognitive Lernvorgang auf früheren aufbaut.

Begriffe, ein Kernstück sinnhaltigen Wissens, sind nicht Wörter, sondern ihr Bedeutungsgehalt – eben das, was man darunter »versteht«. Dies zu lernen ist einfach bei Dingen wie »Ball« oder »Schere«, aber schwer bei Begriffen wie »Geschenk«, »Staat« oder »Emanzipation«. Demselben Wort »Geschenk« lassen sich unterschiedliche Bedeutungsgehalte zuordnen. Für ein kleines Kind mag z. B. ein Geschenk etwas sein, was schön eingewickelt ist, und es lernt dann allmählich, dass es um Eigentumsaspekte geht. Kein Begriff steht für sich allein, sondern ist Teil eines größeren Begriffsnetzes. Die Verbindung mehrerer Begriffe zu einer sinnvollen Aussage kann man mit Gagné (1980) auch als Regel bezeichnen (z. B. »Im Herbst verwelken die Blätter der Laubbäume«).

Die planmäßige Vermittlung von Wissensgefügen ist zwar die Aufgabe von Unterricht, doch gelernt wird ebenso durch die direkte Auseinandersetzung mit der Umwelt, durch die Verarbeitung unmittelbarer Erfahrungen – wobei die Erziehung eventuell nachhilft, indem sie entsprechende Lerngelegenheiten schafft (Spielmaterialien, Zoobesuche usw.).

*Problemlösen bzw. entdeckendes Lernen* gilt als die höchste Lernform. Hier nimmt die Person nicht nur mit Verständnis neues Wissen auf, sondern produziert es in gewissem Grade selber. Sie entdeckt eine Regel für eine Anforderung, für die sie bisher kein abrufbares Wissen verfügbar hatte. Ein Kleinkind erfindet z. B. eine Methode, den Ball am Wegrollen zu hindern; ein Schüler erkennt eine Ursache-Wirkungs-Beziehung, die so im Lehrbuch nicht dargestellt wurde. Auf dem Weg dahin können zwar Versuch und Irrtum eine Rolle spielen, doch letztlich wird nicht eine zufällige Lösung gefunden, sondern ein Prinzip erkannt.

Im aktuellen Vollzug ist das Problemlösen gleichbedeutend mit produktivem Denken, bezüglich des daraus resultierenden Wissenserwerbs ist es (entdeckendes) Lernen. Von Bedeutung ist diese Wissenserzeugung keineswegs nur für die Bewältigung von Sachproblemen (Schulfächer, Technik usw.), sondern ebenso für zwischenmenschliche Probleme (z. B. Gründe für das Verhalten von Menschen erkennen, Konflikte lösen) oder für den Umgang mit sich selbst.

Im Prinzip sind solche Leistungen schon lange vor jeglichem »Unterricht« möglich. Da aber selbständiges Problemlösen weithin als wichtiges Lehrziel angesehen wird, stellt sich durchaus die Frage nach der gezielten Förderung (hierzu Kap. 4.3).

Die ersten drei Lernarten haben zwar einen anderen Geltungsschwerpunkt als die kognitiven Formen (s. Tafel 7), aber es gibt durchaus Überlappungen. Kognitives Lernen ist auch für soziales Handeln, für motorische Leistungen usw. von Bedeutung (interessante Beispiele bei Steiner 1996). So wird ja soziales Verhalten teilweise von sozialem Wissen und Verständnis geleitet. Umgekehrt wird durch das Lernen am Modell und Lernen am Effekt in gewissem Grade auch Wissen vermittelt.

### Erziehung: Einflussnahme mit Grenzen

Vorangehend wurden die Faktoren der Entwicklung im Allgemeinen und die Formen des Lernens im Speziellen skizziert. Was bedeutet dies alles für die Frage, in welchem Maße Erziehung die individuelle Entwicklung beeinflussen kann?

Eine Antwort in Zahlen ist nicht möglich. Zwar lässt sich der prozentuale Anteil von genetischen Unterschieden und Umweltunterschieden an den individuellen *Unterschieden* von Menschen abschätzen (vgl. Asendorpf 1998, Dunn & Plomin 1996). Aber diese Zahlen sagen nichts über das Maß »der« Bildbarkeit von Menschen oder des Gewichtes »der« Erziehung. Denn wenn (rein fiktiv) die Umwelt für alle Menschen gleich wäre, wäre ihr Anteil an deren Unterschiedlichkeit gleich null – aber nicht ihre Bedeutung für die Entwicklung jedes einzelnen Menschen. Und wenn (durchaus real) die Einführung der Schulpflicht die Umwelt für die Menschen »gleicher« macht, verringert sich damit rechnerisch ihr Anteil an den individuellen Unterschieden – obwohl damit insgesamt »mehr« systematische Erziehung entsteht.

Sicher ist: Der Spielraum für das *Lernen* ist größer als der Spielraum für *Erziehung*. Denn Lernen findet auch ohne Erziehung statt: zum einem durch nichterzieherische Umwelteinflüsse (z. B. durch Altersgenossen), zum anderen durch die Selbstregulation des Individuums. In eben diesen beiden Aspekten liegen damit auch Grenzen der Erziehung.

Da eine quantitative Antwort zur »Erziehbarkeit« nicht möglich ist, bleibt Raum für unterschiedliche Sichtweisen, die in gewisser Weise Menschenbilder sind. Sie unterscheiden sich darin, welches Gewicht sie den Anlagen, der Umwelt und dem Individuum selbst beimessen, und demgemäß hat auch die Erziehung jeweils ein anderes Gewicht und eine andere Funktion. Nach Montada (2002) lassen sich vier Grundpositionen unterscheiden (Tafel 9):

| | | **Umwelt** | |
|---|---|---|---|
| | | *aktiv* | *nicht aktiv* |
| **Subjekt** | *aktiv* | Interaktionistische Theorien | Selbstgestaltungs-theorien |
| | *nicht aktiv* | Exogenistische Theorien | Endogenistische Theorien |

**Tafel 9:** Vier Typen von Entwicklungstheorien (nach Montada 2002)

*Endogenistische* Theorien sind Reifungstheorien. Entwicklung verstehen sie, vergleichbar dem Wachsen einer Pflanze, als Entfaltung genetischer Programme in festgelegten Phasen. Weder die Umwelt noch die Person selbst können die Entwicklung aktiv beeinflussen. Damit sie störungsfrei ablaufen kann, muss die Umwelt allerdings Minimalbedingungen bereitstellen, die dem jeweiligen Reifestand entsprechen. Hier liegt dann eine wichtige Aufgabe der Erziehung. Sie muss z. B. ermitteln, ob ein Kind die Schulreife erreicht hat, und ihm ggf. Zeit zum »Nachreifen« gewähren.

*Exogenistische* Theorien nehmen demgegenüber an, dass die Entwicklung primär durch die Umwelt bestimmt wird. Durch ihre Einwirkung wird der Mensch gewissermaßen »geformt«. Diese auch »milieutheoretisch« genannte Auffassung findet man besonders ausgeprägt in der Theorierichtung des Behaviorismus. Er betont die Rolle von Lernprozessen, und zwar vornehmlich von außengelenkten wie klassische Konditionierung und Lernen am Effekt (Belohnung und Bestrafung, vgl. S. 39). Erziehung ist hier somit der dominierende Entwicklungsfaktor.

*Selbstgestaltungstheorien* (auch: konstruktivistische Theorien) weisen dagegen dem Individuum selbst die Hauptrolle zu. Entwicklung ist aktive Selbstgestaltung. Der Mensch verarbeitet die Umwelt und konstruiert die »Wirklichkeit« in seinem Kopf. Zugleich wirkt er handelnd auf die Umwelt ein; sie ist für ihn eher ein Aktionsfeld als ein aktiver Einflussfaktor. Auf der Ebene der Entwicklungsprozesse geht es auch hier überwiegend um Lernen, allerdings um kognitives, erkennendes Lernen. Nach Jean Piaget, dem bekanntesten Vertreter der konstruktivistischen Position, bestimmt der jeweils erreichte Entwicklungsstand, wie neue Erfahrungen verarbeitet werden. Da also der eine Entwicklungsschritt die Voraussetzung für den nächsten ist, ergibt sich eine stadienartige Abfolge, die jedoch nicht mit Reifungsphasen gleichzusetzen ist. Die Funktion der Erziehung liegt bei dieser Position eher im Bereitstellen von Lerngelegenheiten als in der direkten, aktiven Beeinflussung.

*Interaktionistische* (auch »dialektische«, »transaktionale«) Theorien der Entwicklung sehen Person und Umwelt in einer ständigen dynamischen Wechselwirkung. Beide sind gleichermaßen aktiv, wirken aufeinander ein und verändern sich miteinander. Wie beim Konstruktivismus wird das Individuum nicht einfach von der Umwelt geformt, sondern es schafft sich ein subjektives Bild der Wirklichkeit, das auch das Handeln leitet. Selbstgestaltung und Fremdgestaltung addieren sich nicht einfach, sondern Mensch und Umwelt – auch Lernende und Erziehende – bilden ein Gesamtsystem mit ständigem Austausch zwischen beiden Seiten.

Insgesamt wird dem Lernen im Allgemeinen und der aktiven Erziehung im Besonderen in der exogenistischen und der interaktionistischen Position die größte Rolle eingeräumt und in der endogenistischen die geringste. In der Selbstgestaltungsposition kommt dem aktiven Lernen großes Gewicht zu, nicht aber einer aktiven Erziehung.

In jedem Fall hat Erziehung ihre *Grenzen*. Sie liegen in den Genen, in der nicht-erzieherischen Umwelt und in der Eigenaktivität des Individuums. Wie viel Spielraum für »die« Erziehung bleibt, ist jedoch, wie dargelegt, nicht in Zahlen auszudrücken.

Ganz anders ist es mit der Frage, wie weit *bestimmte* »Erziehungen«, wie weit unterschiedliche *Arten* pädagogischer Einflussnahme für unterschiedliche Entwicklungen verantwortlich sind. Hierzu sind empirisch begründete Auskünfte möglich. Und sie legen nahe, dass es durchaus nicht gleichgültig ist, welcher familiären Erziehung oder welcher Schulbildung ein Kind ausgesetzt ist. In der *Ausgestaltung* von Erziehung und Unterricht liegen also große Spielräume (vgl. Kap. 3 und 4). Allerdings sind hier wiederum noch andere Einflussgrenzen zu bedenken: Sie liegen in gegenläufigen Erziehungseinflüssen durch andere Personen und Institutionen sowie in den Erziehungspersonen selbst: Sofern nämlich ihre Handlungen den angestrebten Zielen gar nicht förderlich sind.

## 2.3 Die pädagogische Situation: Externe Bedingungen des Lernens

Um Lernprozesse in Gang zu setzen, werden pädagogische Situationen geschaffen. Das bekannteste Beispiel dafür ist die Schule. Doch was mit »Situation« – oder besser: mit situativen Bedingungen – alles gemeint sein kann, bedarf einer näheren Aufschlüsselung.

### Vielfältige externe Faktoren

Sowohl in der Alltagssprache als auch in der Psychologie gibt es den Begriff der »Situation« im objektiven und im subjektiven Sinn. Das heißt: Dieselbe objektive Situation kann unterschiedlich erlebt werden. Die Aufforderung, einen Aufsatz zu schreiben, ist für Schüler X eine schöne Herausforderung, für Y eine Bedrohung und für Z vielleicht nur eine Belästigung. In das System der Grundaspekte eingeordnet (vgl. S. 15) ist die subjektive Situation Inhalt der aktuellen Prozesse des Wahrnehmens, Fühlens usw.. Da diese aber auch von den individuellen Dispositionen abhängen, ist im Folgenden die objektiv registrierbare Situation gemeint, also die aktuellen externen Bedingungen. Unter »pädagogischer Situation« fassen wir jene externen Bedingungen zusammen, denen die *Lernenden* ausgesetzt sind. Für Schüler/innen gehört dazu dann auch das Verhalten der Lehrkraft. (Eine andere, an dieser Stelle nicht gemeinte Bedeutung von »pädagogischer Situation« ist das »pädagogische Feld«, also die Gesamtkonstellation einschließlich der Lernenden).

Inhaltlich klassifizieren kann man die situativen Bedingungen unter anderem in soziale, kulturell-inhaltliche, mediale, räumliche usw. (s. Tafel 10). Von manchen Bedingungen sind alle Akteure eines be-

---

- *Erziehende und weitere Personen*: Eltern, Lehrkräfte, Altersgenossen, Lerngruppe usw. (soziale Bedingungen)
- *Inhalte:* Aufgaben, Themen, Beurteilungen, Vorschriften, Heimordnung usw.
- *Medien:* Texte, Bilder, Spielzeug, Arbeitsmittel, Computer, in weitem Sinne auch natürliche »Medien« wie Tiere, Pflanzen usw.
- *Räumliche Aspekte:* Klassenraum, Arbeitszimmer, Sitzordnung usw.
- *Physikalische Bedingungen:* Beleuchtung, Lärm/Ruhe, Temperatur usw.

---

**Tafel 10:** Einige situative Bedingungen für eine lernende Person – inhaltlich differenziert

stimmten Praxisfeldes betroffen (z. B. Schulhofgestaltung, Schulordnung), von anderen nur Einzelne (z. B. unruhiger Tischnachbar). Einige externe Faktoren sind zwar nicht »pädagogisch« im eigentlichen Sinne (z. B. Beleuchtung, Architektur), doch die Situation als Ganze ist mit pädagogischer Absicht hergestellt.

Man kann die externen Bedingungen auch nach ihrer Nähe zum Lerner differenzieren (proximale vs. distale Bedingungen). »Nah« sind z. B. das Spielmaterial, die Matheaufgabe, erzählende Personen und andere Bedingungen, die als unmittelbare »Lernanreger« fungieren. »Entfernter« ist z. B. die jeweilige Schule mit ihrem Kollegium, ihren Lehrplänen usw. oder die Wohngegend mit ihren Freizeitangeboten. Noch entfernter ist das Schulsystem eines Landes und andere »Rahmenbedingungen«. Dass auch diese sich letztlich auf der Ebene der unmittelbaren Erfahrungen niederschlagen können, ist spätestens seit den internationalen und intranationalen (Bundesländer) Schulleistungsvergleichen (PISA) allgemein bekannt.

### Zur Wirkung auf Lernende

Alle Bedingungen bestimmen *potenziell* das Verhalten des Einzelnen und seine Lernprozesse. Die *tatsächlichen* Wirkungen lassen sich nicht immer durch bloßen Augenschein erkennen, sondern können häufig nur durch empirische Forschungen geklärt werden.

So wird beispielsweise von Lehrkräften sowie in öffentlichen Diskussionen über Schulprobleme wohl kaum eine situative Bedingung so oft erwähnt wie die Klassengröße – vermutlich weil sie so gut sichtbar ist. Tatsächlich ist sie aber, für sich genommen, ohne große Bedeutung für die Lernleistungen, wie auch die PISA-Studie erneut bestätigt hat (vgl. Schümer 2001, Wilberg & Rost 1997). Das gleiche gilt übrigens für das Ausmaß von Unterrichtsstörungen (Kounin 1976).

Demgegenüber sind manchmal recht unauffällige Aspekte der Lernumgebung viel einflussreicher. Im Falle der Unterrichtsstörungen spielen z. B. die Blickbewegungen und andere nonverbale Verhaltensweisen der einzelnen Lehrkraft eine wichtige Rolle (mehr hierzu in Kap. 4.8). Auf der Ebene der einzelnen Schule ist deren Ausstattung unbedeutend im Vergleich zu sozialen Faktoren wie den »stillen« Verhaltensnormen, die sich dort für den Umgang der Lehrkräfte mit den Schüler/innen und für deren Umgang untereinander eingespielt haben und die zusammen so etwas wie eine »Schulkultur« oder ein »Schulethos« ausmachen (Rutter et al. 1980). Lernende, die neu in die Schule eintreten, sind somit externen Verhaltenserwartungen ausgesetzt, von denen sie offenbar erheblich beeinflusst werden. Rutter et al. fanden unter anderem Wirkungen auf die Leistungen, die Abwesenheitsrate und sogar auf die Delinquenzrate in der jeweiligen Schülerschaft.

Für die einzelne Person fließen häufig verschiedene externe Faktoren zu einem Gesamteindruck zusammen, der als *Klima* empfunden wird (Klassenklima, Schulklima, Familienklima usw.; z. B. Eder 1996, Schneewind 1999). Das komplexe Phänomen »Klima« wird über die Einschätzungen der Befragten erfasst und meint also deren wahrgenommene Umwelt bzw. subjektive Situation. Doch spiegelt es meist zumindest teilweise objektive Bedingungen wider, insbesondere dann, wenn die Befragten in ihren Einschätzungen stark übereinstimmen (z. B. zu Angriffen durch Mitschüler, zum Gerechtigkeitssinn der Lehrkäfte usw.).

Zugleich ist aber daran zu erinnern, dass dieselbe Lernumgebung *unterschiedliche* Wirkungen auf die betroffenen Personen haben kann. Ein Beispiel dafür sind die häufig diskutierten Gewaltdarstellungen in Filmen. Im Moment der Betrachtung erzeugen sie bei manchen Zuschauern einen angenehmen »Nervenkitzel«, bei anderen hingegen unangenehme Angstgefühle; und für die langfristige soziale Entwicklung sind sie ein Risikofaktor bei sozusagen »vorgeschädigten« und »naiven« Kindern und Jugendlichen, nicht aber bei sozial gefestigten und kritischen Zuschauern (Kleiter 1997, Selg 1993). Unterrichtsmethoden können ebenfalls individuell unterschiedlich wirken. Eine Methode, die bei einigen Lernenden eine günstige Wirkung hat, kann für andere eventuell ungünstig sein, während es bei einer zweiten Methode genau umgekehrt ist – ein Phänomen, das seit einigen Jahrzehnten unter dem Terminus »Aptitude-Treatment-Interaction« (ATI) untersucht wird (s. Kap. 4.1).

Die Beispiele zeigen erneut, dass die grundlegenden Systemaspekte ein Gesamtgefüge bilden. Daher dürfen auch situative Bedingungen nicht isoliert betrachtet werden; stets ist zugleich nach den individuellen Personmerkmalen zu fragen.

## 2.4 Die Personen: Erziehende und Lernende

Die Akteure im Erziehungsfeld sind, wie Menschen überall, unterschiedlich disponiert für bestimmte Emotionen, Motivationen, Gedanken und Verhaltensweisen; sie unterscheiden sich mithin in ihren Fähigkeiten, Kenntnissen, Einstellungen, Grundstimmungen usw. Die Dispositionen sind, wie erörtert, das Ergebnis der bisherigen Entwicklung und sie bestimmen zugleich die weitere Entwicklung mit (vgl. S. 37). Doch nicht um Entwicklungsaspekte, sondern um die differentielle Sichtweise, um den Blick auf die Unterschiede selbst, geht es in diesem Kapitelabschnitt.

## Die Erziehenden

Jeder weiß, wie unterschiedlich Eltern, Lehrer/innen und andere Erziehungspersonen usw. sein können. Damit verbindet sich meist die Annahme, dass diese Unterschiede sich auf die Lerner auswirken; dass es also für die Entwicklung eines Kindes nicht gleichgültig ist, ob es bei den Eltern AB oder bei den Eltern XY aufwächst, oder dass man bei Lehrer A »mehr lernt« als bei Lehrer B.

Als unmittelbar »pädagogisch« lassen sich vor allem drei Aspekte hervorheben, in denen sich Erziehende unterscheiden:

- ihre Erziehungsziele (z. B. »mein Kind soll ein zufriedener Mensch werden«);
- ihre Erziehungseinstellungen einschließlich sog. instrumenteller Überzeugungen (z. B. »gutes Zureden bringt mehr als Strafen«),
- ihre gewohnheitsmäßigen Erziehungspraktiken (z. B. dem Kind etwas erklären, Verbote aussprechen).

Es ist nicht egal, ob man Erziehende nach ihren Zielen, nach ihren Einstellungen oder nach ihrem beobachtbaren Verhalten beschreibt. Denn von dem einen Merkmal kann man nicht ohne weiteres auf die anderen schließen. So können zwischen den Einstellungen und den tatsächlichen Verhaltensgewohnheiten durchaus Diskrepanzen liegen. Eltern mögen es z. B. wünschenswert finden, ein Kind häufig zu ermutigen, praktizieren es jedoch nur selten. Letztlich entscheidend für die Wirkung auf die Heranwachsenden ist das tatsächliche Erziehungs*verhalten* (vgl. S. 69). Dieses Verhalten erklärt sich teilweise aus den pädagogischen Zielen und Einstellungen und es fließen selbstverständlich auch Persönlichkeitsmerkmale mit ein (Ängstlichkeit, Intelligenz usw.), die für sich gesehen nicht als Erziehermerkmale gelten.

Konkret betrachtet können sich Erziehende in unübersehbar vielen Aspekten unterscheiden. Nehmen wir etwa das Verhalten von Eltern: Wie freundlich sind sie? Wie oft sprechen sie mit dem Kind? Wie geduldig hören sie zu? Wie lange sitzt das Kind täglich vor dem Fernsehgerät? Sitzen die Eltern daneben? Kommentieren sie die Sendungen? Lesen sie dem Kind Geschichten vor? usw. usw.

Die Erziehungsstilforschung versucht, das riesige Spektrum des Erziehungsverhaltens zu ordnen und dabei eine *überschaubare* Zahl von Aspekten herauszufiltern, die *pädagogisch bedeutsam*, also für die Entwicklung der Erzogenen relevant sind. Die Zusammenfassung verschiedener Merkmale zu einem »Stil« erscheint dann sinnvoll, wenn mehrere Merkmale untereinander eng zusammenhängen, und wenn man aufgrund der Kenntnis dieses Stils die Merkmale der Erzogenen besser vorhersagen kann als anhand einzelner Merkmale (Nickel, Heller & Neubauer 1976, S. 200). Diese Zusammenfassung geschah anfangs in Form von »Typen« und später durch »Dimensionen«.

Die Unterscheidung nach *Typen* ist im Prinzip auch Laien geläufig. Intuitiv unterscheiden sie häufig z. B. eine »strenge« von einer »nicht strengen« oder eine »autoritäre« von einer »liberalen« Erziehung. In dem berühmten Experiment, das den Ausgangspunkt der empirischen Erziehungsstilforschung bildete (Lewin, Lippitt & White 1939) wurden drei Typen unterschieden: der »autokratische«, der »demokratische« und der »laisser-faire«-Stil. Sie differierten deutlich im Ausmaß direkter Lenkung; der »autokratische« Typ war aber, anders als sich viele Menschen einen »autoritären« vorstellen, nicht als unfreundlich und grob konzipiert.

Obwohl sich mit »Typen« zweifellos bedeutsame Unterschiede herausstellen lassen, haben sie sich für die Beschreibung von Erziehenden insgesamt doch als zu undifferenziert erwiesen. Es sind Idealtypen, denen sich reale Erzieher selten eindeutig zuordnen lassen. Häufig sind sie z. B. in einer Situation »demokratisch«, in einer anderen hingegen »autokratisch«.

Diese Nachteile führten dazu, die Typen durch *Dimensionen* abzulösen. Dimensionen sind Kriterien, nach denen sich die Einstellungen oder Verhaltensweisen charakterisieren lassen, und zwar nicht als »Entweder-oder-Entscheidung«, sondern durch Angabe des Ausprägungsgrades auf einer Schätzskala. Dimensionen können globalen oder spezifischen Charakter haben.

---

Globale (viele Einzelaspekte umfassende) Dimensionen
- Emotionale Wärme vs. emotionale Kälte
- Ausmaß der Lenkung/Kontrolle (stark vs. gering)

Spezifischere Dimensionen
- Häufigkeit von positiven Bekräftigungen
- Häufigkeit von Bestrafungen

Beim Lehrerverhalten zusätzlich z. B.
- Strukturiertheit
- Intensität der Zeitnutzung

---

**Tafel 11:** Beispiele für pädagogisch bedeutsame Merkmale des Erzieherverhaltens

*Globale* Dimensionen werden aus einer Vielzahl von Einzelmerkmalen gebildet, die empirisch miteinander korrelieren. Besonders häufig erwähnt werden die Dimensionen: emotionale Wärme versus Kälte (ähnlich: Zuwendung vs. Zurückweisung, Liebe vs. Feindseligkeit) und starke Lenkung vs. geringe Lenkung (ähnlich: Kontrolle vs. Autonomie, Restriktivität vs. Permissivität) (z. B. Becker 1964, Maccoby & Martin 1983). Da die Dimensionen weitgehend unabhängig voneinander sind, kann bei der Beschreibung einer Erziehungsperson beispielsweise die Kombination »starke Lenkung/Kontrolle + Kälte« ebenso vorkommen wie »starke Lenkung/Kontrolle + Wärme«. Dies gilt nicht nur für Eltern, sondern auch für Lehrkräfte in der Schule: »Stark kontrollierende Lehrer sind nicht notwendigerweise zurückweisend oder sonstwie negativ, und sehr wenig kontrollierende Lehrer sind nicht notwendigerweise schüler-orientiert oder sonstwie positiv in ihrem Gefühlsausdruck« (Ulich & Jerusalem 1996, S. 185).

Die Dimension »Lenkung« ist allerdings inhaltlich mehrdeutig, so dass pädagogisch nicht einfach das *Ausmaß* von Interesse ist, sondern genauso die *Art* der Lenkung. In gewisser Weise ist Erziehung immer Lenkung, aber es macht einen Unterschied, ob z. B. durch Anordnungen, durch Beaufsichtigung oder durch Argumentation gelenkt wird (mehr hierzu in Kap. 3.2).

Anders als die global-zusammenfassenden Dimensionen beziehen sich viele andere Dimensionen auf *ausgewählte* Aspekte, die man aufgrund theoretischer Annahmen für pädagogisch bedeutsam hält. Ein Beispiel ist das Zwei-Komponenten-Modell der Marburger Gruppe (Stapf et al. 1972). Aufgrund lerntheoretischer Annahmen kennzeichnet es den elterlichen Erziehungsstil durch a) das Ausmaß von positiven Bekräftigungen für erwünschtes Verhalten und b) das Ausmaß von Bestrafungen für unerwünschtes Verhalten des Kindes (s. S. 39 zum Lernen am Effekt; zur erzieherischen Wirkung s. S. 75 f). Man kann hierin übrigens auch zwei unterschiedliche Arten der Lenkung sehen (Weitere Beispiele in Kap. 3.2).

Viele Dimensionen zur Klassifizierung des elterlichen Erziehungsstils eignen sich auch zur Charakterisierung von Lehrenden in der Schule. Das gilt, wie erwähnt, für die Dimensionen der emotionalen Haltung und der Lenkung und sicherlich auch für die Neigung zu positiver Bekräftigung bzw. Bestrafung. Aber anders als bei Eltern sind bei Lehrer/innen zusätzliche Aspekte der *Unterrichts*tätigkeit und der *Klassen*führung von Interesse. Hierzu zählen etwa Kriterien wie die Klarheit und Strukturiertheit, das Ausmaß der Induzierung von Schüleraktivitäten, das Ausmaß der individuellen Unterstützung (Weinert & Helmke 1996), aber auch die nonverbale Ausstrahlung von »Allgegenwärtigkeit« (Kounin 1976). Diese und andere Dimensionen des Lehrerverhaltens sind durchaus bedeutsam für den Lernerfolg der Schüler/innen bzw. auch für die Störungsprävention (mehr hierzu in Kapitel 4.1 und 4.8).

Unterschiede des Lehrerverhaltens lassen sich auch bezüglich einzelner konkreter Verhaltensgewohnheiten erfassen, etwa bezüglich der bevorzugten Art der Fragen, der Wartezeit nach einer Frage oder des Aufrufens ohne Meldung. Allerdings scheinen nicht so sehr die einzelnen Verhaltensweisen, sondern eher das Gefüge einander ergänzender Fertigkeiten für die Lernerfolg von Bedeutung zu sein.

Das erfassbare Verhalten einer Lehrperson beruht auf vielen motivationalen und kognitiven Dispositionen. Hierzu zählen, wie erwähnt, ihre pädagogischen Ziele und Einstellungen, aber auch ihre pädagogischen und fachlichen Kompetenzen einschließlich der subjektiven Theorien, von denen sie sich »automatisch« leiten lassen (vgl. Wahl 1991). Des Weiteren bestimmen auch Persönlichkeitsmerkmale das Verhalten und den beruflichen Erfolg mit. Nach Brandstätter & Mayr (1994) sind für Lehrer/innen folgende Dimensionen von besonderem Interesse: (1) Kontaktbereitschaft, (2) emotionale Belastbarkeit und (3) Selbstkontrolle. Ein niedriger Wert in einer dieser Dimensionen gilt als Risikofaktor für die Ausübung des Lehrerberufs.

Wie immer man die individuellen Unterschiede im Erziehen und Unterrichten charakterisieren mag, die Zuordnung eines »Stils« sollte nicht so verstanden werden, dass die Erziehenden durchweg in einer persontypischen und gleichbleibenden Weise handeln. Ihr Verhalten hängt – wie sonst auch – nicht nur von ihren individuellen Dispositionen ab, sondern auch von den *situativen* Faktoren. Dies wird deutlich, wenn man etwa fragt: Bei welchen Anlässen, in welcher Umgebung usw. verhält sich Erzieher X so oder so? Je nachdem, ob es z. B. um Probleme bei den Hausaufgaben, um Konflikte mit anderen Kindern, oder um »störendes« Verhalten des Kindes gegenüber den Eltern geht, schlagen Eltern oft ganz unterschiedliche Erziehungsmaßnahmen vor (Genser, Brösskamp & Groth 1980). Und bei Lehrenden in der Schule ist das Ausmaß von lenkenden Anweisungen, engen Fragen usw. nicht einfach eine stabile Personkonstante, sondern kann durchaus z. B. mit dem jeweiligen Unterrichtsfach und der Unterrichtsform variieren (Nickel & Fenner 1974). Ein besonders wichtiger externer Faktor ist natürlich das Verhalten der Schüler/innen.

### Die Lernenden

Die Personmerkmale der Lernenden verdienen in pädagogischer Hinsicht Beachtung, weil (a) die Lernenden das Verhalten der Erziehenden mitbestimmen und weil (b) dasselbe Erziehungsverhalten je nach den Dispositionen der Lernenden unterschiedliche Wirkungen haben kann.

Besonders auffällig ist zunächst einmal der *Altersunterschied* der Lernenden. Hier ist die differentielle Erziehungswirkung allgemein geläufig. Es ist selbstverständlich, dass man Sechsjährigen das Lesen beibringt, nicht aber Zweijährigen, oder dass man bei Grundschulkindern anschaulicher erklären muss als bei Jugendlichen. Bestimmte geistige und motorische Fähigkeiten, soziale Bedürfnisse usw. wird man also in gewissem Grade einfach aufgrund der erreichten Altersstufe erwarten.

Die alterstypische Entwicklung ist der klassische Gegenstand der Entwicklungspsychologie und hat von jeher auch pädagogisches Interesse gefunden. Beispiele sind etwa die Frage nach der Schulfähigkeit, nach Stadien der Denkentwicklung oder Veränderungen in der Pubertät. Aus der alterstypischen Entwicklung versucht man Konsequenzen für Erziehung und Unterricht abzuleiten – aber auch für gesellschaftliche Normierungen und politische Entscheidungen, etwa zum Einschulungsalter, zur Volljährigkeit, zur Differenzierung in Jugendstrafrecht und Erwachsenenstrafrecht usw.

*Innerhalb* jeder Altersstufe gibt es aber wiederum große individuelle Unterschiede – die Personmerkmale im engeren Sinne. Das Alterstypische hat mithin seine Grenzen. Man kann nicht sagen, wie »die« Dreijährigen oder »die« Siebenjährigen sind. Vielmehr findet man eine breite Streuung des »normalen«, d. h. des medizinisch und psychologisch unauffälligen Entwicklungsstandes. Zum ersten Mal alleine gehen können Kinder in der Spanne von 9 bis 17 Monaten. Ebenso unterscheiden sich vier- und fünfjährige Kindergartenkinder beträchtlich in der Art ihrer Kontaktaufnahme: »Manche tun es fast nie in schüchterner Weise, manche sind dabei fast immer schüchtern, nur wenige nehmen überhaupt aggressiv Kontakt auf, aber unter diesen wenigen Kindern gibt es einige mit sehr hoher Aggressivitätsrate« (aus Asendorpf 1988, S. 66 ff).

Wenn man also eine größere Zahl von Menschen verschiedener Altersstufen miteinander vergleicht, wird man häufig feststellen, dass die Unterschiede *innerhalb* einer Altersstufe weit größer sind als der durchschnittliche Unterschied *zwischen* den Altersstufen. Das macht es ratsam, Lernende primär als Individuen zu betrachten und nicht nur als Sechsjährige usw.

Ähnliches gilt für *geschlechtstypische* Unterschiede. Ein auffälliger Unterschied ist die höhere körperliche (nicht generelle) Aggressivität beim männlichen Geschlecht. Häufiger erwähnt wird weiterhin, dass tendenziell die sprachlichen Fähigkeiten von Mädchen/Frauen größer sind als von Jungen/Männern, während diese bezüglich des mathematisch-naturwissenschaftlichen und des räumlichen Denkens überlegen sind (vgl. Kasten 2001). Wichtig ist nun aber, dass hier Durchschnittswerte (!) verglichen werden. Sie sagen wenig über den Einzelfall aus. Denn die Differenz der Durchschnittswerte ist bei weitem nicht so groß wie die Unterschiede innerhalb der Geschlechter. Für die Erziehung bedeutet dies wiederum: *Welchen* Jungen bzw. *welches* Mädchen man vor sich hat, ist viel bedeutsamer als das Geschlecht per se.

Zur *individuellen* Kennzeichnung von Lernenden gibt es keine gebräuchlichen Klassifikationen von der Art, wie sie bei den Erziehermerkmalen vorgestellt wurden. Je nach pädagogischem Kontext werden eher diese oder jene Personmerkmale in den Vordergrund rücken. Eine Untersuchung an Lehrkräften in der Schule ergab beispielsweise, dass sie die Schüler/innen nach folgenden fünf Dimensionen charakterisieren: Begabung, Anstrengung, Diszipliniertheit, soziale Aktivität und seelische Robustheit (Hofer 1986, S. 84).

Individuelle Merkmale, die in der psychologischen Forschung der letzten Jahrzehnte häufiger thematisiert wurden und werden, sind unter anderem: kognitive Faktoren der Schulleistung im Allgemeinen (Intelligenz, Vorkenntnisse u. a.) und spezielle Aspekte wie etwa Lernschwierigkeiten (z. B. Zielinski 1998) und Aufmerksamkeitsstörungen (z. B. Lauth & Schlottke 1999), aber auch Hochbegabung (z. B. Holling & Kanning 1999), weiterhin das individuelle Leistungsmotiv mit seinen persontypischen Ausprägungen »Erfolgszuversicht« und »Misserfolgsängstlichkeit« (s. Kap. 4.5) oder die Neigung, Mitschüler/innen zu schikanieren (»bullying«) (s. Kap. 3.7).

Nach welchen Kriterien auch immer man Lernende charakterisiert – um aktuelles Verhalten, Denken, Fühlen usw. zu erklären, ist wiederum das Gewicht der »Person« zu relativieren um den Einfluss situativer Faktoren. Es ist ein Unterschied, ob man ein Kind als »aggressiv«, »ehrgeizig«, »ängstlich« o.dgl. charakterisiert, oder als »aggressiv, ehrgeizig, ängstlich *bezüglich...*«. Um die Rolle der Situation zu erfassen, kann man beispielsweise fragen: Wem gegenüber äußert das Kind seine Wünsche durch Jammern, Quengeln, Weinen und wem gegenüber nicht (z. B. bei Vater, Mutter, Oma)? Bei welchen Aufgaben, Themen, Lernmaterialien usw. verhält sich Schüler Y so teilnahmslos, redefreudig, fleißig usw.? Dann wird möglicherweise deutlich, dass die zugeschriebene Disposition spezifischer ist, als es ein bloßes Eigenschaftswort suggeriert, oder dass ein Verhalten eher aus einer sozialen Interaktion mit anderen Personen entsteht als lediglich aus der Person des Lernenden.

## 2.5 Der interpersonale Bezug: Interaktion, Kommunikation und Beziehung

Wurden zuvor Erziehende und Lernende individuell betrachtet – als »Person« – so rückt nun der Tatbestand in den Vordergrund, dass sich Erziehung und Unterricht gewöhnlich im Kontakt *zwischen* ihnen abspielt. Dass das Verhalten »anderer« (z. B. das Lehrerverhalten) als ex-

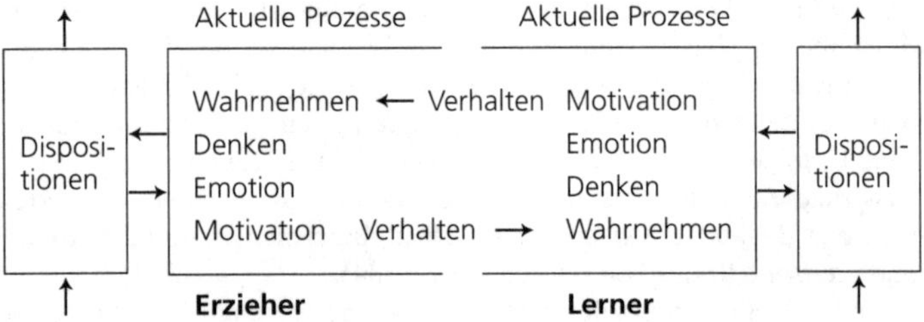


**Tafel 12:** Der interpersonale Aspekt: Die Prozesse von mehreren Personen (hier: Erzieher und Lerner) sind aufeinander bezogen

terner Faktor Einfluss auf eigenes Verhalten und Lernen ausübt, wurde bereits unter dem Grundaspekt »Situation« erörtert. Im Folgenden geht es jedoch um mehr: um die wechselseitige Bezogenheit und Beeinflussung, um das Zusammenspiel der Akteure. Dieser im strengen Sinne *inter*personale (soziale, zwischenmenschliche) Aspekt erfordert, die Akteure *gemeinsam* in den Blick zu nehmen.

Für eine solche gemeinsame Betrachtung, die das »Inter« hervorhebt, kann man das Grundmodell (S. 15), das auf *eine* Person ausgerichtet ist, symmetrisch verdoppeln, wobei die »Situation« durch die *zweite* Person ersetzt wird (s. Tafel 12). Hervorgehoben wird damit, dass die aktuellen Prozesse beider Personen (innere Prozesse und Verhalten) miteinander zusammenhängen.

Es sind vor allem drei Kernbegriffe, unter denen interpersonale Bezüge gewöhnlich behandelt werden: Interaktion, Kommunikation und (soziale) Beziehung. Bei aller Verwandtschaft, insbesondere zwischen Interaktion und Kommunikation, setzen die Begriffe durchaus unterschiedliche Akzente.

## Interaktion

Der Begriff der Interaktion hat verschiedene Bedeutungen. In unserem und vielen anderen Kontexten ist die *soziale* Interaktion gemeint. Dass die Personen sich aufeinander *»beziehen«*, ist hierfür das Minimalkriterium; die Interaktion ist dann, kurz gesagt, »Verhalten zueinander«. Die wechselseitige *Beeinflussung* geht noch darüber hinaus, ist aber immer von großem Interesse bei der Frage nach Ursache-Wirkungs-Zusammenhängen im sozialen Verhalten. Eine fortlaufende Beeinflussung im Sinne von Wirkung und Rückwirkung wird auch als »dynamische« Interaktion (Brunner & Huber 1989) bezeichnet, zuweilen auch als Transaktion.

Die *pädagogische* Interaktion ist ein Spezialfall sozialer Interaktion und meint die Interaktion zwischen Erziehenden und Lernenden. Darüber hinaus interagieren aber auch Lernende untereinander (z. B. Schulklasse, Geschwister) sowie Erziehende untereinander (z. B. Lehrerkollegium, Eltern).

Versteht man die pädagogische Interaktion als »dynamisch«, so bedeutet dies, dass nicht nur die Eltern auf die Kinder »einwirken«, sondern die Kinder auch auf die Eltern – und dies in jedem Augenblick des Miteinanders (s. Tafel 13). Über das *aktuelle* Geschehen hinaus können sich auch wiederkehrende Interaktionsmuster zwischen den Beteiligten entwickeln – sie haben dann beiderseitig *gelernt*, in dieser Weise miteinander umzugehen.

---

Mutter ermahnt zum Aufräumen ↘
↙ Kind »überhört« die Ermahnung
Mutter schimpft ↘
↙ Kind beginnt zu weinen
Mutter verspricht Eis fürs Aufräumen ↘
↙ Kind beginnt aufzuräumen
Mutter verlässt das Zimmer usw.

---

**Tafel 13:** Beispiel für eine Erzieher-Lerner-Interaktion

Mit der dynamischen Interaktion wird eine einseitige kausale Interpretation von »Erziehungsergebnissen« – nämlich als Wirkung der Erzieher auf die Erzogenen – aufgegeben. Beispielsweise ist dann Unselbständigkeit des Kindes nicht mehr nur eine Folge von Überbehütung, sondern die Unselbständigkeit regt auch überbehütendes Verhalten der Mutter an. Beides zusammen könnte in einen Kreisprozess münden.

Allerdings ist damit nicht ausgeschlossen, dass die Macht zur Veränderung der Erzieher-Lerner-Interaktion ungleich verteilt ist. Gewöhnlich wird in den ersten Lebensmonaten das Verhalten von Eltern weit mehr vom Kind gesteuert als umgekehrt. Danach erhalten die Eltern zunehmend Spielraum, nicht nur zu reagieren, sondern nach den eigenen Erziehungsvorstellungen zu agieren. Wie weit sie ihn tatsächlich zur direkten Steuerung des kindlichen Verhaltens nutzen, kann individuell und auch situativ recht unterschiedlich sein.

Die interagierenden Personen, die in einer relativ dauerhaften Beziehung zueinander stehen, werden heute meist als soziales »*System*« bezeichnet. Allgemein lässt sich ein System verstehen als »eine Menge von Variablen, die durch ein Netzwerk von kausalen Abhängigkeiten miteinander verbunden sind«, woraus sich ergibt, »daß man im Grunde nichts in diesem System beeinflussen kann, ohne nicht alles andere auch zu beeinflussen« (Dörner 1989, S. 109). Soziale Systeme im pädagogischen Feld sind beispielsweise »Mutter und Kind«, »Familie», »Schulklasse«, »Lehrerkollegium« usw. Wie leicht zu erkennen ist, lässt sich ein größeres System (z. B. die Schule) in kleinere Subsysteme aufgliedern, diese in noch kleinere Subsysteme usw. Unterhalb der Ebene sozialer Interaktion ist dann die einzelne Person ein System mit Subsystemen der Wahrnehmung, der Motivation usw. Kein System existiert also für sich allein, sondern ist in andere Systeme eingebettet. Bei der *sozialen* Interaktion wird ein System aus mindestens zwei Personen in den Blick genommen.

Welche praktischen Folgerungen ergeben sich aus der interaktionellen bzw. systemischen Sichtweise? Im Falle zwischenmenschlicher Konflikte kann es entlastend wirken, wenn die Beteiligten in Interaktionen denken und somit das Problem »zwischen« sich und dem anderen sehen, statt sich gegenseitig die Schuld zuzuweisen, wenn also beispielsweise eine Mutter den Trotz ihres Kindes und ihr eigenes Schimpfen als Teufelskreis versteht, statt lediglich das Kind als »trotzig« und »ungezogen« abzustempeln. Wer den eigenen Anteil an der Interaktion erkennt, wird meist auch eher zur Veränderung beitragen. Hier legt nun die interaktionelle Sichtweise nahe, ein interpersonales Problem nach Möglichkeit dadurch zu lösen, dass alle Beteiligten einbezogen werden und *gemeinsam* ihr »Interaktionssystem« verändern. Dies geschieht z. B. in einer Familientherapie oder durch eine kooperative Intervention in der Schulklasse (vgl. S. 172 f). Ein solcher Zugang ist oft aussichtsreicher als der Versuch einer Seite, die andere zu »erziehen«. Dies schließt nicht aus, dass manchmal auch eine einseitig begonnene Verhaltensänderung zum Erfolg führt, weil sie Änderungen beim Interaktionspartner hervorruft. So kann z. B. ein Teufelskreis zwischen Mutter und Kind eventuell durch ein Erziehungstraining der Mutter durchbrochen werden.

## Kommunikation

Interaktion und Kommunikation sind miteinander verbunden. Doch während beim Begriff der Interaktion der Akzent auf den interpersonalen *Verhaltens*zusammenhängen liegt, wird unter »Kommunikation« die *Nachrichten*seite thematisiert: Der Akzent liegt auf der Übermittlung von »Informationen«, »Botschaften», »Bedeutungen«, die innerhalb der Interaktionsprozesse ausgetauscht werden; somit geht es viel stärker um innere Prozesse. Die Betrachtung des Nachrichtenaustausches kann erheblich zum Verständnis des sichtbaren Interaktionsverlaufs beitragen.

Zu einem vollständigen Kommunikationsvorgang gehört, dass eine Person A etwas Gemeintes in Signale umsetzt und eine andere Person B diese »versteht«. In Fachausdrücken: Ein »Sender« verschlüsselt (enkodiert) eine Nachricht und ein »Empfänger« entschlüsselt (dekodiert) sie. Dies sind in erster Linie kognitive Prozesse. Allerdings kommunizieren Sender und Empfänger immer als »ganze Menschen« mit allen aktuellen Prozessen, also z. B. auch mit ihren Emotionen.

Eine konkrete Kommunikation gilt als gelungen, wenn B die Botschaft von A genau so versteht, wie sie von A »gemeint« war. Ob sie gelingt, hängt von vielen Faktoren ab, unter anderem von der Aufmerksamkeit des Empfängers, der Deutlichkeit der Zeichen und der Übereinstimmung über die Bedeutung der Zeichen (z. B. verstehen beide dasselbe unter »partnerschaftlich« oder »demnächst«?). Auch undeutliche und unübliche Zeichen können ggf. richtig verstanden werden, wenn der Empfänger den Sender »gut kennt«. Gerade für den Umgang mit kleinen Kindern, die kaum sprechen können, ist dies oft sehr wichtig.

Wird die Mitteilung von B nicht so verstanden wie von A gemeint, so liegt eine »Kommunikationsstörung« bzw. ein »Missverständnis« vor. Nicht selten kommt aber beim Empfänger »mehr« an als die Botschaft, die der Sender bewusst übermitteln wollte, ohne dass man von einer Kommunikationsstörung sprechen würde. Wenn eine Mutter aus der Frage ihres Kindes »Kommst Du mit, wenn ich zum Zahnarzt muss?« heraushört, dass es wohl Angst hat, wäre dies vermutlich »richtig verstanden«, selbst wenn das Kind dies lieber verbergen wollte.

Dies führt zu den *Inhalten* der Kommunikation: Was für Botschaften werden übermittelt? Konkret können dies natürlich unendlich viele sein. Doch lassen sie sich nach verschiedenen Kriterien ordnen. So entwickelte Schulz von Thun (1983, 2002) ein »Nachrichtenquadrat« aus vier Aspekten:

- Sachaspekt: Informationen über Sachverhalte (Geschehnisse, Theorien usw.);
- Selbstkundgabeaspekt: Ausdruck eigener Gedanken, Gefühle usw.;
- Beziehungsaspekt: Haltung gegenüber dem Empfänger (Sympathie, Misstrauen, Überlegenheit usw.);
- Appellaspekt: Versuch, den Empfänger zu etwas zu veranlassen.

Die Unterscheidung solcher Nachrichtenaspekte ist ein Hilfsmittel zur Analyse zwischenmenschlicher Kommunikation und ihrer Störungen. Eine Erkenntnis darüber, welche Nachrichtenseite eine Person vorrangig gemeint und eine andere vorrangig verstanden hat, trägt zum Verständnis ihres Verhaltens zueinander bei.

Ein Beispiel: Ein Schüler sagt zur Lehrerin »Ich verstehe nicht, warum wir das lernen sollen«. Darin könnten folgende Botschaften stecken: (a) Sachaspekt: »Was sind die Lernziele, die Nutzanwendungen usw.?«, (b) Selbstkundgabe: »Das macht mir keinen Spaß« oder »Ich denke kritisch nach«, (c) Beziehungsaspekt: »Mit Ihnen kann man über sowas offen reden« oder »Sie sind keine gute Lehrerin«, (d) Appellaspekt: »Erklären Sie es mir« oder »Machen Sie lieber was anderes«.
Die Reaktion der Lehrerin offenbart, welchen Aspekt sie vorrangig empfangen hat. Antwortet sie (a) »Dieser Stoff ist deshalb wichtig, weil... «, so nimmt sie die Sachseite auf. Antwortet sie (b) »Du hast wohl keine Lust« oder »Immer willst Du für alles eine Erklärung haben», so bezieht sie sich auf die Selbstkundgabe. Eine (c) Reaktion von der Art »Was wichtig ist, weiß ich sicher besser als Du«, zeigt an, dass sie zu allererst eine negative Beziehungsbotschaft an sie wahrgenommen hat. Und (d) die Bemerkung »Dann müssen wir wohl mal die Lernziele erörtern« oder »Wir hören ja schon bald damit auf« spricht dafür, dass sie einen Appell herausgehört hat.

Kommunikationsstörungen sind einerseits innerhalb der vier Ebenen möglich, etwa indem ein Sachverhalt oder ein Wunsch falsch verstanden wird. Andererseits können sich die Nachrichtenseiten verschieben: Der Sender »meint« z. B. primär den Sachaspekt (»Du hast hier einen Fehler gemacht«) und der Empfänger hört primär einen Beziehungsaspekt (»Der hat was gegen mich«).

Zur Kommunikationsverbesserung wäre es wichtig, die vier Seiten auseinander halten und jede einzelne bewusst empfangen bzw. mitteilen zu können. Beim Sachaspekt geht es vor allem um gute Verständlichkeit etwa beim Unterrichten oder bei Lehrtexten (vgl. S. 132). Ein positiver Beziehungsaspekt wird unter anderem in Form von Wärme, Wertschätzung und Anteilnahme vermittelt (vgl. S. 49 u. 72 zu Dimensionen des Erzieherverhaltens). Ein kritischer Punkt ist der Appellaspekt, da Aufforderungen, Anweisungen usw. einen Großteil erzieherischer Kommunikation ausmachen, häufig mit dem Beiklang einer Bevormundung (= Beziehungsaspekt). Als Alternative werden verschiedentlich »Ich-Botschaften« vorgeschlagen (z. B. Gordon 1995, 1996). Sie bestehen in einer deutlichen Mitteilung eigener Empfindungen (»Ich sorge mich, wenn Du ... «, »Mir ist wichtig, dass ... «) und akzentuieren damit den Aspekt der Selbstkundgabe.

Bei den *Mitteln* der Kommunikation – den Signalen oder Zeichen – wird hauptsächlich zwischen verbal und nichtverbal unterschieden. Zu den verbalen Formen zählen die mündliche und schriftliche Sprache, zu den nichtverbalen das Ausdrucksverhalten (Mimik, Körperhaltung, Gestik usw.) sowie Handlungen (z. B. sich abwenden, jemanden anspucken). Dabei ist von Interesse, dass zwischen der Nachrichtenseite und Signalart ein Zusammenhang besteht. So werden etwa Sachaspekte vorwiegend verbal, Beziehungsaspekte hingegen vorwiegend nichtverbal vermittelt.

Nonverbale Kommunikation hat auch im Erziehungsbereich größte Bedeutung (vgl. Rosenbusch & Schober 1995). Schon Säuglinge reagieren auf den Tonfall, wenn sie den Inhalt der Worte noch nicht verstehen können. Lehrende in der Schule motivieren durch eine lebendige Stimmführung und bremsen Unterrichtsstörungen durch Blickverhalten und Gestik (hierzu Kap. 4.8). Eine rein verbal ausgerichtete Ausbildung, wie sie für Hochschulen typisch ist, lässt insofern wesentliche Komponenten des Erzieherverhaltens außer Acht.

### Beziehung

Der Begriff der Beziehung, genauer: der sozialen Beziehung, meint nicht aktuelles Geschehen, sondern situationsüberdauernde Orientierungen und Haltungen zueinander. Insofern enthält der Begriff der Beziehung adressatspezifische Dispositionen der Beteiligten: Sie begegnen einander mit einer bestimmten Einstellung, d. h. mit einem Bild vom anderen, mit einer Gefühlshaltung (Sympathie, Verachtung usw.), mit einer Tendenz zur Annäherung oder Meidung.

Von überragender Bedeutung ist bekanntlich die Eltern-Kind-Beziehung. *Er*ziehung ist immer auch *Be*ziehung und die klassische Erziehungsstil-Dimension »emotionale Wärme vs. Kälte« lässt sich kommunikationspsychologisch als Beziehungsaspekt des erzieherischen Verhaltens verstehen. Ein weiteres bekanntes Beziehungsphänomen ist die »Bindung«. Darunter versteht man »eine lang andauernde, enge emotionale Beziehung zu bestimmten Personen, die Schutz oder Unterstützung bieten können« (Zimmermann et al. 2000, S. 302). Bindung gibt es in unterschiedlicher Qualität. Von pädagogischem Interesse ist vor allem die Qualität der Eltern-Kind-Bindung und ihr Einfluss auf die Entwicklung psychischer Gesundheit bzw. psychischer Störungen (vgl. Zimmermann et al. 2000, Gloger-Tippelt 2002).

Beziehungen anderer Art entwickeln Kinder und Jugendliche beispielsweise im Kindergarten oder in der Schule. Vor allem die Schule ist ein wichtiger Ort für die Entstehung von Freundschaften, aber auch von Feindschaften oder fortdauernden Täter-Opfer-Beziehungen (s. Kap. 3.7). Generell sind Schüler-Schüler-Beziehungen in vieler Hinsicht bedeutsam für die Entwicklung des sozialen Verhaltens, für das Selbstbild und das Selbstwertgefühl des Einzelnen (vgl. K. Ulich 2001). Seit langem ist auch bekannt, dass es Zusammenhänge gibt zwischen der Schulleistung und dem Status bzw. der Beliebtheit unter Mitschülern, wobei sich beide Aspekte gegenseitig bedingen können (D. Ulich & Jerusalem 1996).

Das Wort Beziehung lässt zwar in erster Linie an persönliche Beziehungen denken; aber sie können auch *formaler* Natur sein: Rollenbeziehungen, hierarchische Beziehungen usw. Solche formalen Beziehungen existieren unabhängig von den jeweiligen Personen. Die Lehrer-Schüler-Beziehung ist den einzelnen Akteuren zum großen Teil als Rolle vorgegeben; aufgrund ihrer jeweiligen Stellung richten sich an sie bestimmte Verhaltenserwartungen. Von Lehrer/innen wird erwartet, dass sie unterrichten, Klassenarbeiten korrigieren, die Schüler/innen beaufsichtigen usw. Von diesen wiederum wird erwartet, dass sie sich unterrichten lassen, an Klassenarbeiten teilnehmen usw. Wer diese Erwartungen nicht erfüllt, fällt »aus der Rolle«. Auch Rollenbeziehungen sind insofern *inter*personal, als die Verhaltensmuster beider Seiten zusammengehören und sich zu einem Rollensystem ergänzen. Allerdings: Bis zu einem gewissem Grade können die Personen diese Rollen unterschiedlich ausfüllen, z. B. in der Art der Unterrichtsführung oder in der Freundlichkeit des Umgangs. Hier wirken also immer auch Personfaktoren in das interpersonale Verhalten hinein.

Alles zusammen – der Blick auf die personalen Dispositionen, auf die Inter-Aspekte und auf situative Faktoren – kann den Umgang miteinander gewöhnlich besser erklären als nur einer der Aspekte allein.

## 2.6 Pädagogisch-psychologische Tätigkeiten

Vorangehend ging es um grundlegende Tatbestände des psychischen Geschehens und ihre pädagogische Relevanz. »Grundlegend« in dem Sinne, dass sie sich durch alle Themenbereiche der Pädagogischen Psychologie hindurchziehen, sind aber auch einige Tätigkeiten im »Umgang« mit psychologischen Fragen, d. h. beim Gewinnen oder Anwenden psychologischen Wissens.

### Grundtätigkeiten: Beschreiben, Erklären usw.

Es lassen sich mehrere Tätigkeiten unterscheiden, von denen zumindest die ersten vier in Lehrbüchern oft auch als »Aufgaben der Psychologie« bezeichnet werden:

- Beschreiben (Wie verhält sich Kind X gegenüber seinen Mitschülern?),
- Erklären (Welchen Einfluss hat die elterliche Erziehung auf das schüchterne Verhalten?),
- Vorhersagen (Wird sich das Problem in der Pubertät vermindern oder verstärken?),

- Beeinflussen und Verändern (Was kann man tun, um selbstsicheres Verhalten zu fördern?),
- Bewerten (Ist das jetzige Verhalten von X »unangemessen«?).

Diese Aktivitäten haben gewissermaßen universellen Charakter. Sie liegen jenseits aller Themen, Gebiete und Theorierichtungen, und es ist unmöglich, mit psychologischen Fragen umzugehen, ohne eine dieser Tätigkeiten auszuüben. Allerdings müssen nicht in jedem Fall alle gleichzeitig zum Zuge kommen.

Das *Beschreiben* ist die elementarste Aufgabe; ohne Beschreibungen sind auch die anderen Tätigkeiten nicht sinnvoll möglich. Beim Beschreiben macht man Aussagen über den Ist-Zustand von Sachverhalten, über Erscheinungsformen und Merkmale. Eine Beschreibung im engeren Sinne nennt nur objektiv erfassbare Sachverhalte, etwa beobachtbare Verhaltensweisen (»Max schreibt in seinem Heft«) oder auch Messwerte. Andere Beschreibungen fassen verschiedene Beobachtungen zu einer subjektiven Einschätzung zusammen (»Max ist fleißig«). Auch das Ordnen und Klassifizieren (z. B. nach Verhaltenskategorien oder Dimensionen) steht im Dienste des Beschreibens (s. etwa Beispiele S. 28 u. 72).

Das *Erklären* besteht in Aussagen über das »Warum« von Sachverhalten, also über Ursachen, Bedingungen, Abhängigkeiten. Es setzt daher die Beschreibung von mindestens zwei Sachverhalten voraus, wobei der eine den anderen bedingen soll:

$$\text{Sachverhalt A} \quad \rightarrow \quad \text{Sachverhalt B}$$

Dabei ist es wichtig, dass die beiden Sachverhalte unabhängig voneinander erfasst bzw. beschrieben werden, sonst wäre es nur eine Pseudo-Erklärung. Die Aussage »X bemüht sich nicht, weil er faul ist«, wäre nur dann eine Erklärung, wenn »faul« nicht nur ein anderes Wort für »mangelndes Bemühen« ist, sondern *un*abhängig vom Bemühen erläutert wird (z. B. als »mangelndes Interesse am Lernstoff«). Viele Sachverhalte, die in der Psychologie der Erklärung dienen (z. B. Fähigkeiten, Motive) können allerdings nicht direkt beobachtet, sondern nur als »hypothetisches Konstrukt« beschrieben werden.

Das *Vorhersagen* umfasst ebenfalls die Beschreibung von wenigstens zwei Sachverhalten. Da ist einmal das, was vorausgesagt werden soll, das sog. Kriterium (z. B. der Schulerfolg), und zum andern das, worauf sich die Voraussage stützt, der sog. Prädiktor (z. B. ein Lehrergutachten, ein Test). Gewöhnlich wird sich die Vorhersage dabei auf eine Erklärung stützen, also auf die Annahme eines kausalen Zusammenhangs zwischen dem im Prädiktor erfassten Sachverhalt und dem vorhergesagten Sachverhalt.

Das *Beeinflussen und Verändern* von Lernenden gilt als die »eigentliche« pädagogische Aufgabe und wird stärker als die übrigen Tätigkeiten als »Handeln« empfunden. Gezieltes Beeinflussen ist fast immer eine sehr komplexe Tätigkeit und stützt sich auch auf Beschreibungen (z. B. von Schülerverhalten), auf Erklärungen (für das Verhalten, für Leistungen usw.), auf Vorhersagen (z. B. zur Wirksamkeit einer Erziehungsmaßnahme) und nicht zuletzt auf Wertungen (z. B. zur Dringlichkeit einer Einflussnahme).

Kennzeichnend für das *Bewerten* ist ein Gütekriterium, nach dem man Urteile wie »angemessen« und »unangemessen«, »gut« und »schlecht« usw. fällt (»Die Wirkung der Maßnahme ist unbefriedigend«). Wertungen sind daher »Soll-Aussagen« und letztlich immer subjektiv. Zuweilen werden sie mit subjektiv einschätzenden Beschreibungen verwechselt, die aber Ist-Aussagen sind (s.o.). Das Bewerten gilt übrigens in der Psychologie nicht als wissenschaftliche Aufgabe. Wir fügen es jedoch hinzu, weil es quasi allgegenwärtig und unvermeidlich ist. Gewertet wird z. B. schon dann, wenn man eine Theorie für »angemessen« oder eine Forschungsmethode für »ungeeignet« erachtet. Bei *pädagogischen* Fragen ist das Bewerten aber auch explizit eine Aufgabe, insbesondere wenn es um Entscheidungen über Erziehungs- und Bildungsziele geht.

Die genannten Tätigkeiten im Umgang mit psychologischen Sachverhalten werden, wie gesagt, nicht nur in der wissenschaftlichen, sondern auch in der naiven Psychologie ausgeübt. Laien stellen allerdings weniger strenge Anforderungen an Sorgfalt und Präzision; sie sind sich oft nicht einmal bewusst, welche Tätigkeit sie gerade ausüben und halten sie nicht scharf auseinander. So werden oft Beschreibungen mit Erklärungen verwechselt oder Beschreibungen mit Wertungen vermischt. Wenn etwa auf die Frage »Welchen Erziehungsstil praktiziert Lehrer X?« die Antwort »Ich finde ihn zu autoritär« gegeben wird, so ist hier kaum noch zu unterscheiden, was »ist« und wie der Antwortende persönlich darüber denkt. Gerade weil im pädagogischen Feld so viele Wertungen getroffen werden (müssen), besteht die Gefahr, dass sie neutrales Beschreiben und Erklären behindern.

Das unbemerkte Vermischen und Verwechseln ist etwas ganz anderes als ein absichtliches Kombinieren zu komplexen Tätigkeiten, wie es sowohl in der Forschung als auch in der Praxis ständig gefordert ist. Zu solchen komplexen Tätigkeiten gehören vor allem das »Beurteilen« sowie das »Beeinflussen« in Form von Unterrichten und Erziehen.

### Beurteilen und Diagnostizieren

Eine typische komplexe Praxisaufgabe für Lehrer/innen und andere Erziehende ist es, ein Verhalten, eine Leistung, eine Person oder ein

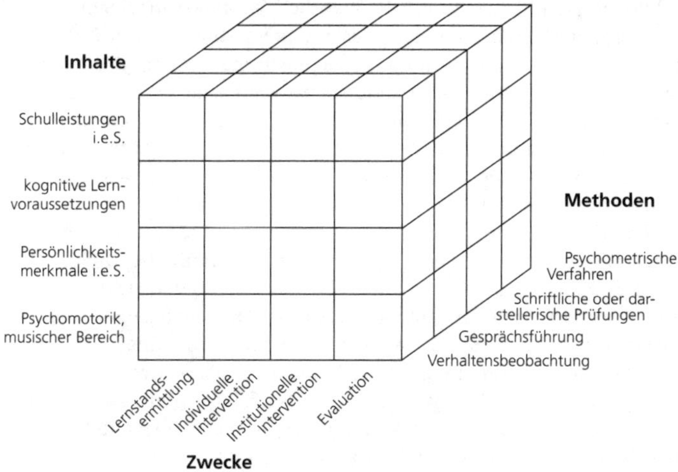


**Tafel 14:** Taxonomie pädagogisch-psychologischer Diagnostik (Langfeldt & Tent 1999)

ungelöstes Problem zu »beurteilen«. Der Begriff der *Beurteilung* ist mehrdeutig: Gemeint sein kann eine einschätzende Beschreibung des Ist-Zustandes, eine Bewertung des Zustandes, eine Aussage über erklärende Hintergründe, vielleicht auch eine Abschätzung zu erwartender Folgen (Voraussage). Ein Gutachten ist häufig eine umfassende Beurteilung mit allen vier genannten Anteilen.

Welche Komponenten auch immer im konkreten Fall gemeint sein mögen – anders als im Alltag, wo sich die Beurteilung meist auf Intuition, Halbwissen und Überzeugungen gründet, wird im professionellen Bereich eine »fundierte« Beurteilung erwartet. Die stützt sich auf Prozeduren und Mittel zur genauen Feststellung relevanter Sachverhalte – zusammengefasst unter dem Oberbegriff Diagnostik.

Das *Diagnostizieren* als Tätigkeit umfasst beschreibende und erklärende Anteile. Vorgehensweisen wie etwa eine gezielte Beobachtung, eine Fehleranalyse, die Verwendung von Tests oder Fragebögen haben zunächst einmal beschreibenden Charakter: Mit ihnen wird festgestellt, was »ist« – z. B. welches Verhalten die Person zeigt, wie sie sich selbst einschätzt, welche intellektuellen Fähigkeiten sie hat usw. Eine »Erklärung« für ein Problem – sie wird dann »Diagnose« genannt – entsteht aus all diesen Befunden erst im Kopf des Untersuchers.

Das breite Spektrum pädagogisch-psychologischer Diagnostik wird von Langfeldt & Tent (1999, S. 256) nach drei Kriterien in einem Würfelmodell geordnet (s. Tafel 14). Was die *Methoden* anbelangt, so sind die Verhaltensbeobachtungen, das Gespräch sowie die schriftlichen und darstellerischen Prüfungen diagnostische Hilfen, die teilweise auch von Lehrkräften oder anderen pädagogischen Praktikern angewandt werden. Dagegen sind Tests und andere psychometrische Methoden meist geschulten Psychologen in Beratungsstellen oder ähnlichen Einrichtungen vorbehalten. (Einen breiten Überblick über Verfahren zu vielfältigen Fragestellungen gibt Lukesch 1998).

Die Qualität eines jeden diagnostischen Verfahrens wird nach mehreren *Gütekriterien* bewertet (vgl. Lienert & Raatz 1998, Selg, Klapprott & Kamenz 1992). Das erste ist die Objektivität: Die Diagnose soll von der Person des Untersuchers möglichst unabhängig sein. Das zweite Kriterium ist die Messgenauigkeit oder Reliabilität: Die erfassten Messwerte, Verhaltensbeobachtungen, Äußerungen usw. sollen möglichst verlässlich bzw. wenig zufallsabhängig sein. Drittens geht es um die Gültigkeit oder Validität: Mit welcher Genauigkeit wird wirklich *das* erfasst, was erfasst werden *soll* (z. B. die Schulfähigkeit, die Ängstlichkeit).

Obwohl diese Gütekriterien nur im professionellen Bereich, insbesondere im Kontext der Testdiagnostik, bekannt sind, ist doch prinzipiell auch die »Solidität« von Alltagsurteilen an ihnen zu messen.

Ein Beispiel: Ein Lehrer kommt enttäuscht aus der ersten Stunde in einer neuen Klasse zurück: »Das ist ja eine total desinteressierte Klasse. Kaum jemand hat den Mund aufgemacht. Und auch bei meinen schönen Experimenten hat niemand eine Miene verzogen«. Nach dem Kriterium der Objektivität wäre zu fragen, ob andere Personen das Verhalten der Klasse in dieser Stunde genauso beschrieben hätten. Hinsichtlich der Reliabilität wäre zu fragen, ob das (real feststellbare) Verhalten für die Klasse repräsentativ oder nur in dieser einen Stunde so war. Und um die Validität geht es bei der Frage, ob das Verhalten wirklich ein Zeichen für »Desinteresse« war oder für etwas anderes (z. B. Unsicherheit gegenüber dem neuen Lehrer).

Anders als bei »intuitiven« Diagnoseurteilen wird bei standardisierten Verfahren durch empirische Untersuchungen überprüft, in welchem Maße die genannten Kriterien erfüllt werden. Testmanuale informieren den Benutzer über die Ergebnisse dieser Überprüfungen.

Pädagogische Diagnostik, in welcher Form auch immer, kann sehr unterschiedlichen Zwecken dienen (s. Tafel 14). Besonders geläufig ist die *Ermittlung von Lernleistungen* am Ende einer Lernphase (Klausuren, Leistungstests und andere Prüfungen, s. Kap. 4.7). Diagnostik kann aber auch im Dienste der individuellen Intervention bzw. der pädagogischen *Förderung* Einzelner stehen. Hier zieht man nicht nur Folgerungen aus den bisherigen Lernerfolgskontrollen, sondern leistet oft auch diagnostische Arbeit *vor* pädagogischen Maßnahmen. Denn äußerlich ähnliche Probleme, wie etwa schwache Schulleistungen oder antisoziales Verhalten, können sehr unterschiedliche Gründe haben. Die diagnostischen Befunde können die Wahl geeigneter Maßnahmen erleichtern oder diese dann auch begleiten, um rechtzeitig zu erkennen, ob sie tatsächlich hilfreich sind oder vielleicht ungewollte Nebenwirkungen zeigen.

Ein weiterer Zweck der Diagnostik ist die Ermittlung bestimmter Personmerkmale, um einzelne Menschen bestimmten Umweltbedingungen *zuzuweisen* (in Tafel 14: Institutionelle Intervention). Beabsichtigt ist hier also nicht eine Veränderung der Person, sondern eine Selektion und Zuordnung. Beispiele hierfür sind die Feststellung der Schulreife oder der Eignung für bestimmte Schulen. Die faktischen Entscheidungen haben allerdings außer der Diagnose meist auch andere Gesichtspunkte zu berücksichtigen, z. B. die Wünsche von Betroffenen, Aufnahmekapazitäten oder rechtliche Aspekte.

Bei der *Evaluation* geht es um eine Feststellung des Erfolges bestimmter pädagogischer Projekte. So kann man beispielsweise die Wirksamkeit von Lehrmethoden, von Elterntrainings (s. S. 181), von Programmen zur Suchtprävention oder zur Gewaltverminderung in der Schule (s. S. 112) evaluieren. Die Diagnostik liefert hier also empirische Daten, die es erlauben, die Nützlichkeit der Maßnahmen zu bewerten.

## Beeinflussen: Varianten pädagogischer Tätigkeit

Die pädagogische Einflussnahme lässt sich in verschiedener Weise untergliedern. Eine mögliche Differenzierung unterscheidet die drei Aufgabentypen Förderung, Korrektur und Prävention.

Pädagogische Handlungen sind überwiegend auf *Förderung* oder Optimierung gerichtet: Man versucht Dispositionen zu entwickeln, die als »höher« angesehen werden als der Ausgangszustand des Lernenden, wobei dieser Ausgangszustand nicht als problematisch, sondern als »normal« bewertet wird. Für die Weiterentwicklung »nach oben« gibt es im Prinzip keine Grenzen; auch die besten Schüler können eine Begabtenförderung erhalten, auch ein selbständiges Kind kann noch selbständiger werden.

Bei der *Korrektur* hingegen gilt der Ausgangszustand als »unnormal«, »gestört« oder »problematisch«. Es geht also mehr darum, etwas Negatives aufzuheben, als etwas Positives zu entwickeln. In diesem Sinne kann auch der Begriff der »Intervention« verwendet werden. Therapeutische oder heilpädagogische Tätigkeiten gehören zu diesem Typ. Eine »Korrektur« ist es aber auch, wenn Lehrer versuchen, Unterrichtsstörungen einzudämmen, oder wenn Eltern versuchen, ihren Kindern »ungezogenes« Verhalten auszutreiben. Allerdings ist der Übergang vom Fördern zum Korrigieren zuweilen fließend, da nicht scharf zu definieren ist, wann ein Ausgangszustand noch normal ist. Im Übrigen gibt es auch ein Korrigieren durch Fördern, wenn man die Art des Herangehens betrachtet: Dasselbe Problem kann man zu überwinden versuchen, indem man das Unerwünschte direkt »bekämpft« (z. B. durch Bestrafung), oder indirekt, indem man das Erwünschte fördert (z. B. durch Vorbilder und Belohnung) – eine Unterscheidung, die für die sozial-emotionale Erziehung größte Bedeutung hat (Näheres in Kap. 3).

Bei der *Prävention* (Vorbeugung) geht es darum, das zukünftige Eintreten eines unerwünschten Zustandes zu verhindern. Im engeren Sinne will man mit der Prävention spezifische Risiken senken, z. B. Verkehrsunfälle, Drogenkonsum oder Gewalttätigkeiten. Im erweiterten Sinne wirken auch »normale« Erziehung und »normaler« Unterricht präventiv, weil man beispielsweise durch gute Schulbildung die Gefahr mindert, dass Jugendliche später »in der Leistungsgesellschaft scheitern« oder »auf die schiefe Bahn geraten«. Hier fallen Prävention und Förderung praktisch zusammen.

Während sich Förderung, Korrektur und Prävention in der formalen Zielrichtung der Einflussnahme unterscheiden, kann man weiterhin nach der Art des praktischen Tuns differenzieren: Erziehen, Unterrichten, Trainieren und Beraten.

*Erziehen* und *Unterrichten* wurden bereits als zwei Haupttypen pädagogischer Tätigkeit unterschieden und auf ihnen liegt der Schwerpunkt der beiden folgenden Kapitel. Für Lehrende an Schulen gilt das Unterrichten als Kernaufgabe; hinzu kommen aber auch andere Tätigkeiten, vor allem das Erziehen sowie das Diagnostizieren (vgl. Terhart 2001).

Das *Trainieren*, so wie es meistens verstanden wird, ist in gewisser Weise dem Unterricht verwandt. Es geht vorrangig um Leistungsförderung, doch mit dem Akzent auf der Ausbildung von (motorischen, sprachlichen, kognitiven) Fertigkeiten. Das Wort Training lässt im Übrigen an systematisches Vorgehen und an eine starke Eigenaktivität des Lernenden denken. Allerdings wird zuweilen auch in einem etwas anderen Sinne von Training gesprochen, so etwa von »Motivationstraining« (s. hierzu Kap. 4.5).

Weiterhin wird häufig das *Beraten* genannt. Obwohl sich Beratung im Rahmen von Erziehen und Unterrichten abspielen kann, mag man es eigens hervorheben, weil es sich um eine besondere Art des Umgangs mit dem Lernenden handelt: Beim Beraten versucht man, Hilfen für sinnvolles Entscheiden und Handeln zu geben, doch liegen die Initiative und die Entscheidungen bei der Person, die beraten wird.

# 3 Schwerpunkt Erziehung

In diesem Kapitel geht es um Erziehung im engeren Sinne; sie richtet sich auf die sozial-emotionale Seite der Lernenden. Im nächsten Kapitel über »Unterricht« liegt der Akzent auf der Förderung kognitiver Kompetenzen. Selbstverständlich sind in der Praxis häufig beide Schwerpunkte miteinander verbunden.

## 3.1 Kernthema: Erziehungsverhalten und seine Wirkung

Von den Zielvorstellungen der Erziehenden zur tatsächlichen Entwicklung der Erzogenen gibt es keinen direkten Weg. In jedem Fall führt die Beeinflussung über das Erziehungs*verhalten*. Auch dieses ist aber nur ein Faktor neben anderen. Was spricht dafür und was dagegen, dass die Art der Erziehung für die Person-Entwicklung von Bedeutung ist?

### Erziehungsziele und Erziehungsverhalten

Erziehungsziele sind Vorstellungen darüber, welche Personmerkmale sich durch das erzieherische Handeln beim Erzogenen entwickeln sollen. Erzieher können dabei Nahziele oder Fernziele im Auge haben (s. Tafel 15). Die Fernziele werden häufig als die eigentlichen Erziehungsziele verstanden und die Nahziele als Zwischenschritt dahin. Die Ziele können überdies unterschiedlich weit gefasst sein, etwa als globale »Eigenschaften« (»ordentlich«, »kreativ«) oder als spezifische Gewohnheiten, Vorlieben oder Fertigkeiten. Fernziele werden gewöhnlich globaler gedacht als Nahziele.

Weiterhin können die Ziele positiv oder negativ umschrieben sein, als Annäherungsziele oder als Vermeidungsziele. Das heißt: Erziehende haben vor Augen, wie die Erzogenen sein sollen und wie sie *nicht* sein sollen. Schon in der Erziehungsdefinition von Brezinka (vgl. S. 9) ist sowohl von der Verbesserung und Erhaltung als auch von der Verhütung bestimmter Dispositionen die Rede. Der Unterschied kann

| Fernziel | Nahziel |
|---|---|
| X soll ein »ordentlicher« Mensch werden<br>X soll hilfsbereit sein | X soll täglich sein Zimmer aufräumen<br>X soll anderen Kindern Süßigkeiten abgeben |
| **Gobales Ziel** | **Spezifisches Ziel** |
| X soll Selbstvertrauen entwickeln<br>X soll es im Leben »zu etwas bringen« | X soll seine Ansichten äußern<br>X soll das Abitur machen |
| **Positiv formuliertes Ziel** | **Negativ formuliertes Ziel** |
| X soll auf seine Gesundheit achten<br>X soll sich friedfertig verhalten | X soll nicht rauchen<br>X soll seine Schwester nicht an den Haaren ziehen |

**Tafel 15:** Formale Merkmale von Erziehungszielen

durchaus praktische Bedeutung haben. Manche Erzieher bemühen sich nämlich vorrangig um die Förderung von etwas Erwünschtem und setzen dafür z. B. Anregungen und Belohnungen ein, während andere vorrangig gegen etwas Unerwünschtes erziehen und dafür Verbote, Zurechtweisungen und Strafen einsetzen (s. hierzu S. 75). So viel zur formalen Seite von Erziehungszielen.

*Inhaltlich* ist die Palette möglicher Erziehungsziele sehr breit, doch lassen sie sich größtenteils einigen wenigen Wertbereichen zuordnen. So werden in Elternbefragungen stets sowohl soziale als auch personale Ziele genannt (vgl. Dietrich 1985, Grüneisen & Hoff 1980, Paetzold 1986, Sturzbecher & Kalb 1993). Das heißt: Einerseits sollen die Erzogenen Konformität gegenüber den Verhaltens- und Leistungserwartungen der Umwelt zeigen, wobei der Akzent auf verantwortlichem Handeln (Zuverlässigkeit, Ehrlichkeit usw.) oder auch auf Folgsamkeit liegen kann. Andererseits sollen sich die Erzogenen als Person zur Geltung bringen; sie sollen autonom sein, ihre Individualität entfalten und emotional mit sich in Einklang leben.

Zwischen der Orientierung an sozialen Normen und der persönlichen Entfaltung besteht stets ein gewisses Spannungsverhältnis. Die Verfolgung des einen geht leicht auf Kosten des anderen. Die Fähigkeit, beide Orientierungen in einer Balance zu halten, wird zuweilen unter dem Oberbegriff der *Sozialen Kompetenz* zusammengefasst. Sie bedeutet, eigene Wünsche und Interessen erfolgreich zu vertreten, zugleich aber auch die Bedürfnisse anderer Menschen zu berücksichtigen, also sozial verantwortlich zu handeln (vgl. Schmidt-Denter 1999).

Erziehungs*ziele* sind eine Sache, das reale Erziehungs*verhalten* ist eine andere. Aus den Zielen ergibt sich das passende Verhalten nicht von selbst. Außer von den Zielen hängt das Verhalten z. B. auch von Überzeugungen über »richtiges« Erziehen, von erzieherischen Kompetenzen sowie vom Verhalten der Erzogenen und anderen externen Faktoren ab. Hinzu kommt, dass meist nicht nur ein einziges Ziel, sondern gleichzeitig mehrere Ziele angestrebt werden und diese vielleicht miteinander kollidieren, wie im Falle von sozialer Anpassung und Autonomie. Nicht selten kollidieren hier auch die konkreten Nahziele mit den bekundeten Fernzielen (Hoff & Grüneisen 1978). Eltern nennen eventuell Selbstvertrauen als hohes Erziehungsziel, aber wenn sie mit dem Kind z. B. über die Hausaufgaben oder Tischsitten in Konflikt geraten, können doch Ordnung und Folgsamkeit Vorrang erhalten.

Einfluss auf die Entwicklung der Heranwachsenden üben aber letztlich nicht die Ziele im Kopf der Erziehenden aus, sondern ihr reales Erziehungsverhalten. Entscheidend ist mithin, ob das Verhalten den Zielen dienlich ist oder nicht.

### Erziehungsverhalten und Erziehungswirkung

Wenn man weiß, welches Erziehungsverhalten gewöhnlich welche Wirkung hat, weiß man auch, welchen Zielen es dienlich oder abträglich ist. Auf den ersten Blick mag es selbstverständlich erscheinen, dass eine Wissenschaft wie die Pädagogische Psychologie hierzu Auskunft geben kann – und in gewissem Ausmaß kann sie es auch. Doch die Frage: »Welches Erziehungsverhalten hat welche Wirkung?« klingt einfacher, als sie ist, und solide Aussagen enthalten immer allerlei Relativierungen.

Wie kann man beispielsweise wissen, zu welchen Personmerkmalen eine »strenge« Erziehung führt (zu »Ängstlichkeit«, zu »Aggressivität», zu »sozialer Kompetenz«)? »Strenge« ist ein typischer Begriff aus öffentlichen Erziehungsdebatten. Doch für fundierte Aussagen müssten zunächst die »Strenge« auf der einen und die Merkmale der Erzogenen auf der anderen Seite psychologisch definiert und messbar gemacht werden. Versteht man unter Strenge z. B. den häufigen Gebrauch von Strafen, wären wohl andere Wirkungen zu erwarten, als wenn die Vermittlung klarer Verhaltensregeln gemeint ist. Sodann wäre an einer Stichprobe von Erziehenden zu ermitteln, welcher Art Erziehung sie praktizieren und welche Merkmale die Erzogenen aufweisen. Hierzu gibt es verschiedene Wege der Beobachtung und Befragung (vgl. Kap. 1.4).

Obwohl solche Erhebungen alle gewisse Unsicherheiten bergen, ergeben sich meistens durchaus deutliche *Zusammenhänge* (Korrelationen) zwischen dem Erziehungsverhalten und den Merkmalen der Erz-

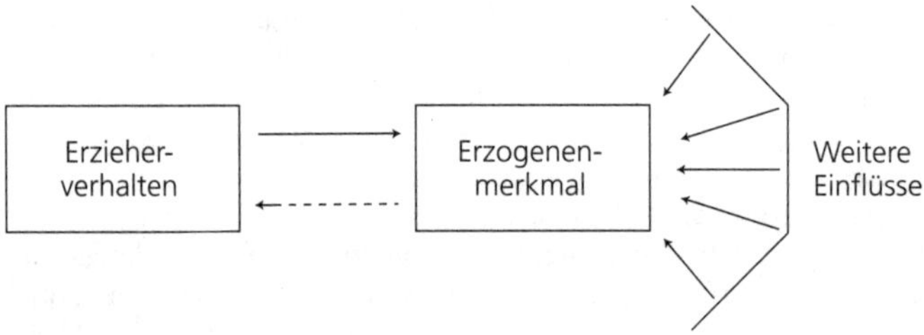


**Tafel 16:** Die Erforschung von Erziehungswirkungen auf die Erzogenen wird erschwert durch Gegenwirkungen sowie durch weitere Einflüsse auf die Erzogenen

ogenen. Allerdings besagen sie nie: Erziehungsverhalten X »führt« zu Wirkung Y. Vielmehr sind die Zusammenhänge erstens nicht sehr eng und zweitens keine eindeutigen Ursache-Wirkungs-Folgen. Beide Punkte bedürfen einer Erläuterung.

Zum ersten Punkt: Zusammenhänge zwischen dem Erziehungsverhalten und der Entwicklung der Erzogenen sind nicht sehr eng, weil die Person-Entwicklung von *vielfältigen* Einflüssen abhängt (vgl. Kap. 2.2 sowie Tafel 16), nicht nur von der Erziehung allgemein oder von der Erziehung durch eine bestimmte Person. Für die Entwicklung des Kindes ist das gesamte Familienleben und Familienklima bedeutsam; auch externe Faktoren wie die Wohnsituation und die ökonomischen Lebensbedingungen können eine Rolle spielen. Das heißt: Selbst innerhalb der Familie gehen die Einflüsse also über den »Erziehungsstil« weit hinaus. Doch außerfamiliäre Umwelteinflüsse kommen noch hinzu, z. B. die Gleichaltrigen (»peers«), die Medien, die Schule etc. Über die Umwelt hinaus dürfen auch die Erbanlagen sowie die Eigenaktivität und Selbstgestaltung der Erzogenen nicht vergessen werden. Aufgrund komplexer Wechselwirkungen ist es möglich, dass dasselbe Erziehungsverhalten bei Kind A anders wirkt als bei Kind B. Insgesamt heißt dies: Eltern und andere Erzieher können an der Entwicklung ihres Kindes sozusagen nur mitwirken, aber sie haben sie nicht unter Kontrolle (vgl. auch Dollase 1984).

Einige stark genetisch orientierte Forscher nehmen sogar an, dass die Art der familiären Umwelt für die Entwicklung des Kindes keine Rolle spielt, sofern sie innerhalb einer »normalen« Bandbreite liegt (Rowe 1997, Scarr 1992). Nötig sei sozusagen nur eine Art Grundversorgung und sofern die erfüllt werde, seien alle Familienumwelten funktional gleichwertig. Lediglich abnorme Bedingungen wie Misshandlung und Vernachlässigung hätten bedeutsame Auswirkungen.

Diese Argumentation verweist auf verhaltensgenetische Forschungen, nach denen Unterschiede der Person-Entwicklung fast nur auf genetische Unterschiede sowie auf Unterschiede der individuellen Umwelt zurückzuführen sind, kaum hingegen auf Unterschiede in der familienspezifischen (von Geschwistern geteilten) Umwelt (s. Kap. 2.2).

Erziehungspsychologisch orientierte Forscher wie Diana Baumrind (1993) halten dagegen, das Konzept der »normalen« Spielbreite sei völlig unklar, und sie verweisen auf empirische Befunde, nach denen die Art der familären Sozialisation durchaus nicht als belanglos anzusehen ist (hierzu Kap. 3.2). Zu ergänzen ist auch eine Anmerkung zu den verhaltensgenetischen Forschungen: Ein geringes Gewicht der gemeinsamen familiären Umwelt bedeutet nicht unbedingt, dass die Art der familiären Einflüsse unwichtig ist, sondern nur, dass diese nicht für alle Geschwister gleichartig sind, dass also auch innerhalb der Familie jedes Kind überwiegend eine »eigene« Umwelt erlebt. Nach Dunn & Plomin (1996) sind die Unterschiede innerhalb der Familie sogar folgenreicher als die zwischen verschiedenen Familien.

Nun zum zweiten Punkt: Die (begrenzten) Zusammenhänge zwischen der Art des Erziehungsverhaltens und den Merkmalen der Erzogenen sind keine eindeutigen Ursache-Wirkungs-Folgen. Sie sagen daher nicht ohne Weiteres aus, dass das Erziehungsverhalten die Personmerkmale »bewirkt«. Es sei daran erinnert, dass sich Erzieher und Erzogene *wechselseitig* beeinflussen, und zwar in der aktuellen Interaktion wie auch in ihrer Entwicklung. Auch Kinder »erziehen« mithin ihre Eltern, z. B. durch Vorwürfe oder Zustimmung, durch demonstrierte Hilflosigkeit oder Argumentation (Hermens & Tismer 2000). Wegen dieser Wechselseitigkeit könnte ein »Zusammenhang« daher *auch* bedeuten, dass das Erziehungsverhalten eine Antwort auf das Verhalten des Kindes ist, dass z. B. Eltern mit Bestrafungen auf die »Aggressivität« des Kindes *re*agieren (Eron, Huesman & Zelli 1991). In vielen Fällen wird es zu kreisförmigen Wechselwirkungen kommen. Darüber hinaus ist es möglich, dass Zusammenhänge zwischen dem (Erziehungs-) verhalten der Eltern und dem Verhalten der Kinder (z. B. beides aggressiv) auf ihrer *genetischen* Verwandschaft beruht (vgl. Asendorpf 1998).

Nach all diesen Relativierungen und Ungewissheiten mag man fragen: Welche Argumente sprechen dann noch *für* eine Erziehungswirkung? Unseres Erachtens sind dies nicht wenige:

1. Manche korrelativen Zusammenhange sind *nur in einer Richtung plausibel* zu interpretieren, nämlich als Erziehungswirkung. Wenn z. B. bei ängstlichen Kindern häufig inkonsistentes Elternverhalten gefunden wird (Krohne & Hock 1994), so liegt es nahe, dass das schwer vorhersehbare Verhalten der Eltern die Ängstlichkeit bewirkt und nicht umgekehrt.

2. *Längsschnittuntersuchungen* über mehrere Jahre (s. S. 26) machen es möglich zu ermitteln, was sich zuerst verändert hat: die Erziehung oder das Kind. Wenn auf ein verändertes Erziehungsverhalten einige Zeit später Veränderungen beim Kind *folgen*, deutet dies auf einen Erziehungseinfluss.
3. Mit *Experimenten* lassen sich kausale Relationen untersuchen. So hat insbesondere die experimentelle Lernforschung deutliche Belege für den Einfluss des Lernens am Modell und des Lernens am Effekt geliefert und zwar sowohl im Labor als auch in natürlicher Umgebung.
4. Wenn *Elterntraining*, *Elternberatung* (hierzu Kap. 5.2) und andere pädagogische Maßnahmen Veränderungen beim Kind nach sich ziehen, so spricht auch dies klar für die Möglichkeit, durch bestimmtes Erziehungsverhalten die Entwicklung in gewünschter Richtung zu beeinflussen.

Mit diesen Argumenten im Rücken möchten wir nun Erziehungsverhalten und seine Wirkungen ausführlicher erörtern. Dabei kann man die Thematik von *zwei Fragerichtungen* her strukturieren: Entweder man geht von bestimmten Erziehungsstilen aus und fragt, welche Wirkungen sie haben, oder man geht von bestimmten Erziehungszielen aus und fragt, welche Erziehung ihnen dienlich ist. Im Folgenden diskutieren wir zunächst den ersten Blickwinkel (Kap. 3.2: Erziehungsstile), danach gliedern wir von pädagogischen Zielsetzungen her (ab Kap. 3.3).

## 3.2 Erziehungsstile und Familienklima

Erziehungsstile sind Grundformen erzieherischen Verhaltens, die interindividuell unterschiedlich, aber intraindividuell vergleichsweise stabil sind, und die sowohl eine Voraussage des erzieherischen Verhaltens als auch der Merkmale der Erzogenen erlauben (vgl. Krohne & Hock 2001).

### Globale Dimensionen des Erziehungsverhaltens

Viele pädagogisch-psychologische Untersuchungen orientieren sich an einem dimensionsanalytischen Ansatz, der eine Vielzahl von Variablen des konkreten Erziehungsverhaltens zu wenigen übergeordneten Merkmalen zusammenfasst. Wie schon erwähnt (vgl. S. 49), lassen sich bei genügender Abstraktion zumindest zwei voneinander unabhängige Dimensionen identifizieren: eine emotionale Dimension und eine Lenkungs-/Kontrolldimension.

Eine ältere, viel zitierte Übersicht, die Becker (1964) nach Auswertung verschiedener Untersuchungen zusammengestellt hat, geht von diesen beiden Grundaspekten aus und ordnet ihnen die gefundenen Erzogenenmerkmale zu (s. Tafel 17).

Die einflussreichste neuere Klassifikation stammt von Maccoby & Martin (1983). Sie beschreiben die Dimensionen als (1) emotionale Zuwendung und Fürsorge (»Nurturance«) und (2) elterliche Kontrolle (»Control«*)*. Die erste Dimension umfasst Liebe, Wärme und Verständnis der Eltern für das Kind, aber auch ihre Ansprechbarkeit (»Responsivität«), wenn das Kind sie braucht (»Bei Problemen kann ich auf meine Eltern zählen«). Die zweite Dimension bezieht sich auf Ansprüche an das Verhalten und die Durchsetzung von Regeln (»Demandingness«); es geht auch um gemeinsam getroffene Regelungen und Absprachen (»Meine Eltern diskutieren wichtige Entscheidungen mit mir«).

Indem die Autoren hohe und niedrige Ausprägungen auf diesen Dimensionen kontrastieren, ergibt sich ein Schema mit vier unterschiedlichen Stilen des Erziehungsverhaltens: (1) vernachlässigender, (2) nachgiebiger, (3) autoritärer und (4) autoritativer Erziehungsstil (s. Tafel 18; vgl. auch Havers 1999). Diese Unterscheidungen gehen maßgeblich auf Untersuchungen von Baumrind (1971, 1991) zurück.

Für den *»autoritativen«* Erziehungsstil ist typisch, dass die Eltern hohe Anforderungen an verantwortliches Handeln ihres Kindes stellen und es zur verbalen Auseinandersetzung mit der Um- und Mitwelt ermutigen, dabei liebevoll und unterstützend die kindlichen Aktivitäten anleiten. Mehrere Untersuchungen zeigen, dass eine solche Erziehung die positivsten Entwicklungsergebnisse aufweist (Gray & Steinberg 1999, Lamborn et al. 1991). So fallen in der Untersuchung von Lamborn et al., wie Tafel 18 zeigt, die Befunde für die autoritativ Erzogenen in allen Kriterien günstig aus: Sie haben hohe Werte im psychosozialen und im Leistungsbereich, sie haben niedrige Werte bei innerer Belastung und sozialen Verhaltensauffälligkeiten. Die Ergebnisse beruhen auf einer Befragung von über 4000 Jugendlichen; als »Lenkung« wurde primär die elterliche Beaufsichtigung erfasst (wieweit sie wissen, wo ihr Kind ist und was es tut).

Anders als autoritatives Verhalten meint *»autoritäres«* Verhalten ausgeprägte Lenkung mit geringer emotionaler Unterstützung bzw. mit »Kälte«. Der autoritären Lenkung geht es nach Baumrind auch eher um Folgsamkeit als um die Förderung von Selbständigkeit. Kinder autoritär erziehender Eltern neigen vielfach dazu, sich sozial zurückzuziehen, sind wenig selbständig und haben oftmals ein geringes Selbstwertgefühl und Selbstvertrauen.

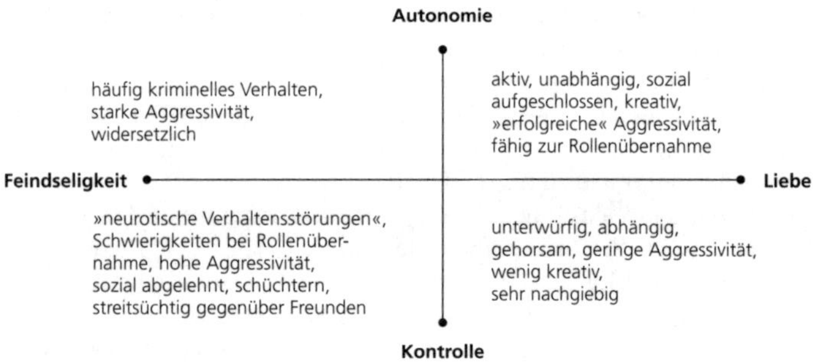


**Tafel 17:** Erziehungsstile und korrelierte Erzogenenmerkmale in der Zusammenschau aus verschiedenen Untersuchungen (Becker 1964, deutsch leicht modifiziert nach Weinert 1974b, S. 382)

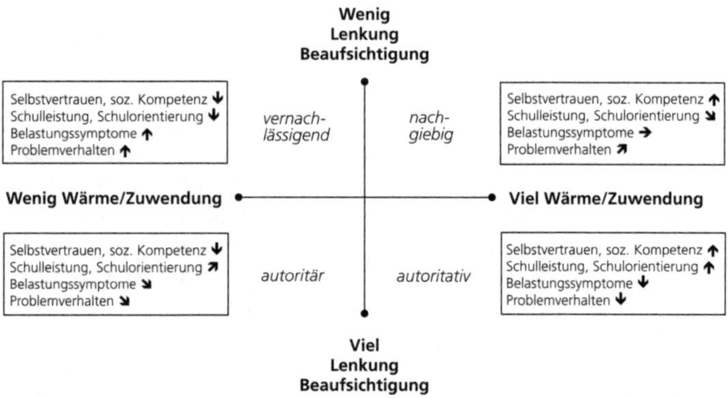


**Tafel 18:** Erziehungsstile und korrelierte Erzogenenmerkmale im direkten Vergleich nach vier Kriterien (grafisch dargestellt nach Daten von Lamborn et al. 1991). »Belastungssymptome« bezieht sich auf psychische und somatische Beschwerden, »Problemverhalten« bezieht sich auf Fehlverhalten in der Schule, Drogenkonsum und Delinquenz.

Kinder, die »*nachgiebig*«, d. h. liebevoll, aber ohne Verhaltenslenkung, erzogen wurden, übernehmen seltener Verantwortung, sind weniger sozial kompetent als die autoritativ erzogenen und haben tendenziell schlechtere Schulleistungen.

Die negativsten Konsequenzen hat der »*vernachlässigende*« Erziehungsstil, dem es sowohl an emotionaler Wärme als auch an Verhaltenskontrolle fehlt. Solchermaßen erzogene Kinder haben häufiger schlechte Beziehungen zu Gleichaltrigen, sind im Jugendalter oft impulsiv, aggressiv oder auch delinquent. Weiterhin zeigen sie am häufigsten psychische und psychosomatische Belastungssymptome, und die Schulleistungen sind deutlich schlechter als bei den anderen Gruppen. Schließlich haben sie auch eine unsichere Bindung an die eigenen Eltern. Insgesamt vermitteln sie den Eindruck von »Schlüsselkindern« mit Anzeichen sozialer und emotionaler Verwahrlosung.

Wie ein Vergleich der Tafeln 17 und 18 zeigt, lasen sich diese Zusammenhänge bei Becker (1964) noch anders. Dort erweist sich die Kombination von Liebe mit Autonomiegewährung, also mit geringer Lenkung, als die günstigste. Die Unterschiede zu den neueren Ergebnissen lassen sich aber auflösen, wenn der Blick geschärft wird für das, was mit den Begriffen gemeint ist. Bezüglich der »emotionalen Dimension« gibt es keine Unterschiede: Liebe, Wärme, Zuwendung als elterliche Haltung wirkt sich positiv auf die Entwicklung aus. Die »Lenkungsdimension« macht den Unterschied: Lenkung durch Befehle, Verbote und Restriktionen, wie früher sehr verbreitet, ist etwas anderes als Lenkung durch erwartete Regeleinhaltung, Absprachen und Argumentation, die mehr eine Herausforderung an die Selbständigkeit darstellt und eine Achtsamkeit der Erzieher signalisiert. Lenkung bekommt hier einen deutlich positiven Akzent: als interessierte Beaufsichtigung und als sensible, mitunter auch konfrontative Auseinandersetzung mit dem Kind (vgl. Miller 2001).

### Ausgewählte Erziehungsmerkmale

Andere Untersuchungen zu Erziehungsstilen überprüfen bestimmte Zusammenhänge, die aufgrund theoretischer Begründungen vermutet werden; dies sind sog. Apriori-Modelle. Ein klassisches Beispiel ist das Marburger-Erziehungsstil-Konzept elterlichen Erziehungsverhaltens von Stapf et al. (1972, A. Stapf 1975). Sie stützen sich auf die behavioristischen Lerntheorien und gehen von einem Zwei-Komponenten-Modell des Erziehungsstils aus: *Positive Bekräftigung* und *Bestrafung* (vgl. S. 50). Das Mischungsverhältnis dieser beiden Komponenten charakterisiert den jeweiligen Erziehungsstil. In der Wahrnehmung der Erzogenen erscheint das Verhalten dann einmal als elterliche Unterstützung, zum anderen als elterliche Strenge. Als Folge solchen elterlichen Verhaltens wird postuliert: Erlebte Unterstützung hat eine »Gebotsorientierung« und aktiv aufsuchendes, unbefangenes kindliches Verhalten zur Folge. Kinder, die so erzogen wurden, beherrschen die sozialen Spielregeln und kulturellen Fertigkeiten ihrer Bezugsgruppen besser als diejenigen, die vorwiegend elterliche Strenge erlebten. Diese erwerben eine »Verbotsorientierung«, sind im familiären Rahmen eher zurückhaltend-abwartend und zeigen insgesamt eher vermeidendes Verhalten. Empirisch-psychologische Untersuchungen konnten die Hypothesen weitgehend bestätigen (s. Tafel 19).

| **Erziehungsverhalten** | **Folgen auf Seiten des Erzogenen** |
| --- | --- |
| Vorwiegend *positive Bekräftigung* – vom Erzogenen als *Unterstützung* erlebt | »*Gebotsorientiert*«: selbstsicher, aktiv, optimistische Zukunftserwartungen, Hoffnung auf Erfolg, anstrengungsbereit |
| Vorwiegend *Bestrafung* – vom Erzogenen als *Strenge* erlebt | »*Verbotsorientiert*«: ängstlich, unsicher, wenig aktiv, pessimistische Zukunftserwartungen, Furcht vor Misserfolg, übertreten selten Verbote (wenn Strafreize angedroht werden) |

**Tafel 19:** Ergebnisse zum Marburger Erziehungsstilkonzept (aus: Stapf 1975, S. 37)

Krohne (1996, Krohne & Hock 1994) richtet sein Hauptinteresse auf die Entstehung von Ängstlichkeit und erweitert in seinem Zwei-Prozess-Modell den Ansatz der Marburger Gruppe um Aspekte der sozial-kognitiven Lerntheorie (vgl. Bandura 1986), in der Erwartungen bezüglich der eigenen Handlungskompetenz sowie der Handlungskonsequenzen eine wichtige Rolle spielen.

Krohne & Hock fanden heraus, dass Kinder, die durch ihre Eltern in hohem Maße in ihren Aktivitäten eingeschränkt werden, wenig Unterstützung erfahren, viel Tadel hinnehmen müssen, intensive Strafen erleiden und inkonsistente Rückmeldungen auf ihr Verhalten erfahren, ungünstige Erwartungen ausbilden (erster Prozess). Sie trauen sich wenig zu (geringe Kompetenzerwartung) und sie erwarten negative oder unvorhersehbare Konsequenzen auf ihr Verhalten (negative Konsequenzerwartung). Diese Erwartungen bestimmen ihrerseits das Auftreten von Angst und mangelnder Bewältigung neuer Situationen wesentlich mit (zweiter Prozess).

Ebenfalls in einem theoriegeleiteten Modell haben Tausch & Tausch (1998) klinisch-psychologische Grundlagen aus dem »personzentrierten« Konzept von Carl R. Rogers aufbereitet (vgl. auch S. 24). Sie fragen direkt nach *förderlichen* Haltungen und Aktivitäten für eine »konstruktive Persönlichkeitsentwicklung«.

In Anlehnung an Rogers nehmen Tausch & Tausch (1998) vier förderliche Dimensionen in zwischenmenschlichen Beziehungen an: (1) Achtung-Wärme-Rücksichtnahme vs. Missachtung-Kälte-Härte, (2) vollständig einfühlendes Verstehen vs. kein einfühlendes Verstehen, (3) Echtheit-Übereinstimmung-Aufrichtigkeit vs. Fassadenhaftigkeit-Nichtübereinstimmung-Unechtheit und (4) viele fördernde nichtdirigierende Tätigkeiten vs. keine fördernden nichtdirigierenden Tätigkeiten. Tausch & Tausch berichten über viele bestätigende Untersuchungsergebnisse. Je mehr Eltern, Lehrer/innen und andere Personen, die für Kinder und Jugendliche von Bedeutung sind, von diesen als Menschen wahrgenommen werden, die die vier genannten Erziehungshaltungen realisieren, desto mehr werden bei ihnen offenbar die Selbstachtung, ein realistisches und positives Selbstbild, sensibles Offensein und die Neigung, sich mit dem eigenen Erleben auseinander zu setzen, gefördert; oder, um mit Rogers zu sprechen, desto mehr werden sie sich zu einer »fully-functioning-person« entwickeln können (vgl. Paulus 1994).

Es sei betont, dass die gefundenen Zusammenhänge zwischen Erziehungsverhalten und Personmerkmalen der Erzogenen keine ausgeprägten »Wenn-Dann-Beziehungen« sind, sondern Tendenzen. Die Gründe hierfür wurden teilweise bereits genannt (vgl. S. 70): Die Erfassung der Merkmale von Erziehern und Erzogenen, mit welchen Methoden auch immer, gelingt nie ganz genau. Das Verhalten der erfassten Erzieher ist nicht völlig gleichbleibend und einheitlich. Es gibt Einflüsse von weiteren nicht erfassten Miterziehern. Erziehung ist eine Interaktion, in der Erzogene auch auf die Erziehenden einwirken (sog. »retroaktive Sozialisation«). Dasselbe Erziehungsverhalten kann auf unterschiedliche Kinder unterschiedlich wirken (z. B. bei A als Herausforderung, bei B als Überforderung). Und nicht zuletzt: Auch die nichterzieherische Umwelt sowie genetische Faktoren bestimmen die Entwicklung mit. Aus all diesen Gründen erlaubt die Kenntnis des Verhaltens der in eine Untersuchung einbezogenen Erzieher nicht für jeden Einzelfall einen Schluss auf die Merkmale der Erzogenen. Die Zusammenhänge sind statistische Tendenzen.

### Familienklima

Diese Einschränkungen der Aussagekraft des Erziehungsstilkonzepts haben zu Überlegungen geführt, ob nicht andere Merkmale des Erziehungskontextes ebenfalls einen Beitrag zur Aufklärung der Persönlichkeitsentwicklung der Erzogenen leisten können und ob nicht komplexere Modelle mit systemischer Perspektive notwendig sind (vgl. von Schlippe & Schweitzer 1996). Ein wichtiger Aspekt ist das sog. psychosoziale Klima. Anders als die Erziehungsstile hebt das Klima die zwischen Menschen in Settings (z. B. Familie, Schule, Arbeitsplatz) bestehenden Beziehungen als relevant hervor. Auf Moos (Moos & Moos 1986) zurückgehend, lassen sich drei bipolare Dimensionen des

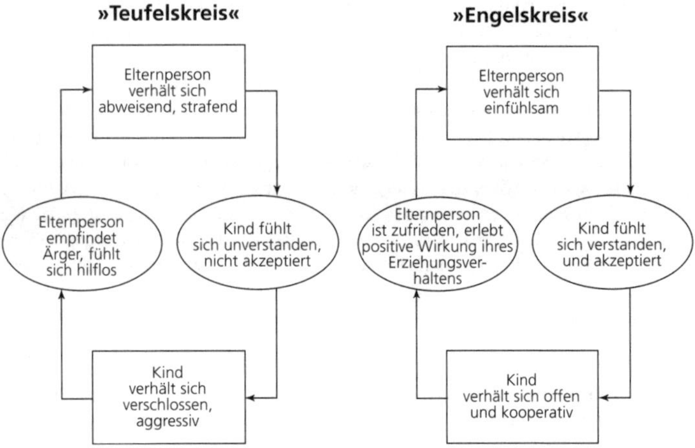


**Tafel 20:** Beispiele für einen »Teufelskreis« und »Engelskreis« in der Eltern-Kind-Interaktion (nach Schneewind 1999, S. 140).

Familienklimas unterscheiden (vgl. Schneewind 1999, S. 105): (1) Positives emotionales Klima: Harmonie, wechselseitiges Verständnis, emotionale Zuwendung vs. geringe Familiensolidarität, hohes Konfliktpotential, unbefriedigende Konfliktlösungen. (2) Anregendes Klima: Offenheit nach innen und nach außen, aktives Bemühen um neue Erfahrungen vs. Eintönigkeit, Passivität und emotionale Ausdrucksarmut. (3) Normativ-autoritäres Klima: starre Einhaltung und Überwachung von Regeln, rigider Ablauf des Familienlebens, starke Orientierung an Leistung und Erfolg vs. flexibler Umgang mit Familienregeln, geringe Gewichtung von Ordnung, Planung, Leistung im Familienleben.

Auch das Familienklima ist zum Gutteil als Interaktionsphänomen, als Ergebnis einer wechselseitigen Beeinflussung zu sehen, die nicht selten die Gestalt eines sich selbst erhaltenden Kreisprozesses annimmt. Dabei kommen sowohl negative als auch positive Kreisprozesse in Frage (»Teufelskreise« bzw. »Engelskreise«), wie Tafel 20 an Beispielen illustriert.

Ein weiterer wichtiger Aspekt ist die Paarbeziehung der Eltern (z. B. Zärtlichkeit, Konflikthaftigkeit, resignative Unzufriedenheit, Unterdrückung). Zusammen mit dem Erziehungsstil und dem Familienklima sind damit wichtige Bereiche des Familienlebens beschrieben, die für die Persönlichkeitsentwicklung der Heranwachsenden bedeutsam sind (Schnabel 2001).

## 3.3 Förderung sozialer Anpassung

Wie dargelegt, kann man soziale Anpassung als die eine Seite sozialer Kompetenz ansehen und Autonomie als die andere. Insofern sind dieser und der nachfolgende Kapitelabschnitt in einem Zusammenhang zu sehen.

### Was ist soziale Anpassung?

Mit sozialer Anpassung ist gemeint, das eigene Verhalten – nicht nur, aber auch – nach den Erwartungen anderer Menschen auszurichten. Es ist nicht leicht, diese Zielrichtung treffend zu benennen. »Soziale Anpassung« wäre missverstanden, wenn man darunter nur Gehorsam, Unterwürfigkeit, Disziplin u. dgl. im Sinne eines passiv-reaktiven Verhaltens verstehen würde. Es handelt sich um einen von der Person selbst mitgestalteten Prozess der »Sozialwerdung« oder »sozialen Integration«, wie man statt »Anpassung« vielleicht auch sagen könnte.

Die Erwartungen der Umwelt orientieren sich letztlich an sozialen Werten und Normen. Soziale Werte sind beispielsweise Solidarität, Gerechtigkeit, Toleranz, soziales Prestige. Soziale Normen sind Gebote des Verhaltens, die sich in Umgangsformen, Sitten, Gebräuchen oder Gewohnheiten niedergeschlagen haben (z. B. Bekannte grüßen, in der Kirche leise sprechen, älteren Menschen den Vortritt lassen, demjenigen helfen, der einem geholfen hat etc.).

Obwohl Werte und Normen je nach sozio-kulturellem Milieu teilweise unterschiedlich sind, gibt es sicher einige weitgehend akzeptierte Werte sowie auch konkrete Erwartungen, die von vielen geteilt werden: Viele Eltern erwarten z. B., dass ihr Kind »artig« ist, wenn Besuch da ist, dass es nicht mit »vollem Mund« spricht, dass es sein Geschwister nicht an den Haaren zieht etc. Manche Erwartungen richten sich an Personen in bestimmten Positionen und Situationen (»Rollen«), die oftmals auch an das Lebensalter gekoppelt sind: Von einem Schulkind erwartet man, dass es im Unterricht zuhört und nicht mit seinem Nachbarn spricht, dass es sich meldet, wenn es etwas sagten möchte, dass es während der Schulstunde an seinem Platz sitzen bleibt etc. Ebenso gibt es typische »rollenkonforme« Verhaltensmuster für Lehrer/innen, für Studierende, Eltern, Erziehende, für Ärzte/Ärztinnen, für Patienten im Krankenhaus etc. Neben solchen eher weit verbreiteten Erwartungen gibt es darüber hinaus auch solche, die in bestimmten Familien oder sozialen Milieus gelten und in anderen nicht. So unterscheiden sich beispielsweise Familien oft erheblich darin, was die eigenen Kinder »dürfen« und was für Pflichten sie haben (z. B. »Aufbleiben«, Mithilfe im Haushalt).

### Eindämmung unerwünschten Verhaltens

Erziehung zur sozialen Anpassung setzt im Alltag besonders dann ein, wenn die Erzogenen sich in den Augen der Erzieher normabweichend verhalten, und zielt dann auf eine Korrektur dieser Abweichung: Das Kind soll etwas *nicht* tun; es soll etwas nicht kaputt machen, nicht laut sein usw.

In diesem Zusammenhang ist die *Bestrafung* ein besonders geläufiges Erziehungsmittel. Bestrafungen bestehen entweder darin, dass etwas Negatives zugefügt (z. B. Beschimpfung, Tadel, Züchtigung, böser Blick) oder etwas Positives entzogen wird (z. B. Hausarrest, Fernsehverbot, Taschengeldentzug). Während die eigentliche Bestrafung für bereits ausgeübtes Fehlverhalten erteilt wird, können aversive Signalreize evtl. sein Auftreten verhindern. Ein »strenger Blick«, ein »erhobener Zeigefinger«, ein »Ausholen der Hand« können allein schon ausreichen, das Verhalten zu unterbinden, denn ihrer Missachtung könnte eine Strafe folgen. Angepasstes Verhalten wird so durch die Strafvermeidung »negativ verstärkt« (s. S. 39).

Bestrafung ist aus mehreren Gründen ein problematisches Erziehungsmittel (vgl. auch Montada 2002, S. 624). Häufig verfehlt sie die beabsichtigte Wirkung. Sofern nämlich die Anreize für das Fehlverhalten fortbestehen, wird es meist nicht gelöscht, sondern lediglich in der spezifischen Situation unterdrückt, in der die Bestrafung erwartet wird. Darüber hinaus können Bestrafungen zahlreiche Nebenwirkungen haben. Sie können beim Kind Angst oder Feindseligkeit bewirken und die Beziehung zu den Erwachsenen beeinträchtigen. Wiederkehrende Bestrafung mit Liebesentzug und rigoroser moralischer Verurteilung des Kindes bewirken nicht selten Gehemmtheit und Selbsterniedrigung für reale oder eingebildete Missetaten. Weiterhin können Erzieher mit ihrem strafenden Verhalten ein Modell für aggressive, machtvolle Konfliktbewältigung darstellen. Denkbar sind sogar paradoxe Wirkungen, indem die Bestrafung die Auftrittshäufigkeit des unerwünschten Verhaltens erhöht, statt sie zu senken, nämlich dann, wenn sie vom Erzogenen als Beachtung empfunden wird, oder wenn er es darauf anlegt, den Erzieher zu provozieren (z. B. kann dieser »Erfolg« einem Schüler Respekt bei einem Klassenkameraden einbringen).

Da Erziehung aber kaum ganz ohne Strafen auskommen wird, vor allem weil sie, zumindest kurzfristig, unerwünschtes Verhalten unterbinden kann, bleibt die Frage, wie sie in der Erziehung sinnvoll eingesetzt werden kann. Beachtenswert erscheinen besonders folgende Gesichtspunkte: Die Bestrafung sollte (a) wenig aggressiv und Angst erregend sein, (b) sich nicht gegen die Person des Kindes richten, sondern gegen ein bestimmtes, konkretes Verhalten, (c) dem Kind gegenüber begründet werden, (d) zu dem Vergehen in einem angemessenen Verhältnis stehen (z. B. »natürliche Konsequenzen« wie Schadenser-satz), (e) regelmäßig und unmittelbar nach dem erwünschten Verhalten erfolgen und nicht zuletzt, (f) gekoppelt sein mit Hinweisen auf erwünschtes Verhalten und dessen gezielter Förderung (vgl. Nolting 1997, S. 257 f; Tücke 1998, S. 295 f).

Eine Alternative zur Bestrafung sind ist in manchen Fällen die *Nichtbekräftigung* oder »Löschung«. Hierbei läuft das unerwünschte Verhalten einfach »ins Leere«; z. B. werden die Quengeleien eines Kindes oder die Clownerien eines Schülers nicht beachtet. Probleme ergeben sich in der Praxis, wenn das Ignorieren nicht konsequent durchgehalten, sondern das Verhalten von Zeit zu Zeit (»intermittierend«) z. B. durch gelegentliche Beachtung verstärkt wird; dann wird es noch löschungsresistenter.

Eine Maßnahme »zwischen« Nichtbeachtung und Bestrafung ist das *Stoppen.* Stoppen bedeutet, unangepasstes Verhalten durch rasches Eingreifen schon »im Keime zu ersticken«, etwa mit Hilfe kurzer Signale wie scharfes Anschauen, Kopfschütteln oder einem entschiedenem »Nein«, aber auch durch das Trennen von Streithähnen oder die Behinderung destruktiver Handlungen (vgl. Havers 1994, Nolting 1997).

### Förderung erwünschten Verhaltens

Alle zuvor genannten Maßnahmen dienen dem Abbau von unerwünschtem Verhalten. Aus lernpsychologischer und pädagogischer Sicht ist aber gerade eine andere Ausrichtung des Erziehungsverhaltens für die soziale Entwicklung viel wichtiger: Statt erst dann einzugreifen, wenn das unerwünschte Verhalten gezeigt wird, ist es viel sinnvoller, von vornherein erwünschtes Verhalten aufzubauen (vgl. auch S. 76). Man könnte auch von einer »positiven Lenkung« gegenüber der eindämmenden »negativen« Lenkung sprechen.

Dabei spielt das Lernen durch *Bekräftigung* eine herausragende Rolle (s. S. 39 zum Lernen am Effekt). Bedeutsam sind vor allem soziale Bekräftigungen wie Beachtung, Anerkennung, Zustimmung, freundliche Resonanz oder auch Körperkontakt (z. B. dem Kind die Hand auf die Schulter legen, es in die Arme nehmen). Sozial angepasstes Verhalten wird weiterhin durch Vergünstigungen bekräftigt (z. B. darf das Kind für sein Wohlverhalten abends länger aufbleiben) oder durch materielle Belohnungen wie Spielzeug oder Süßigkeiten. Der planmäßige Einsatz von Bekräftigungen bildet den Kern der sog. Verhaltensmodifikation (vgl. Gage & Berliner 1996, Rost 2001). Obwohl eine »positive Verhaltenskontrolle« (Edelmann 2000, S. 95) viel angemessener ist, wird von dieser Möglichkeit in der Erziehung u. E. noch zu wenig Gebrauch gemacht

Zur Wirkungsweise von Bekräftigungen sind einige Anmerkungen notwendig (vgl. auch Preiser 2003, S. 141). Bei der Auswahl von Bekräftigern ist zu bedenken, dass nicht alle in gleicher Weise wirksam sind. So wirken bei Kleinkindern Süßigkeiten oder Spielzeug gewöhnlich stärker als Lob und Anerkennung. Der Erzieher wird aber die Wirkung im Einzelfall ausprobieren müssen. Des Weiteren sollte der Zusammenhang zwischen Verhalten und Bekräftigung deutlich sein, damit das Kind weiß, wofür es verstärkt wird. Am einfachsten geschieht dies dadurch, dass man die Bekräftigung unmittelbar auf das Verhalten folgen lässt. Schließlich ist es für die Dauerhaftigkeit einer Verhaltensmodifikation wichtig, dass von der zunächst kontinuierlichen Bekräftigung zu einer »intermittierenden« übergegangen wird, die in immer größeren Abständen erfolgt und sich schließlich ganz »ausblendet« – in der Erwartung, dass das neu gewonnene angepasste Verhalten nun von der Umwelt sozial verstärkt und/oder von der Person selbst als befriedigend erlebt wird.

Erzieher erteilen unvermeidlich Bekräftigungen im Kontakt mit den Heranwachsenden. Aber sie tun es gewöhnlich nicht planmäßig; sie tun es häufig sogar, ohne es zu wollen. Ein typischer »Erziehungsfehler« ist die (ungewollte) Bekräftigung unangepassten Verhaltens, etwa durch Beachtung oder Nachgeben (z. B. dem lärmenden, störenden Verhalten wird Aufmerksamkeit geschenkt; dem drängelnden, nörgelnden Kind wird schließlich nachgegeben). Angemessener wäre stattdessen das Ignorieren oder Stoppen des unerwünschten Verhaltens und ein positives Eingehen auf das erwünschte Verhalten (z. B. ordentliches Melden, Bitten äußern).

Sehr wichtig für den Aufbau sozial erwünschten Verhaltens ist weiterhin das *Lernen am Modell*. Hierdurch kann sich der Erwerb komplexer sozialer Verhaltensweisen (z. B. Begrüßungsrituale, Tischmanieren, Umgangsformen) wesentlich rascher vollziehen, als wenn einzelne Verhaltenssegmente durch Bekräftigung gelernt werden müssten. Wesentliche Voraussetzungen dafür sind, dass das Verhalten des beobachteten Modells positive Konsequenzen hat (sog. »stellvertretende Bekräftigung«), der Lerner das Verhalten selbst gerne beherrschen würde und dass er das Modell attraktiv findet (vgl. Bandura 1979). Für Jugendliche ist in mancher Hinsicht das elterliche Vorbild oft weniger attraktiv als die Modelle in ihrer »Peergroup«. In der Praxis bleiben die Chancen des Lernens am Modell vielfach ungenutzt, weil Erzieher das Verhalten, das sie von den Kindern erwarten (z. B. Freundlichkeit, aufmerksames Zuhören), nicht selber vorleben (vgl. Tausch & Tausch 1998).

### Vermittlung sozialen Wissens

Soziale Verhaltensweisen beruhen in erheblichen Maße auf sozialem Wissen und Verstehen (»soziale Kognitionen«; vgl. Schmidt-Denter 1996, Silbereisen & Ahnert 2002). Unter anderem lernen Kinder, was man tun »soll«, was man tun »darf« und was »verboten« ist. Solche Kenntnisse allein werden sich zwar nicht hinreichend in Verhalten umsetzen, wenn nicht zugleich die beschriebenen fördernden und begrenzenden Erziehungspraktiken in dieselbe Richtung wirken. Doch steht die Bedeutung sozial-kognitiven Lernens außer Frage – und damit auch die Wichtigkeit verbaler Kommunikation zwischen Erziehenden und Erzogenen.

Zu einem Gutteil lässt sich dieses Lernen im Sinne des früher beschriebenen sinnhaltigen Wissenserwerbs verstehen (vgl. S. 41), in diesem Fall: als Erwerb »sozial geteilten Wissens« (Gruber 1999). Vor allem lernt das Kind *Regeln*, die das Zusammenleben der Menschen betreffen, z. B. Gebote und Verbote, Handlungsschemata für bestimmte Situationen (Einkaufen, zur Geburtstagsfeier gehen usw.), aber auch Wertordnungen (»das Wichtigste ist, dass man...«). Daneben geht es auch um das Lernen von *sozialen Begriffen* (»Freund«, »unfair«, »peinlich« usw.). Wie leicht erkennbar, kann diese kognitive Vermittlung sowohl auf die Förderung von erwünschtem als auch auf die Eindämmung von unerwünschtem Verhalten gerichtet sein.

Die Erziehungsformen, die solches Lernen anregen, sind unter anderem die direkte Belehrung, die Diskussion moralischer Streitfragen sowie »induktive Erziehungsmethoden« (vgl. S. 94): Die Heranwachsenden lernen soziale Verhaltensorientierungen, indem sie auf die Folgen ihres sozialen Handelns sowie auf die mögliche Beeinträchtigung sozialer Beziehungen aufmerksam gemacht und mit ihnen gemeinsam akzeptable Alternativen entwickelt werden. Vieles wird aber auch ohne das Zutun von Erziehern gelernt – durch abstrahierende Schlüsse aus den Erfahrungen im Umgang miteinander, aus den vorgelebten Verhaltensmodellen, aus den Erfolgen und Misserfolgen, aus den vielfältig zu hörenden Meinungen usw.

Über Regeln und Wertvorstellungen hinaus werden auch soziale Kognitionen erworben, die das sensible Eingehen auf andere erleichtern, weil man ihre Beweggründe und Gefühle versteht. Hierzu gehört die Fähigkeit der *Perspektivenübernahme* (»Die Welt mit den Augen des anderen sehen«). Das Verständnis der Perspektive des anderen im Verhältnis zur eigenen macht es möglich, sich koordiniert zu verhalten (»Perspektivenkoordination«). Eine andere Form ist die des »empathischen Verstehens«, in der es um Stimmungen und Gefühle des anderen geht, die einfühlend verstanden werden (vgl. Bender, Fleischer &

Mersmann 1999). Einige Möglichkeiten der Förderung werden im Abschnitt über Hilfsbereitschaft erwähnt (s. S. 93).

Jenseits allen »Erziehens« im engeren Sinne können Erziehende sich frühzeitig darum bemühen, *soziale Unterstützung* aufzubauen, d. h. ein positives soziales Lernmilieu zu schaffen. Hierzu zählt z. B. in der Schule ein psycho-soziales Klassenklima, das nicht Konkurrenz-, sondern Freundschaftsbeziehungen fördert, oder auch die Einrichtung von Schülertutoren oder Schülerpaten, die jüngere Schüler/innen beim Erwerb unterrichtsrelevanter Kenntnisse unterstützen und sich ihnen auch in anderen schulischen Fragen freundschaftlich zuwenden (vgl. Schmidt-Denter 1999).

## 3.4 Förderung von Autonomie

In der Erziehung hat Autonomie als Zielvorstellung seit Anfang der fünfziger Jahre immer mehr an Bedeutung gewonnen (vgl. Feldkircher 1994, Schneewind 1999, S. 69 ff). Dieser Trend gilt allerdings nicht für alle sozialen Schichten und (Sub-)Kulturen in gleicher Weise (vgl. Leyendecker & Drießen 2003).

### Was ist Autonomie?

Autonomie kann in dreifacher Weise akzentuiert werden. Im ersten Aspekt, der *Initiierung*, bedeutet Autonomie, dass eine Person sich selbst als Urheber ihres Handelns empfindet, sich sozusagen als »Herr ihrer selbst« erlebt. De Charms (1968) hat schon auf diesen Aspekt aufmerksam gemacht und den Menschen ein inhärentes Bedürfnis zugeschrieben, aus eigenem Antrieb statt aus externer Veranlassung zu handeln.

Im zweiten Aspekt bezieht sich Autonomie auf die innerpsychischen Vorgänge bei der *Ausführung* der Handlung, nämlich auf die Steuerung des eigenen Verhaltens nach selbst gesetzten Zielen. Zurückgehend auf White (1959), der das Motiv, kompetent zu sein, als grundlegend herausstellte, entwickelten Deci & Ryan (1993) eine Selbstbestimmungstheorie der Motivation, in der die »Autonomie-Orientierung« eine zentrale Rolle spielt. Sie wird als individuell unterschiedlich ausgeprägte generalisierte Tendenz verstanden, das eigene Verhalten als selbstinitiiert (erster Aspekt) und »integriert reguliert« zu erleben. Seit einiger Zeit hat auch das Konzept der »Selbstwirksamkeit« (»self-efficacy«) von Albert Bandura (1997) starke Beachtung gefunden. Damit ist die (generalisierte) Erwartung gemeint, in einer gegebenen Situation handlungsfähig zu sein (Mielke 2001, S. 61ff). Sie bildet schon einen Übergang zum dritten Aspekt.

Im dritten Aspekt wird Autonomie im Zusammenhang mit den erwarteten *Folgen* des eigenen Handelns gesehen (sog. »Handlungsergebnis-Erwartungen«; vgl. Wild, Hofer & Pekrun 2001). Eine Person sieht, dass sie selber Einfluss ausübt und nicht etwa nur fremde Mächte (z. B. andere Personen, Schicksal). Man spricht hier von internaler Kontrollüberzeugung, wenn es sich um generalisierte Erwartungen handelt (vgl. Preiser 2001).

Ein Beispiel: Ein Jugendlicher baut sich eine neue Gangschaltung in sein Fahrrad ein. Sofern dies sein freier Entschluss war, erlebt er sich als Urheber seines Verhaltens. Hat er positive Erfahrung mit »technischen Dingen« gesammelt, wird er auch die »Wirksamkeits«-Erwartung haben, diesen Einbau durchführen zu können. Sofern er dann den Einbau entsprechend seinen Überlegungen ausführt, sich hin und wieder vergewissert, ob er noch »nach Plan« arbeitet und eventuell auch seinen Plan ändert, fühlt er sich in seinem Handeln frei und selbstreguliert. Sofern er aufgrund seiner bisherigen Erfahrungen auch davon überzeugt ist, dass das Gelingen des Einbaus der Gangschaltung das Werk seiner Fähigkeiten und Anstrengungen sein wird, sieht er das Ergebnis als unter »seiner Kontrolle stehend« an und führt es nicht etwa auf Glück zurück.

Autonomie als Initiative, Selbstregulierung und Einflussnahme kann sich auch im Umgang mit anderen Menschen, also als soziale Autonomie manifestieren, hier allerdings gelegentlich im Widerstreit zu gegenläufigen Erwartungen der anderen.

### Erziehung und Familienklima

Bei der Entwicklung von Autonomie kommen die gleichen grundlegenden Lernprinzipien zur Geltung, wie wir sie schon bei der sozialen Anpassung erläutert haben – hier allerdings nur als Lernen im Sinne des »Aufbauens« (nicht des »Eindämmens«) von Verhalten. Das heißt, andere Personen (Eltern, Geschwister, Freunde u. a.) kommen als Modelle für autonomes Verhalten in Frage, wenn sie beispielsweise erfolgreich Initiativen ergreifen, selbständig etwas durchführen, gegen eine Mehrheit eine eigene Meinung vertreten, auch gegen Widerstand um etwas kämpfen usw. Weiterhin spielt das Lernen am Effekt eine wichtige Rolle: Eigene Erfolge bei selbständigen Handlungen sowie Ermutigung, Resonanz und eine Haltung des Ernstnehmens durch Erziehende wirken fördernd, während wiederholte Misserfolge und negative Reaktionen entmutigen können. Überdies ist das kognitive Lernen durch Belehrung, selbständiges Problemlösen, Argumentation usw. von überragender Bedeutung, weil autonomes Verhalten stärker auf Wissen, Einsichten und eigene Normen angewiesen ist als außengeleitetes Verhalten. Autonom kann man dort handeln, wo man selber die Dinge »durchschaut« und Kompetenzen für die Bewältigung der Anforderungen mitbringt.

Nach dem Verweis auf die grundlegenden Lernprozesse möchten wir nun einige pädagogische Maßnahmen und Lernanregungen beschreiben, die als sehr spezifisch für das Erziehungsziel Autonomie gelten können.

Um die Erfahrung der Eigenverursachung bei Kindern zu fördern, kann man sie beispielsweise dazu anregen, *Ziele* für den heutigen Tag zu formulieren, *Pläne* für die anstehenden Ferien oder für die nähere Zukunft zu machen. Und man kann sie fragen, wie sie diese Vorsätze erreichen können (Handlungsausführung). Im Nachhinein können Kinder angehalten werden, ihre Pläne zu überprüfen und zu überlegen, wie sie sich Erfolge und Misserfolge erklären (sog. Kausalattributionen, s. S. 155). Nach diesen Prinzipien hat schon De Charms (1979) ein Programm zur Förderung der Lernmotivation entwickelt.

Auch aus dem Bereich des *selbstgesteuerten Lernens* (Friedrich & Mandl 1997, Schiefele & Pekrun 1996) lassen sich Anregungen entnehmen. In jüngster Zeit sind dort vermehrt Programme für Schüler und Studierende entstanden. Sie sehen flexible Selbstregulationszyklen für planvolles strategisches Lernen vor (vgl. Brunstein 2000): Sich selbst Lernziele setzen, dazu passende Lernstrategien auswählen, den Einsatz der jeweiligen Strategie selbst überwachen, eigene Lernfortschritte registrieren und daran anschließend die gewählten Ziele und Strategien zu optimieren – das sind Merkmale autonomen Lernens (s. auch Kap. 4.4).

Carl Rogers (1961/2002) hält »*unbedingte Wertschätzung*« der Erziehenden für besonders wichtig, damit sich Autonomie bei Erzogenen entwickeln kann. Tausch & Tausch (1998) bezeichnen diese nicht an Bedingungen geknüpfte Haltung als »Achtung, Wärme, Rücksichtnahme«. Unbedingte Wertschätzung zu zeigen, bedeutet für die Erziehenden, das Kind in seiner Persönlichkeit zu achten und (im Einklang mit dem Menschenbild der humanistischen Psychologie) auf die konstruktiven Kräfte des Organismus, auf das Prinzip der Selbstverwirklichung bei der Entwicklung zu vertrauen (Paulus 1994).

Nach Rogers sollten Erziehende weiterhin dem Kind helfen, Erfahrungen angemessen zu verarbeiten und so ein realistisches Selbstbild zu entwickeln. Dies verlangt Zuwendung in Form des »*einfühlenden Verstehens*« (auch: Empathie; aktives Zuhören). Sie kann auch das Erkennen eigener innerer Vorgänge (Selbstklärung) und damit auch die Selbstregulation fördern.

Eine Gegenüberstellung von zwei Gesprächsausschnitten zwischen einem Lehrer und einer Schülerin zeigt, was mit einfühlendem Verstehen gemeint ist:

Im ersten Gesprächsausschnitt verhält sich der Lehrer zwar wohlwollend, aber ohne einfühlendes Verstehen. Im zweiten Gesprächsausschnitt versucht der Lehrer, sich in das Erleben der Schülerin einzufühlen und Anstöße zur Selbstklärung zu geben. Die kurzen Ausschnitte sollen *ausschließlich* die Gesprächsführung verdeutlichen; die Lösung des Problems lassen sie offen.

- Gesprächsausschnitt *ohne* einfühlendes Verstehen:

*Lehrer:* Du meldest dich im Unterricht so selten, wie kommt das?
*Schülerin:* Ich weiß nicht. Ich trau mich wohl nicht.
*Lehrer:* Aber du kannst doch alles. Das sieht man doch an deinen Klassenarbeiten. Du brauchst doch keine Angst zu haben.
*Schülerin:* Mhm.
*Lehrer:* Also, gib' dir mal einen Ruck und melde dich öfter. Willst du das mal versuchen?
*Schülerin:* Mhm. Kann ich versuchen.

- Gesprächsausschnitt *mit* einfühlendem Verstehen:

*Lehrer:* Mir ist aufgefallen, dass du dich im Unterricht so selten meldest, obwohl du gute Klassenarbeiten schreibst. Fällt es dir so schwer, dich einfach mal zu melden?
*Schülerin:* Mhm, ja, das stimmt. Ich trau mich manchmal wohl nicht.
*Lehrer:* Du meinst, du hast vor irgendwas Angst?
*Schülerin:* Na ja, nicht so richtig Angst; aber ich denke, die anderen lachen manchmal, wenn ich was sage.
*Lehrer:* Versteh' ich das richtig: Eigentlich möchtest du was sagen, aber du möchtest auch sicher sein, das alle deine Antwort gut finden?

Die erziehungspsychologischen Annahmen von Rogers sowie Tausch & Tausch werden durch eine Vielzahl empirischer Befunde in der Tendenz bestätigt (vgl. auch Tausch 1999). So weisen z. B. Erhebungen, in denen Kinder, Jugendliche und junge Erwachsene zu der von ihnen erlebten elterlichen Erziehung befragt wurden (»Perzipierte elterliche Erziehung«), alle in die gleiche Richtung: Befragte mit hoch ausgeprägter Selbstverwirklichung erleben ihre Eltern übereinstimmend als emotional zugewandt und sie fühlen sich in ihren Ansichten und Meinungen von ihnen respektiert und akzeptiert. Des Weiteren deuten die Berichte darauf hin, dass sie gleichberechtigt am Familienleben teilnehmen können, dass ihre Eltern sich ihnen gegenüber nur im geringen Umfang dirigistisch verhalten, dass die Eltern ihre Einflussnahmen gegenüber ihren Kindern begründen, und dass in der Familie klare Verhaltenserwartungen der Familienmitglieder zueinander existieren (vgl. Paulus 1984).

Von besonderer Bedeutung für die Entwicklung der Autonomie sind konkrete *Erfahrungen der Selbstverantwortlichkeit* im familialen, schulischen oder beruflichen Kontext, wie das folgende Beispiel zeigt:

Schneewind (1983; Schneewind et al. 1983) untersuchte an 570 Familien mit Kindern zwischen 9 und 14 Jahren unter anderem das Autonomieerleben der Kinder, das Familienklima und die Erziehungseinstellungen der

Eltern. Danach sind vier Punkte wichtig: Erstens muss die Familie *Anregungsbedingungen* zum Kompetenzerwerb bieten, z. B. intellektuelle Stimulierung und ein aktives, vielgestaltiges familiales Freizeitverhalten. Damit das Kind selbst verursachte Handlungskonsequenzen erfahren kann, muss die Familie zweitens einen *Handlungsspielraum* zur Entfaltung eigenständiger Aktivitäten gewähren, z. B. indem die Eltern ihre Kinder zu selbständigem Handeln ermutigen und dabei auftretende »Fehler« tolerieren. Drittens muss das familiale Zusammenleben ein gewisses Maß an *Planung* und *Organisierbarkeit* aufweisen; so stehen etwa inkonsistente, willkürliche und zufällig erscheinende Belohnungen und Bestrafungen der Entwicklung selbstverantwortlichen Handelns im Wege. Viertens sind Selbständigkeitserfahrungen abhängig von einer in der Familie herrschenden stimulierenden Tätigkeitsfreude sowie von warmherziger *Akzeptanz* und Einfühlung.

Deutlich wird an dieser Untersuchung auch, dass nicht nur das Erziehen im engeren Sinne, sondern ebenso das Familienklima und die Paarbeziehung der Eltern (s. S. 77 f) die Entwicklung personaler Merkmale beeinflusst. Unter anderem aus diesem Grund sind die gefundenen Zusammenhänge von »reinem« Erziehungsverhalten und personalen Dispositionen der Erzogenen deshalb in der Regel auch nur Tendenzen (vgl. Krohne & Hock 2001, Schneewind 1999, S. 139 ff; s. auch S. 77).

### Balance zwischen Anpassung und Autonomie

Wie bereits erörtert, können soziale Anpassung und Autonomie als zwei Seiten sozialer Kompetenz und als gleichermaßen wichtige Erziehungsziele gelten, die in einem gewissen Spannungsverhältnis stehen. Heranwachsende Menschen müssen lernen, sowohl die eigenen Bedürfnisse als auch die von anderen ernst zu nehmen. Dies kann in direkter Weise erleichtert werden, wenn Erzieher in ihrer Kommunikation beide Seiten thematisieren. Durch aktives Zuhören (s.o.) drücken sie Akzeptanz für die Empfindungen und Wünsche des Kindes oder Jugendlichen aus. Das Gegenstück hierzu sind die Ich-Botschaften, in denen Erzieher ihre eigenen Empfindungen mitteilen. (»Ich finde, ich komme mit meinen Bedürfnissen zu kurz« statt »Sei doch nicht so egoistisch«; »Das regt mich auf« statt »Du nervst mich«).

Wie leicht erkennbar, sind diese Kommunikationsformen von besonderem Interesse, wenn die Erziehenden und Erzogenen mit ihren Bedürfnissen und Wertvorstellungen in Widerspruch zueinander geraten, wenn also ein Erziehungs*konflikt* vorliegt. Aktives Zuhören und Ich-Botschaften – von beiden Seiten – sind nach Gordon (1995, 1996) Kernelemente eines konstruktiven Umgangs mit Konflikten. Für kompliziertere Fälle schlägt er (und ähnlich andere Autoren) eine Erweiterung zur »*Niederlagelosen Methode der Konfliktlösung*« vor (gegenüber der auf Machtanwendung basierenden »Sieg-Niederlage-Methode«). Sie ist als »Familienkonferenz« und »Lehrer-Schüler-Konferenz« populär geworden. Der Lösungsprozess besteht aus sechs Schritten: (1) Den Konflikt identifizieren und definieren, (2) mögliche Lösungen entwickeln, (3) die Alternativlösungen kritisch bewerten, (4) sich für die beste Lösung entscheiden, (5) die Entscheidung ausführen, (6) nachfolgende kritische Bewertung. Die Methode ist ein prägnantes Beispiel für eine erzieherische Kommunikation, die gleichermaßen auf die Förderung von Autonomie und eine Orientierung an den Bedürfnissen anderer gerichtet ist.

Eine weitere Methode, die diese Balance beachtet, ist das *Problemlösungsgespräch* nach Shure & Spivack (1981, vgl. auch Beelmann 2003). In einem Dialog werden Kinder angeregt, selbständig Lösungen für Konflikte mit anderen Kindern oder den Erziehern zu finden und dabei auch die Bedürfnisse der anderen mit zu berücksichtigen. So werden die Kinder durch bestimmte Fragen veranlasst, das Problem zu reflektieren, alternative Lösungsmöglichkeiten auszudenken und auch die jeweiligen Konsequenzen zu bedenken (z. B. »Was ist passiert?«, »Was könntest du tun?«, »Was wird passieren, wenn du....«, »Hast du noch eine andere Idee?«). Es handelt sich um ein sozial-kognitives Training, das sich für Kinder ab vier Jahren eignet. Eltern, Kindergärtnerinnen und andere Erziehungspersonen können in dieser Gesprächsführung trainiert werden.

---

**Schwerpunkt: Fördern von erwünschtem Verhalten**

*1. Verhalten vormachen*
Selber Vorbild sein für das Verhalten, das man sich wünscht. Nach der Umkehrbarkeit fragen: Würde ich es akzeptieren, wenn das Kind sich so verhielte wie ich?

*2. Regeln erläutern; argumentieren*
Dem Kind Regeln des menschlichen Zusammenlebens erklären und begründen; mit dem Kind »diskutieren«; ggf. Vorschläge machen. (Gilt auch für »eindämmende« Regeln bzw. Verbote).

*3. Positiv bekräftigen*
Erwünschtes Verhalten durch Zuwendung, Lob, Vergünstigungen usw. »belohnen«. Ist es kaum vorhanden, auch kleine Ansätze bekräftigen. Anfangs regelmäßig, dann immer seltener bekräftigen.

*4. Nach Lösungsideen fragen*
Problemlösendes Denken des Kindes anregen; fragen: Was könntest du tun? Hast du noch eine Idee?

---

*5. Verantwortung übertragen*
Das Kind mit Aufgaben betrauen, die es bei gewissem Bemühen gut bewältigen kann. Möglichst Aufgaben wählen, die das Selbstwertgefühl stärken.

**Schwerpunkt: Eindämmen von unerwünschtem Verhalten**

*6. Verhalten ignorieren*
Bestimmte Verhaltensweisen (z. B. Jammern, Nörgeln, Wutanfälle) konsequent ins Leere laufen lassen. Die Nichtbeachtung ist zu verbinden mit Beachtung des erwünschten Verhaltens (z. B. um etwas bitten).

*7. Verhalten stoppen*
Unerwünschtes Verhalten in nichtaggressiver Form (ohne Strafen und Schimpfen) beenden, z. B. durch verbale oder nonverbale Stopp-Signale, durch Trennen von Streithähnen usw.

*8. Negative Konsequenzen tragen lassen*
In nicht aggressiver Form bestrafen durch »natürliche« Folgen des Fehlverhaltens (z. B. Dinge ersetzen müssen, Vergünstigungen verlieren usw.).

*9. »Opferbezogene« Reaktion*
Die Aufmerksamkeit des Kindes auf die geschädigte Person lenken: Auf Schmerz oder Enttäuschung der betroffenen Person hinweisen; Entschuldigung oder Wiedergutmachung anregen u.dgl.

**Schwerpunkt: Sprachliche Kommunikation**

*10. Aktives Zuhören*
Sich in die Empfindungen des Kindes einfühlen und sie mit eigenen Worten umschreiben (mit einer Haltung des Ernstnehmens und des Bemühens um Verstehen; nicht technisch, nicht echohaft).

11. *Ich-Botschaften*
Die eigenen Gefühle, Wünsche, Gedanken deutlich vortragen, statt über das Kind Urteile abzugeben (Gegenstück zum aktiven Zuhören).

*12. Gemeinsame Konfliktregelung*
Umfasst: Aktives Zuhören und Ich-Botschaften, Vortragen von Lösungsideen durch alle Betroffenen und nachfolgende (!) Bewertung aller gesammelten Ideen, bis eine für alle akzeptable Lösung übrig bleibt.

**Tafel 21:** Erziehungspraktiken, die zusammengenommen eine Balance aus sozialer Anpassung und Autonomie fördern

Über solche einzelnen Erziehungsformen hinaus ergibt sich die angesprochene Balance von Anpassung und Autonomie aus dem *Gesamt*gefüge der erzieherischen Praxis. Durch die in Tafel 21 zusammengefassten zwölf Erziehungspraktiken wird die Balance u.E. gewährleistet

(Nr. 5 und 9 werden anschließend im Kontext der Förderung prosozialen Verhaltens näher erläutert). Es handelt sich um Vorschläge auf der Ebene von Handlungsweisen. Pädagogische Einstellungen oder allgemeinere Merkmale (Wärme, Echtheit, Offenheit u. dgl.) bleiben hier ausgeklammert. Wohl alle erwähnten Praktiken können *auch* für Konfliktsituationen von Interesse sein.

## 3.5 Förderung von Hilfsbereitschaft

Anderen Menschen zu helfen gilt als Verhalten von hohem moralischen Wert und ist in gewissem Grade auch unerlässlich für das menschliche Zusammenleben. Daher kann es als bedeutsames Erziehungsziel angesehen werden.

In der Psychologie findet man diese Thematik unter Begriffen wie hilfreiches Verhalten, Altruismus und, besonders häufig, prosoziales Verhalten. Prosoziales Verhalten wird allerdings manchmal in einem weiten Sinn gebraucht, der z. B. auch »kooperatives« Verhalten mit einschließt. Wir meinen hier aber nur die Hilfeleistung, und die Förderung von »Hilfsbereitschaft« ist dann das Erziehungsziel. Im Kern geht es darum, dass man sich freiwillig für das Wohlergehen anderer Menschen einsetzt, und zwar nicht aus einer beruflichen Verpflichtung (Bierhoff 2002). Zuweilen wird der Begriff Altruismus auf Hilfe beschränkt, die völlig uneigennützig ist, während das Helfen an sich auch eigennützig motiviert sein kann (z. B. Erwartung von Belohnung, Anerkennung). Hilfeleistung gibt es in den unterschiedlichsten Formen. Wiederholt untersucht wurden unter anderem: mit jemandem etwas teilen, Abgeben oder Zurücksenden von Fundsachen, Blut- und Organspenden, Spenden für soziale Zwecke, Eingreifen in akuten, bedrohlichen Notsituationen.

### Bedingungen der Hilfeleistung

Ob in einem konkreten Fall Hilfe geleistet oder unterlassen wird, hängt aktuell von mehreren *Prozessen* ab: (1) Wird die Notsituation überhaupt wahrgenommen? Menschen unter Zeitdruck bemerken z. B. nicht so leicht Notsituationen, in denen sich andere Personen befinden. (2) Wird wahrgenommen, dass Hilfe geleistet werden muss? Sind z. B. mehrere untätige Personen in einer Notfallsituation zugegen, neigen Menschen dazu, auch selber keine Hilfe zu leisten, weil sie annehmen, der Vorfall sei harmlos (»Pluralistische Ignoranz«). (3) Besteht die Einsicht, dass Verantwortung zum Handeln übernommen werden muss? Sind mehrere Personen zugegen, helfen Menschen auch deshalb häufig nicht, weil die anderen es ja genauso gut tun könnten (»Verantwortungsdiffusion«). (4) Wie werden die eigenen Kompetenzen für die geforderte Hilfeleistung eingeschätzt? Fühlt sich die Person befähigt oder überfordert zu helfen? (5) Wie werden die »Kosten« der Hilfe veranschlagt? Erscheint die Hilfeleistung z. B. zu gefährlich, zu aufwendig (vgl. Bierhoff 2000, S. 76 ff; Schwartz & Howard 1981)?

Für den Ablauf der konkreten Prozesse spielen zum einen situative Bedingungen, zum anderen personale Dispositionen des Helfenden eine Rolle. Als *Situationsfaktoren* für Hilfeleistung sind danach vor allem bedeutsam: Eindeutigkeit der Notlage, Ausmaß der Hilfsbedürftigkeit, Eindeutigkeit der Verantwortlichkeit, Höhe der Anforderung an Eigeninitiative, mutmaßliche Kosten der Hilfeleistung (Mühe, Zeit, materielle Aufwendungen, Risiken), soziale Erwünschtheit der Hilfe, Beziehung zur hilfebedürftigen Person.

Unter den *personalen* Faktoren, die zusammen die individuelle »Hilfsbereitschaft« ausmachen, werden einige besonders hervorgehoben (vgl. Bierhoff 2002a). Wichtig ist erstens so etwas wie eine Empfänglichkeit für Notsignale, insbesondere die Neigung und Fähigkeit zur Einfühlung in andere Personen (Perspektivenübernahme und Empathie), da zur Initiierung einer Hilfeleistung zunächst die »Hilfsbedürftigkeit« erfasst werden muss. Sie ist unter anderem bei »stiller Not«, bei seelischem Schmerz, Sorgen usw. keineswegs immer leicht zu erkennen.

Zweitens spielen natürlich die persönlichen Normen und Werte eine große Rolle (vgl. Bierhoff 2002b). Vor allem sind es Normen der »sozialen Verantwortung« und der »Gegenseitigkeit«, die, falls »verinnerlicht«, das Individuum zu hilfreichem Verhalten motivieren. Die Norm der sozialen Verantwortung besagt, dass man demjenigen helfen soll, der von einem abhängig ist. Nach der Norm der Gegenseitigkeit soll man demjenigen helfen bzw. keinen Schaden zufügen, der einem geholfen hat.

Ein dritter wichtiger Faktor ist die Neigung, sich selbst Verantwortung dafür zuzuschreiben, dass tatsächlich geholfen wird, und die Verantwortung nicht nur bei anderen Menschen, bei »zuständigen« Institutionen oder bei den Hilfebedürftigen selbst zu sehen. Auch in dieser Neigung zur Verantwortungsübernahme gibt es große individuelle Unterschiede.

Viertens sind ein positives Selbstbild, internale Kontrollüberzeugungen und Selbstwirksamkeitserwartungen von Bedeutung; dies gilt vor allem dann, wenn die Hilfeleistung auf Widerstände trifft. So erfordert es oft Selbstsicherheit, jemanden in Schutz zu nehmen, weil man dabei einen Konflikt mit Dritten riskiert (Kuhl 1986).

Fünftens sind für viele Hilfeleistungen besondere Kenntnisse und Fertigkeiten oder zumindest Vertrautheit mit der Hilfesituation erforderlich und die Einschätzung der eigenen Kompetenz (als Selbstbildaspekt) bestimmt dann mit, ob man tatsächlich hilft.

### Erziehungseinflüsse

Für den Erwerb dieser Dispositionen, die Hilfeleistung begünstigen, sind neben reifungsbedingten Entwicklungsvoraussetzungen bestimmte, durch die Sozialisationsinstanzen Familie und Schule vermittelte Lernprozesse von entscheidender Bedeutung (vgl. Bierhoff 2001, Oerter 2002).

Danach ist offenbar das elterliche *prosoziale Vorbild* in Wort und Tat – dem Kind selbst wie auch anderen Personen gegenüber – die wichtigste Determinante zur Ausbildung einer »hilfreichen Persönlichkeit«. In vielen Untersuchungen über sehr engagierte Menschen (z. B. Menschen, die im Dritten Reich Juden retteten) ergab sich, dass sie wenigstens einen Elternteil als Vorbild empfanden (London 1970). Im welchem Ausmaß das elterliche Modell allerdings wirksam wird, hängt von weiteren Faktoren ab (vgl. Mietzel 2002, S. 246 ff; Mussen & Eisenberg-Berg 1979).

Förderlich sind vermutlich ergänzende *Selbstauskünfte über eigene Hilfeleistungen*. Damit ist gemeint, dass Eltern oder andere Erzieher das Kind an ihrem Erleben und Empfinden teilhaben lassen, wenn sie anderen Menschen helfen bzw. geholfen haben. Dies kann in der Weise geschehen, dass sie dem Kind ihre persönlichen Beweggründe zu helfen offenbaren, über ihre Gefühle sprechen, die mit der Hilfeleistung verbunden waren, ihm verdeutlichen, woran sie die Hilfebedürftigkeit erkannt und welche Schlussfolgerungen sie daraus über die Notlage des Betroffenen gezogen haben (vgl. Mussen & Eisenberg-Berg 1979).

Ein vielfach ermittelter Faktor ist die *emotionale Wärme* der Eltern dem Kind gegenüber. Ihre Bedeutung liegt ebenfalls in der Erhöhung der Modellwirkung, darüber hinaus aber auch in der Stärkung des Selbstwertgefühls und der Selbstwirksamkeitserwartungen (vgl. Kap. 3.4).

Die *Förderung von Einfühlung und Perspektivenübernahme* ist ein dritter Faktor. Einfühlung kann in der Familie auf unterschiedliche Weise gefördert werden (in Anlehnung an Schreiner 1983, S. 438; für die Schule s. z. B. Bieg & Behr 2002):

- Eingehen auf die Gefühle der Kinder durch aktives Zuhören (»Bist du darüber sehr entäuscht?«);
- Eigene Gefühle und den eigenen Standpunkt durch Ich-Botschaften deutlich machen (»Diese Sache macht mir immer noch ein schlechtes Gewissen«).
- Anregen, dass Kinder miteinander über ihre Alltagsprobleme sprechen und dabei auch auf die Gefühle achten.

– »Familienkonferenzen« zur Lösung von Konflikten, etwa nach dem Muster von Gordon (vgl. S. 88 u. 182).

Als weiterer Faktor wird von Hoffman (2000) eine besondere Form des Argumentierens und Überzeugens bei Disziplinkonflikten hervorgehoben, die sog. *Induktion.* Darunter ist zu verstehen, dass Eltern, statt mit Liebesentzug oder Machtausübung zu reagieren, ihr Kind auf die schädlichen oder schmerzlichen Folgen seines Tuns für andere hinweisen (opferbezogene Reaktion; Mietzel 2002, S. 249). Das Kind wird dabei angehalten, sich vorzustellen, wie es der betroffenen Person gehen mag, sich in deren Gefühle hineinzuversetzen und sich zu überlegen, wie der Schaden wieder gut zu machen ist (z. B. Entschädigung leisten, sich entschuldigen). Durch solche »Überzeugungstechniken« wird beim Kind sowohl Mitleid und Empathie für die Not und Bedrängnis von Hilfebedürftigen begünstigt als auch das Erleben von Schuld und Verantwortlichkeit (vgl. auch Montada 2002, S. 626).

---

**Individuelle »Hilfsbereitschaft«**

- Empfänglichkeit für Notsignale; Einfühlung
- Persönliche Normen
- Neigung zur Verantwortungsübernahme
- Positive Selbsteinschätzung, Selbstsicherheit
- Subjektive Kompetenz für die Anforderung

↑

**Förderliche Erziehungseinflüsse**

- Prosoziales Vorbild der Eltern u. a.
- Warme emotionale Eltern-Kind-Beziehung
- Vielfältige Anregungen zur Einfühlung
- Induktive, opferbezogene Reaktionen
- Attributionale Rückmeldungen
- Übertragen von Verantwortung
- Gespräche zu moralischen Problemen
- Vermittlung relevanter Kenntnisse

---

**Tafel 22:** Komponenten von Hilfsbereitschaft und fördernde Erziehungseinflüsse

Begünstigend wirkt auch die sog. *attributionale Rückmeldung*: »Du bist ein nettes und hilfebereites Kind«, ist eine solche »Charakterzuschreibung«. Kinder, die eine solche Rückmeldung auf prosoziales Verhalten von Erziehern oder Eltern erhielten, zeigten einen generalisierten Anstieg hilfreichen Verhaltens, allerdings erst ab dem Alter von acht Jahren (Bierhoff 2001, S. 566). Ergänzend sei auf eine weitere Möglichkeit hingewiesen: Eltern können ihre Kinder bei einer Hilfehandlung zu *positiven Selbstbewertungen* anregen, indem sie selbst als Vorbild fungieren und in Gegenwart des Kindes eigene Selbstbewertungen kundtun (z. B. während sie einen älteren Menschen über die Straße geleiten: »Siehst du, das klappt prima, wenn ich ihm etwas unter die Arme greife und langsamer gehe«). Kinder können so lernen, durch Selbstlob positive Gefühle bei sich selbst zu erzeugen und damit die eigene Motivation zu prosozialen Handlungen zu fördern und zu stabilisieren.

Verantwortungsbewusstsein kann das Kind aber auch noch auf sehr direkte Weise erwerben: Indem ihm *Verantwortung übertragen* wird (vgl. Mussen & Eisenberg-Berg 1979). Eltern können ihr Kind etwa anhalten, Verantwortung für andere (z. B. Not leidende Kinder, leistungsschwächere Mitschüler; Tiere) zu übernehmen und sich um sie zu kümmern. Durch ihr Vorbild und ihren Kommentar zu einer Hilfeleistung können Eltern überdies die persönliche Verantwortung deutlich machen und dem verbreiteten Phänomen der »Verantwortungsdiffusion« entgegenwirken.

Alle genannten Erziehungsprinzipien tragen vermutlich auch dazu bei, die Internalisierung humaner Werte zu fördern. Zusätzliche Impulse könnten hierzu *Gespräche zur moralischen Urteilsbildung* geben. Immerhin gibt es einen gewissen Zusammenhang zwischen dem Niveau moralischer Urteilsbildung (wobei das Niveau nach den Stufen von Kohlberg, 1974, definiert wird) und prosozialem Verhalten (vgl. Eisenberg 1992). Von pädagogischem Interesse zur Anhebung des moralischen Urteils ist vor allem Kohlbergs Methode, durch moralische Dilemmata (z. B. darf man, wenn man kein Geld hat, ein Medikament aus der Apotheke stehlen, um einem schwerstkranken Angehörigen zu helfen?) die Auseinandersetzung um moralische Werte und Normen anzuregen.

Für die Erziehung zur moralischen Urteilsbildung ist es weiterhin wichtig, von realen Problemlagen der Kinder und Jugendlichen auszugehen. Diese setzt bei den Eltern und Erziehern aber auch gute Kenntnisse über deren Lebenswelt voraus. Auch ist es mit einzelnen Gesprächen nicht getan. Es ist vielmehr notwendig, ein kontinuierliches Anregungsniveau zu schaffen, in dem »die soziale Umwelt gerecht organisiert ist und die alltäglichen zwischenmenschlichen Beziehungen von Einfühlung und reflektierter Gegenseitigkeit durchdrungen sind«, wie Schreiner (1983, S. 445) schreibt. Beispiele, wie dies im familialen und schulischen Alltag umgesetzt werden kann, sind bei Oser & Althoff (1992), Bierhoff (2001) und Lickona (1989) zu finden.

Bisherige Erfahrungen in Schulen zur Förderung moralischen Denkens zeigen deshalb auch, dass Kurse zu dieser Thematik sich über mehrere Wochen und verschiedene Problembearbeitungen erstrecken sollten, dass die Schüler aktiv mit einbezogen werden sollten und dass Meinungsstreit zu konkreten ethischen Konflikten sowie Einsicht in die Unzulänglichkeiten der niedrigeren Urteilsstufen notwendig sind, um nachhaltig Erfolge zu erzielen. Kurzzeitige Interventionen und der konventionelle Ethik- und Sozialkundeunterricht haben nach Montada (2002, S. 639) keine Effekte auf das Niveau der moralischen Urteilsbildung, und die ideale Förderung fasst er wie folgt zusammen: »Die Kunst der Moralerziehung liegt nicht im Predigen von Geboten und Verboten, sondern in einer dezenten Anregung normentsprechenden Handelns als selbstgewählt, als autonom entschieden aus eigenem Bedürfnis und eigener Überzeugung« (S. 628).

Hilfeleistungen sind letztlich konkretes Tun (z. B. Erste Hilfe nach einem Unfall) und setzen deshalb häufig, wie schon erwähnt, bestimmte Kenntnisse und Fertigkeiten voraus – an denen es häufig nicht nur den Lernenden, sondern auch den Erziehern mangelt. So sind vor allem Notfallsituationen in der Regel seltene Ereignisse, für die kaum jemand persönliche Erfahrungen mitbringt. Hier ist deshalb eine wiederholte *Schulung* erforderlich (z. B. Ausbildung von Schülern zu Schulsanitätern). Nicht möglich ist es leider, eine generelle »Hilfekompetenz« auszubilden, denn das Spektrum möglicher Anforderungen ist unendlich groß und in vielen Bereichen kann auch nur professionelle Hilfe erfolgreich sein. Möglich ist es vielleicht, sich mit häufig vorkommenden Hilfesituationen und ihrer möglichen Bewältigung durch Laien vertraut zu machen. Hierzu können z. B. Filme oder auch Texte hilfreich sein (vgl. Bilsky 1989).

Es ist anzunehmen, dass die beschriebenen Erziehungsprinzipien nicht nur in der Familie, die hier im Vordergrund stand, Hilfsbereitschaft fördert, sondern ebenso in anderen Erziehungsbereichen (z. B. Schule und Jugendarbeit), auch wenn sie dort bislang weniger erforscht wurden.

## 3.6 Verhaltensauffälligkeiten: Allgemeine Aspekte

Was ist auffälliges Verhalten? Dahinter steht die Frage: Was ist normal? Und hier spielt sicher zunächst eine Rolle, was eine Person selbst für sich als »normal« empfindet. Manch eine Lehrkraft mag einen hohen Lärmpegel in der Klasse als normal empfinden, während eine andere sich schon beklagt, wenn Schüler dazwischenreden. Es spielt aber auch eine Rolle, was in der Bezugsgruppe (z. B. Kollegium) als normal gilt, und schließlich ist auch wichtig, was Fachleute auf Grund wissenschaftlicher Erkenntnisse als normal bzw. problematisch ansehen. Im pädagogischen Feld sind auch die jeweiligen Erziehungsziele ein Kriterium. Eltern, Lehrkräfte und Fachleute können allerdings unterschiedlicher Auffassung darüber sein, was z. B. das Elternhaus, der Kindergarten oder die Schule etc. erreichen und was demnach als »normal« oder als »auffällig« bzw. »gestört« oder »problematisch« gelten soll.

### Vielfalt und Klassifikation von Auffälligkeiten

Verhaltensprobleme von Kindern und Jugendlichen sind sehr vielfältig. Sie zu ordnen und zu systematisieren erscheint sinnvoll, damit die Betroffenen angemessen behandelt werden können und die Kommunikation auch mit Erziehern und Eltern erleichtert wird. Eine erste Übersicht über öfter vorkommende Auffälligkeiten ergibt folgendes Bild. Es gibt:

- Auffälligkeiten im emotionalen Bereich wie Stresssymptome, Angst, Unsicherheit;
- Auffälligkeiten im sozialen Verhalten von Kindern wie etwa Distanzlosigkeit, Kontaktarmut oder aggressives Verhalten;
- Störungen im Bereich der Wahrnehmung, der Aufmerksamkeit und der Konzentration;
- Körperliche Auffälligkeiten wie Bewegungsstörungen und motorische Unsicherheit, die zu Unfallgefährdungen führen können;
- psychosomatische Störungen wie Schlafstörungen, Nervosität, Einnässen;
- Sprachstörungen.

In der Klinischen Psychologie und Psychiatrie sind differenziertere Beschreibungssysteme entwickelt worden, auf die hier nur verwiesen werden kann: ICD-10 (»International Classification of Diseases«; Remschmidt, Schmidt & Poustka 2001) und DSM-IV (»Diagnostic and Statistical Manual of Psychiatric Disorders. Version IV; Sass, Wittchen & Zaudig 2001). Auf Achenbach (nach Petermann et al. 2000) geht eine Klassifikation zurück, die auch in die pädagogische Diskussion Eingang gefunden hat. Er unterscheidet drei Formen von Auffälligkeiten: 1. Internalisierende (nach innen gerichtete) Auffälligkeiten (z. B. sozialer Rückzug; körperliche Beschwerden; Ängstlichkeit/Depressivität), 2. Externalisierende (nach außen gerichtete) Auffälligkeiten (z. B. dissoziales Verhalten; aggressives Verhalten) und 3. Gemischte Auffälligkeiten (z. B. zwanghaftes Verhalten oder Aufmerksamkeitsprobleme). Untersuchungen zeigen, dass für Jungen externalisierende, für Mädchen internalisierende Störungen typisch sind. Mädchen sind darüber hinaus vielfach noch von Essstörungen betroffen, Jungen leiden dagegen öfter unter Störungen der Sprachentwicklung, des Lesens, Rechtschreibens und Rechnens, der Motorik und des Sozialverhaltens.

Besonderes Interesse unter Erziehern finden Lernschwierigkeiten, aggressives Verhalten und Ängste (s. hierzu. Kap. 3.7 und 4.7) sowie in jüngerer Zeit auch das Aufmerksamkeits-Hyperaktivitätssyndrom (ADHS; Czerwenka 2002, Döpfner 2000), weil sie sich unmittelbar auf das Unterrichtsgeschehen oder auf das Familienleben auswirken (Für Übersichten zu verschiedenen Auffälligkeiten s. Petermann 2000, Schmidtchen 2001, Steinhausen 2000). Hier möchten wir den Blick auf einige Aspekte lenken, die generell zu beachten sind, wenn Erziehende mit Verhaltensauffälligkeiten konfrontiert werden.

### Auffälligkeiten beschreiben und erklären

In jedem Einzelfall ist eine genaue *Beschreibung* der Problematik nötig; dadurch vermeidet man mögliche Pauschalisierungen (z. B. »Fritz ist ein Störenfried«). Beschreiben kann man als Außenstehender zunächst nur sichtbare Tatbestände, nämlich einerseits das beobachtbare Verhalten (»Was tut oder sagt die Person?«) und andererseits die Situationsbedingungen, unter denen es auftritt (»Wo« und »Wann«).

Die *inneren Prozesse* der beobachteten Person (»Was nimmt die Person wahr?«, »Wie interpretiert und bewertet sie ein Ereignis?«, »Was fühlt sie?« etc.) kann man nur erschließen, und dies oft erst am Ende langer diagnostischer Bemühungen. Die »auffällige« Person selbst ist meist nicht von vornherein in der Lage, ihr Innenleben umfassend zu beschreiben, sondern braucht dazu auch psychologische Hilfen, so z. B. einen Erzieher, der eine personzentrierte Gesprächsführung praktiziert (vgl. auch Döpfner, Lehmkuhl, Heubrock & Petermann 2000b).

Genaue, nicht wertende Beschreibungen des Beobachtbaren sind eine wichtige Basis für »unvoreingenommene« *Erklärungen*. Denn bei der Feststellung von Auffälligkeiten geht es immer um Zuschreibungen durch den Urteiler. Und hier können sich unbemerkt Fehler einschleichen. In aller Regel neigen Menschen dazu, Auffälligkeiten, die sie bei anderen wahrnehmen, diesen als personale Dispositionen zuzuschreiben und situative Einflüsse unberücksichtigt zu lassen (vgl. Ross & Nisbett 1991). Dies kann bedeuten, dass Lehrkräfte den eigenen Anteil (z. B. langweilige Unterrichtsführung) an einer Verhaltensauffälligkeit der Schüler nicht erkennen. Der Schüler mag andererseits aus seiner Sicht eher dazu neigen, situative Faktoren wie »nervende« Lehrer für sein Verhalten verantwortlich zu machen und den eigenen Anteil (z. B. geringe Frustrationstoleranz) gering zu schätzen.

In der Praxis sind daher für Erzieher zunächst Fragen nach *situativen Bedingungen* besonders nützlich: Bei welchen Anlässen, Bemerkungen, Aufgaben, Themen etc. ist das Kind bzw. der Schüler verhaltensauffällig? Gegenüber welchen Personen (z. B. Angst beim strengen Lehrer XY, Schüchternheit gegenüber der attraktiven Mitschülerin)? Im Beisein von, im gemeinsamen Handeln mit wem (z. B. aggressives Verhalten in der Clique)? An welchen Orten, in welchen Räumen (z. B. Stehlen im Supermarkt; Angst in der Schule)? Welche Erfolge oder Misserfolge hat das Verhalten, welche Reaktionen zieht es nach sich (z. B. Verwarnung)?

Solche Fragen können auch zu dem Ergebnis führen, dass das problematische Verhalten, insbesondere Sozialverhalten, maßgeblich auf der *Interaktion* zwischen mehreren Beteiligten beruht (z. B. zwischen Mutter und Kind, Lehrer und Schüler, mehreren Schülern untereinander) und diese Interaktion eventuell die Form eines Teufelskreises angenommen hat.

Fragen nach situativen Bedingungen machen es überdies möglich, die *personalen Dispositionen* zu spezifizieren, z. B. die Art der Ängstlichkeit, der Aggressivität, der intellektuellen (Un-)Fähigkeiten, der sozialen Kompetenzen und Defizite. So könnte es sich als eine Disposition herausschälen, dass ein Kind oder Jugendlicher es nicht versteht, einen Konflikt argumentativ beizulegen, und stattdessen handgreiflich wird, weil er sich so besser durchzusetzen weiß. Letztlich sind die angenommenen Dispositionen, auch wenn sie mit psychodiagnostischen Verfahren ermittelt wurden, immer nur »hypothetische Konstrukte« (vgl. S. 61).

Diese Dispositionen lassen sich wiederum aus den *Entwicklungsbedingungen* erklären, also aus den Anlage- und Umweltfaktoren sowie aus der Person selbst, denn sie ist ja auch »Produzent« ihrer eigenen Entwicklung (vgl. Bronfenbrenner 1981, Schachinger 2002, S. 82 ff). So stellen z. B. »schwierige Kinder« (Thomas & Chess 1977) Eltern vor große Herausforderungen. Es sind Kinder, die einen unregelmäßigen Tagesrhythmus haben, die sich vor neuen Reizen zurückziehen, die nur wenig anpassungsfähig sind und die sich in einer überwiegend negativen Stimmungslage befinden (vgl. Mietzel 2002, S. 123 ff). Können sich Eltern einem solchen »schwierigen Temperament« nur schlecht anpassen, haben ihre Kinder ein bis zu dreimal höheres Risiko, in der mittleren Kindheit verhaltensauffällig und damit zu einer beständigen Quelle elterlicher Belastung zu werden (vgl. Zentner 1998, S. 125 ff).

Von diesem besonderen Fall abgesehen ist, wie bereits dargestellt, generell die Art der elterlichen Erziehung eine mögliche Quelle für die Entwicklung von Verhaltensauffälligkeiten. Zu denken ist insbesondere an vernachlässigende, aber auch an ausgeprägt autoritäre, nachgiebige sowie inkonsistente Erziehung (s. S. 73 ff). Die Forschung verweist weiterhin auf kritische Ereignisse im Familienleben, wie z. B. Ersteltternschaft, Einschulung des Kindes, schwere Erkrankung eines

Familienmitgliedes, Arbeitslosigkeit eines Elternteils sowie Scheidung, Partnerschaftsstörungen und Konflikte der Eltern (vgl. Katz & Gottman 1993, Weindrich, Laucht, Esser & Schmidt 1992).

Einen Entwicklungshintergrund bilden weiterhin bestimmte Charakteristika des *familialen Beziehungssystems*: »Wie offen ist die Familie gegenüber der Außenwelt?«, »Wie geht die Familie mit Emotionen um?«, »Wie gestaltet sich der Zusammenhalt der Familie?« – dies sind Fragen, die auf zentrale Aspekte des Funktionierens von Familie abzielen (Joraschky 1996, S. 319; Thomas 1996; vgl. auch S. 77 f). Chaotische, regellose Beziehungsstrukturen stehen danach in deutlichem Zusammenhang mit aggressiv ausagierenden, externalisierenden Störungen und allzu enge emotionale Bindungen mit eher ängstlich-gehemmten, internalisierenden Störungen (vgl. Mattejat 1985).

---

- *Klassenklima*
  Ausgrenzung von Schülerinnen und Schülern oder Gewalt
- *Lehrer-Schüler-Verhältnis*
  Geringe gegenseitige Akzeptanz, Wertschätzung, Offenheit und kaum Respekt voreinander
- *Schulleistung*
  Intransparenz und Ungerechtigkeit hinsichtlich der Leistungsanforderung und Leistungsrückmeldung
- *Schulklima*
  Ungerechtigkeit im sozialen Miteinander und mangelnde Verbundenheit mit der Schule unter der Mehrheit der Mitglieder der Schule
- *Räumlichkeiten*
  Kaum Bewegungs- und Gestaltungsmöglichkeiten, wenig verfügbare Räumlichkeiten und mangelnde Sauberkeit
- *Mitbestimmung*
  Nur geringe Beteiligungsmöglichkeiten an der Ausformulierung und Umsetzung von Regeln, die das Schulleben bestimmen
- *Perspektiven, Sinnerfahrungen*
  Auseinanderklaffen von schulischen Leistungsanforderungen und beruflichen Ausbildungschancen und Lebensperspektiven; geringe Bezüge schulischen Lernens zu den eigenen Lebenserfahrungen

---

**Tafel 23:** Bereiche für Belastungen durch die Schule aus Sicht der Schülerinnen und Schüler

Neben der Familie kann auch die *Schule* als umfassendes System auf vielfältige Weise zu Verhaltensauffälligkeiten beitragen (»Schule macht krank«) bzw. schon bestehende risikohafte Verhaltensweisen oder Beeinträchtigungen noch verstärken (vgl. Freitag 1998, Paulus & Brückner 2000). Fragt man Schüler danach, was sie in der Schule belastet, dann werden von ihnen immer wieder die in Tafel 23 aufgeführten Faktoren genannt.

### Interventionsmöglichkeiten

Für die Bewältigung von Verhaltensauffälligkeiten ergeben sich folgende Perspektiven: Die psychologische und pädagogische Einflussnahme kann sich vorrangig richten auf

- Änderungen bei der Person des Erzogenen,
- Änderungen bei den situativen Bedingungen,
- Änderungen beim gesamten Interaktionssystem.

Änderungen bei der Person selbst haben in irgendeiner Form mit Lernen zu tun, etwa mit besserem Verständnis des eigenen Innenlebens oder mit der Erprobung von angemessenerem Sozialverhalten. Zu situativen, externen Veränderungen zählen, vom Erzogenen aus gesehen, Veränderungen des elterlichen Erziehungsstils, Anpassung von Leistungsanforderungen an die vorhandenen Kompetenzen oder neue Spielräume für Kontakte und Hobbies. Solche Änderungen können zugleich als neue Lerngelegenheiten wirken. Manchmal sind auch Veränderungen von äußeren Bedingungen wie der Aufteilung der Wohnung oder der Sitzordnung im Klassenzimmer hilfreich. Änderungen des »Systems« schließlich beziehen sich z. B. auf Interventionen mit der ganzen Familie, der ganzen Schulklasse, dem ganzen Kollegium usw. (vgl. S. 111 f zu Aggression in der Schule und S. 172 f zu Störungen im Unterricht).

Eltern und andere Erziehende sind für die meisten Interventionen zwar sehr wichtig, allein oftmals aber auch überfordert. Ist die Störung sehr schwerwiegend, sind die Erzieher selbst zu stark emotional in sie verstrickt; oder es liegen maßgebliche Bedingungen außerhalb ihres unmittelbaren erzieherischen Einflusses (das ist z. B. bei Auffälligkeiten in der Schule ein häufiges Problem für Lehrer/innen). Dann müssen psychologisch geschulte Experten (z. B. aus Erziehungsberatungsstellen, schulpsychologischem Dienst, Kinder- und Jugendpsychiatrie) oder das örtliche Jugendamt hinzugezogen werden (vgl. Klein & Krey 1999).

Zur systematischen Korrektur von Verhaltensauffälligkeiten sind in der klinischen Psychologie zahlreiche Konzepte entwickelt worden. Sie haben auch in der pädagogischen Praxis Beachtung gefunden, weil sie unterschiedliche Blickweisen eröffnen und dadurch ein umfassenderes Verständnis von problematischem Verhalten ermöglichen. Sie lassen sich auf die im Kap. 1.3 erwähnten theoretischen Strömungen zurückführen (vgl. Kriz 2001). Ihre Anwendung setzt gewöhnlich ein spezielles Training voraus. Wie leicht erkennbar, sind die meisten Ansätze primär auf Änderungen bei der Person gerichtet.

*Tiefenpsychologische Ansätze* (z. B. Psychoanalyse, Individualpsychologie) sehen in den Verhaltensstörungen unproduktive Lösungen von unbewussten Triebkonflikten (Psychoanalyse) oder unproduktive Wege, Ansehen und Bedeutung zu erlangen (Individualpsychologie). Die psychoanalytische Arbeit mit Kindern besteht z. B. darin, zu ihnen eine intensive emotionale Bindung herzustellen, ihnen zu ermöglichen, ihre inneren Konflikte durch verschiedene Spiel- und Werkmöglichkeiten auszudrücken, ihnen Erlebnisse zu vermitteln, durch die sie sich in ihrem Selbstwertgefühl und in ihrer Fähigkeit zur Problembewältigung gestärkt fühlen (vgl. Bittner 1996). Im individualpsychologischen Ansatz spielt die Ermutigung der Kinder eine zentrale Rolle (vgl. Dreikurs 2002). Tiefenpsychologische Konzepte können auch mit humanistisch-psychologischen verknüpft werden (vgl. Behr & Walterscheid-Kramer 1995).

*Humanistisch-psychologische Ansätze* (z. B. die Gesprächspsychotherapie nach Carl Rogers) sehen in dem gestörten Verhalten Blockierungen von Wachstumsprozessen auf dem Weg zur Selbstverwirklichung (vgl. Paulus 1994). Ursache hierfür ist ein Mangel an Wertschätzung, einfühlendem Verständnis und an echten zwischenmenschlichen Beziehungen (vgl. Biermann-Ratjen 1996). Ziel erzieherischer Maßnahmen ist es hier, den Erzogenen dabei zu unterstützen, dass er ein positives Selbstwertgefühl und eine realitätsgerechte (Selbst-) und Fremdwahrnehmung entwickelt. Möglichkeiten hierfür bieten unter anderem »personzentrierte« Gespräche, die besonderes Gewicht auf »einfühlendes Verstehen« bzw. »aktives Zuhören« legen (vgl. Gordon 1995, 1996; Müller, Hager & Heise 2001; Tausch & Tausch 1998). Weiterhin ist für verhaltensauffällige Kinder die »klientenzentrierte Spieltherapie« geeignet (vgl. Schmidtchen 1999).

*Verhaltenstherapeutische Ansätze* gehen von situationsspezifisch gestörtem Verhalten aus. Das Anliegen der Verhaltenstherapie ist, auf der Basis verschiedener Lernarten bzw. -theorien (s. S. 37 ff) störende Verhaltensgewohnheiten abzubauen bzw. neue Fertigkeiten aufzubauen (zu den Methoden vgl. Borg-Laufs 2001, Fliegel et al. 1998). Mittels »pädagogischer Verhaltensmodifikation« (vgl. Preiser 2001) kann z. B. das störende Verhalten von Schülern systematisch beeinflusst werden, vor allem durch den sinnvollen Einsatz positiver Bekräftigungen. Verhaltenstherapeutische Prinzipien finden auch in der Anleitung von Eltern ihre Anwendung (z. B. Herbert 1999, Kuschel et al. 2000; s. S. 181 zu Elterntraining). Die Erzogenen können aber auch selbst angeleitet werden, ihre Fähigkeiten zur Selbststeuerung zu verbessern (»Selbstmanagement«) und auf diese Weise ihre störenden Verhaltensweisen besser zu kontrollieren. Solche Methoden aus der sog. kognitiven Verhaltenstherapie sind auch für den pädagogischen Bereich entwickelt worden (vgl. Borg-Laufs 2001).

*Kognitive Ansätze* sehen in den Verhaltensstörungen Folgen verzerrter Wahrnehmungen, Interpretationen und Bewertungen der (sozialen) Wirklichkeit, beispielsweise in der Art »Ich bin nur dann etwas wert, wenn ich in jeder Hinsicht kompetent, intelligent und erfolgreich bin« (vgl. Ellis & Hoellen 1997; Hautzinger 2000). Auf dem Hintergrund solch einer »irrationalen Annahme« können z. B. schlechte Schulleistungen bei einem Schüler Angst, Minderwertigkeitsgefühle und Wut auslösen, die sich wiederum in Verhaltensweisen ausdrücken können wie: den Lehrer beschimpfen, sich mit Klassenkameraden schlagen, bei den Hausarbeiten pfuschen etc. In der therapeutischen Arbeit mit dem Schüler würde dieser lernen, die irrationalen durch rationale Annahmen zu ersetzen. Dazu dient eine rationale Problemanalyse (z. B. «Was ist daran so schlimm, wenn ich nicht perfekt bin?«) und die Veränderung des »inneren Selbstgesprächs« in Richtung auf mehr Entlastung und Ermutigung (z. B. »Ich habe selbstverständlich einige Fehler, weil keiner vollkommen ist; ich bin deshalb aber nicht weniger wert als andere»). Kognitive Therapien bedienen sich vielfach verhaltenstherapeutischer Prinzipien, so dass fließende Übergänge zu den kognitiven Verhaltenstherapien bestehen.

In *systemischer Sichtweise* rückt das Interaktions- und Beziehungsgefüge des Menschen in den Mittelpunkt. Mit therapeutischer Unterstützung z. B. durch »systemische Konsultationen« (Voß 1990) können Eltern oder Erzieher Einsicht in diese Zusammenhänge gewinnen (vgl. Hennig & Knödler 1987). Sie hilft ihnen, in der Familie oder Schulklasse festgefügte und krankmachende Kommunikations- und Beziehungsmuster zu durchbrechen und konstruktive Formen des Zusammenlebens zu entwickeln.

Aus diesen Perspektiven ergeben sich vielfältige Ansätze zur Prävention von Verhaltensauffälligkeiten und zur Förderung der Gesundheit im pädagogischen Feld (vgl. Oerter, Hagen, Röper & Noam 1999, Sörensen 1997). Einige Aspekte hierzu haben wir im Kapitel 3.8 zur psychischen Gesundheit zusammengetragen.

## 3.7 Verminderung von Angst und Aggression

Nach dem vorangehenden Überblick über Verhaltensauffälligkeiten möchten wir zwei Problembereiche ausführlicher erörtern: Angst und Aggression. Unter Angst leiden in erster Linie die Betroffenen selbst, unter Aggression die Mitmenschen.

Angst ist eine Emotion, die vom *Gefühl* her mit starker Beunruhigung, mit Beengtheit, Nervosität, einem »flauen Magen«, Unsicherheit und Anspannung einhergeht. Die *Gedanken* sind beherrscht von der Einschätzung einer Bedrohung, von der Ungewissheit über das weitere Geschehen und die eigenen Bewältigungsmöglichkeiten. Zentral ist das Erleben eines Kontrollverlusts. *Physiologisch* ist unter anderem eine Beschleunigung des Herzschlags festzustellen, ein Anstieg des Blutzuckergehaltes, eine Erweiterung der Pupillen; auch Harndrang oder Durchfall treten auf. Im *Verhalten* sind Flucht- und Schutzsuche (z. B. weglaufen, sich anklammern, niederkauern) typisch, aber auch Weinen und Zittern, wenn keine Möglichkeit gesehen wird, der Situation zu entkommen. Angstauslöser sind demnach *Situationen* bzw. *Ereignisse,* die als bedrohlich oder unsicher in ihrem Ausgang eingeschätzt werden (vgl. Ulich & Mayring 1992, S. 152 ff).

Auf Leistungen kann Angst unterschiedlich wirken. »Mittlere« Angst (bzw. Spannung) gilt als optimal aktivierend. Ist also die Angst wenig intensiv und werden die Anforderungen als bewältigbar eingeschätzt, wirkt Angst oft leistungssteigernd und wird lustvoll-anspornend erlebt. Zu geringe oder zu hohe Angst kann die Leistung mindern (sog. »Yerkes-Dodson-Regel«). Allerdings spielt dabei auch die Art der Aufgabe eine Rolle. Starke Angst mindert gewöhnlich die Leistung bei Aufgaben, die Nachdenken erfordern, aber nicht bei einfachen Routineaufgaben. Dieser Zusammenhang von Angst, Leistung und Aufgabenschwierigkeit ist für die Gestaltung schulischer Leistungssituationen wichtig (s.u.; vgl. auch Tücke 1998, S. 195 ff).

Ängste bei *Kindern und Jugendlichen* beziehen sich vor allem auf Konflikte mit den Eltern, Geschwistern, Kameraden und Freunden, auf körperliche oder sexuelle Misshandlungen, auf chronische Erkrankungen und nicht zuletzt auf die Leistungen in der Schule. Weit verbreitet sind auch spezifische Ängste (Phobien), die sich auf bestimmte Situationen (z. B. dunkler Keller, Aufzug) und Objekte (z. B. Spinnen, Ärzte, fremde Personen) beziehen (vgl. Petermann, Essau & Petermann 2000).

Alle Kinder erleben in ihrer Entwicklung gewöhnlich Ängste, die in der Regel aber innerhalb weniger Wochen oder Monate wieder verschwinden. Sie helfen ihnen, sich in ihrer noch weitgehend unbekannten, chancen- aber auch gefahrenreichen Welt vorsichtig zu orientieren. Sie sind also zunächst einmal als positiv und »normal« einzustufen, was aber nicht bedeutet, dass sie unbeachtet bleiben können. Denn zuweilen können sie sich zu ausgeprägter Ängstlichkeit oder gar zu einer Angststörung ausweiten, die das Kind in seinem Erleben und Verhalten stark und dauerhaft einschränken und seine Entwicklung hemmen (Beispiel: Ein leistungsängstliches Kind meldet

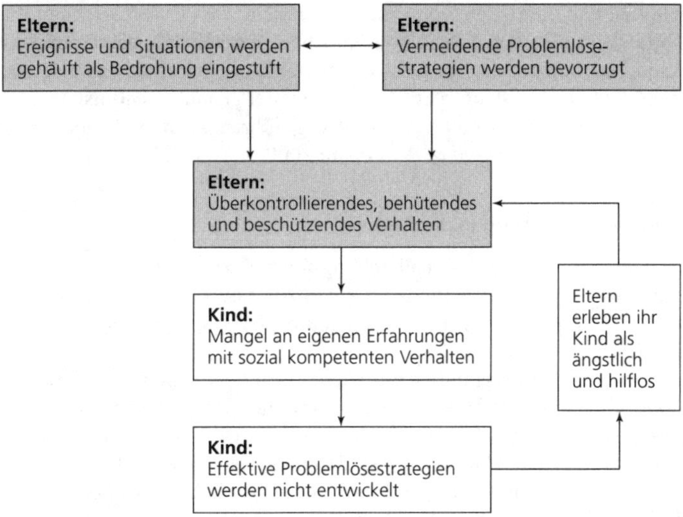


**Abb. 24:** Mangelnde Erziehungskompetenzen und die Entwicklung von Angststörungen bei Kindern (Petermann, Essau & Petermann 2000, S. 254)

sich im Unterricht nicht mehr; es entstehen Wissenslücken durch mangelnde Rückmeldung).

In einer repräsentativen Studie bei Achtjährigen fand man, dass immerhin fast zehn Prozent der Kinder an einer behandlungsbedürftigen Angststörung litten. Bei Mädchen war sie deutlich häufiger zu beobachten als bei Jungen (vgl. Federer, Margraf & Schneider 2000). Im Jugend- und frühen Erwachsenenalter setzt sich dieser Trend fort. Dort sind es bei Mädchen bis zu 22, bei Jungen bis zu 14 Prozent, die klinisch relevante Angststörungen aufweisen (vgl. Junge, Neumer, Manz & Margraf 2002, S. 13).

Die Entstehung und Aufrechterhaltung von Ängsten ist ein multifaktorielles Geschehen (vgl. Schmidtchen 2001, S. 227 ff). Die individuelle »Ängstlichkeit« (bzw. spezifische »Ängstlichkeiten«) kann sowohl durch eine genetische Prädisposition zu leichter physiologischer Erregbarkeit begünstigt als auch erworben werden. Als externe Einflüsse spielen neben vielen anderen Faktoren (z. B. Angst einflößendes Schulklima, Gewalt in den Medien) vor allem die Erziehung und das soziale Klima im Elternhaus eine entscheidende Rolle. Schädlich sind Gewalt und häufige Bestrafungen, aber auch eine inkonsistente sowie eine überfürsorglich-überkontrollierende Erziehung. Diese schränkt die Möglichkeiten des Kindes ein, eigene Erfahrungen der Selbstwirksamkeit und internalen Kontrolle zu sammeln. Den Eltern erscheint ihr Kind dann als eher hilflos und ängstlich, weshalb sie wiederum das Kind beschützen wollen. Daraus entwickelt sich möglicherweise ein unheilvoller Kreislauf, der die Ängste des Kindes stabilisiert und schließlich auch zu einer Angststörung führen kann (vgl. Schneider 1999; Petermann, Essau & Petermann 2000; s. Tafel 24).

### Angstverminderung in der Familie

Aus diesen Erkenntnissen über Angstentstehung und -aufrechterhaltung lassen sich Interventionsstrategien zur Angstverminderung entwickeln. Präventive Ansätze sind dabei aus pädagogischer Sicht von besonderem Interesse.

Generell gilt, dass in der Erziehung anstelle »negativer Verhaltenskontrolle«, die durch Strafe bzw. Strafandrohung Angst erzeugend wirkt, eine »positive Verhaltenskontrolle« treten sollte, in der wünschenswerte Ziele klar benannt sind und unterstützend verfolgt werden (vgl. S. 81 f). Angst mindernd wirkt deshalb auch ein »autoritativer« Erziehungsstil, wie er in dem zweidimensionalen Konzept beschrieben wurde (s. S. 73 f). Günstig wirken sich ebenfalls ein positives emotionales Familienklima und eine ausgeglichene Paarbeziehung der Eltern aus. Sie geben dem Kind Rückhalt und helfen ihm, sich mit ängstigenden Situationen gedanklich, emotional und auch verhaltensbezogen in konstruktiver Weise auseinandersetzen zu können. Bedeutsam ist weiterhin das elterliche Vorbild. Ein sozial ängstliches Kind kann ängstigende Situationen eher meistern, wenn es z. B. sehen kann, wie die Eltern ganz selbstverständlich mit anderen Personen umgehen. Indem Eltern ihr Kind zum Kontakt mit anderen Kindern ermutigen, schaffen sie zusätzliche Lerngelegenheiten, sich sozial kompetent zu verhalten. Damit wird das Angstvermeidungsverhalten überwunden und neues Verhalten kann erprobt werden. Wenn das Kind diese und andere schwierigere Situationen konstruktiv bewältigen kann und dafür gelobt wird, bilden sich Wirksamkeits- und Konsequenzerwartungen aus, die soziale Ängste minimieren bzw. sie erst gar nicht entstehen lassen (s. S. 76). Wenig hilfreich sind dagegen elterliche Haltungen, die die kindlichen Ängste verharmlosen oder bestätigen (»Die Ängstlichkeit vergeht schon wieder«; »Mein Kind ist halt besonders brav«; vgl. Döpfner, Lehmkuhl, Heubrock & Petermann 2000a, S. 50 ff).

### Angstverminderung in der Schule

Angstverminderung in der Schule kann sich auf verschiedene Aspekte der Schulerfahrungen beziehen. Es geht unter anderem um Angst vor der Trennung von den Eltern (bei der Einschulung), Angst vor dem

Schulweg, Angst vor bestimmten Mitschülern, Angst vor den Lehrkräften, Angst vor Leistungsversagen. Thematisch lassen sich die Angstarten gruppieren in (a) soziale Ängste, (b) Prüfungs- bzw. Leistungsängste und (c) Trennungsängste (vgl. Czeschlik 2000; Rost & Schermer 2001).

Diese Unterscheidungen sind wichtig. Scheue und schüchterne Schüler benötigen andere Unterstützung als leistungsängstliche. Auch beruht schulischer Absentismus nicht immer auf Ängsten; nur bei den Schulbesuchsverweigerern sind sie feststellbar, nicht aber bei den Schulschwänzern (vgl. Rost & Schermer 2001). Deshalb ist es für Lehrer/innen zunächst sinnvoll, genau zu beobachten und zu beschreiben: Zeigt der Schüler Symptome, die auf eine bestimmte Art der Angst hindeuten? In welchen Situationen tritt Angst auf? Wie geht der Schüler mit Angst erzeugenden Situationen um? Welche Umstände tragen zur Aufrechterhaltung der Angst bei (z. B. »negative Verstärkung« durch Vermeidungsverhalten; vgl. S. 39)?

---

**Umgangsstil der Lehrkraft**
- Freundlich und gelassen auftreten
- Einfühlung zeigen, Empfindungen aufgreifen

**Prüfungen, Klassenarbeiten, Bewertungen im Unterricht**
- Anforderungen und Bewertungskriterien transparent machen (durch genaue Ankündigung, durch Übungsarbeiten o.a.)
- Zu »strategischem« Vorgehen bei Klausuren anleiten
- Zeitdruck minimieren
- Mehr loben als tadeln; keine pauschale Kritik äußern, sondern konkrete Fehler nennen
- Persönliche Fortschritte hervorheben statt den Vergleich mit anderen

**Angst als Unterrichtsthema**
- Gespräche über Angstsymptome, Auswirkungen, bisherige (Fehl-)Versuche, mit Angst umzugehen
- Gespräche über Angstverminderung: z. B. durch positive Selbstgespräche, Entspannungstechniken, strategische Klausurvorbereitung

**Verhalten der Mitschüler/innen**
- Regeln zur Unterrichtsbeteiligung vereinbaren: z. B. keine hämischen Bemerkungen, ausreden lassen
- Regeln für die Eindämmung aggressiven Verhaltens (s. S. 112), Schutzbedürftigen zeigen: »Ich als Lehrer/in bin für dich da«

**Gesamte Schule**
- Schulentwicklung nach dem Leitbild einer gewaltfreien und gerechten Schule mit einer »Kultur des Schützens«

---

**Tafel 25:** Einige Möglichkeiten der Angstverminderung in der Schule

Maßnahmen zur Prävention oder zum Umgang mit verschiedenen Ängsten der Schüler in der Schule können an unterschiedlichen Schwerpunkten ansetzen: beim Schüler, beim Lehrer, bei der Lehrer-Schüler-Interaktion; sie beziehen eventuell Eltern mit ein, oder greifen gar das Thema im Leitbild der Schule auf. Bekannt geworden ist das Programm zur Schulangstreduktion von Strittmatter (1997), das vier »Bausteine« umfasst: Akzeptanz und Empathie in der Lehrer-Schüler-Interaktion, Angst als Unterrichtsthema, Veränderungen im Leistungsbewertungsprozess (Transparenz, individuelle Bezugsnorm; vgl. S. 156) sowie Lern- und Arbeitstechniken. Eine Übersicht über Möglichkeiten der Angstverminderung in der Schulklasse bietet Tafel 25 (vgl. auch Czeschlik 2000, Rost & Schermer 2001, Tücke 1998, S. 195 ff).

### Aggressives Verhalten

Verhalten ist »aggressiv« zu nennen, wenn es darauf abzielt, anderen wehzutun. Dies gibt es in vielfältigen körperlichen, verbalen und nonverbalen Erscheinungsformen sowie als zielgerichtete Schädigung sozialer Beziehungen (ausgrenzen, Gerüchte verbreiten usw.). Ein Teil dieser Verhaltensweisen wird auch als »Gewalt« bezeichnet und zwar vornehmlich körperliche Angriffe oder überhaupt aggressives Verhalten in deutlich antisozialen, »scharfen« Ausprägungen. Allgemein gültige begriffliche Festlegungen gibt es hier aber nicht. Eine besondere, pädagogisch durchaus bedeutsame Variante ist das »Bullying« oder »Mobbing«. Hier geht es um wiederkehrende Angriffe gegen dieselbe Person und zwar von Starken gegen Schwache. Es handelt sich dabei also nicht um einzelne Angriffe oder um aggressive Streitereien und Raufereien, sondern um eine mehr oder minder dauerhafte Täter-Opfer-Beziehung. »Bullying« ist das Kernproblem von Aggression in der Schule (s.u.).

Für die Erklärung aggressiven bzw. gewalttätigen Verhaltens lassen sich zahlreiche Faktoren heranziehen. Monokausale Erklärungen sind immer unzureichend und eine einheitliche Erklärung für alle Aggressionsphänomene ist ebenfalls nicht sinnvoll (vgl. Nolting 1997). So kann aggressives Verhalten ein Racheakt für eine vorangegangene Provokation sein (Vergeltungsaggression). Es kann aber auch dem eigenen Schutz bzw. der Abwehr von Angriffen oder Belästigungen dienen (Abwehraggression). Es kann ein Mittel zur Erlangung von Gütern, Macht, Anerkennung oder anderen Vorteilen sein (Erlangungsaggression). Und es kann aus reiner Lust am Kämpfen, Schikanieren oder Quälen entstehen – ohne Provokation, ohne Nutzen, ohne einen Streit um etwas (»spontane« Aggression). Eine solche Motivation ist vermutlich eine wichtige Komponente des »Bullying«.

Schon aus diesen unterschiedlichen Motivationen, ganz abgesehen von vielen weiteren Faktoren, ergibt sich, dass es nicht »den« Weg zur Aggressionsverminderung geben kann, etwa die Vermeidung von Frustrationen oder anderen negativen Erfahrungen. Vielmehr können unterschiedlichste Faktoren und Maßnahmen zur Verminderung beitragen.

In pädagogischen Praxisfeldern bedeutet Aggressions«verminderung« in erster Linie Prävention. Denn die Korrektur bereits entwickelter Aggressivität ist weit schwieriger und entsprechende Konzepte (vgl. Petermann & Petermann 2001) haben eher therapeutischen als pädagogischen Charakter. Allerdings bezieht sich diese Aussage nur auf die Veränderung *individueller* Aggressivität. Nichttherapeutisch angehbar ist hingegen meist ein aggressives »Klima« in einer Schule oder Schulklasse, einem Kindergarten, einem Verein, einer Familie oder Paarbeziehung. Solche Probleme sind nicht identisch mit hoher Aggressivität aller Beteiligten (wenngleich einzelne Hochaggressive die Stimmung maßgeblich prägen können), denn hier liegt das Problem möglicherweise auf der Ebene der Interaktion. So können ja auch Ehepartner, die individuell durchaus »friedliche« Menschen sind, aufgrund von Beziehungsproblemen immer wieder in aggressive Auseinandersetzungen geraten; und ebenso kann in einer Schule der Aggresssionspegel höher liegen als in einer Nachbarschule mit vergleichbarem Einzugsgebiet – weil sich in diesen Schulen, vielleicht als »Tradition«, unterschiedliche Normen für den Umgang miteinander herausgebildet haben.

## Aggressionsverminderung in der Familie

Für die individuelle Aggressivität spielt (neben genetischen Faktoren) die Familie natürlich eine sehr bedeutsame Rolle. In der zweidimensionalen globalen Klassifikation von Erziehungsstilen (vgl. S. 73 f) erweist sich die Kombination aus emotionaler Kälte und mangelnder Kontrolle (»vernachlässigender« Stil) als besonders ungünstig. Die »kalte« Behandlung fördert offenbar aggressive Motivationen und impliziert häufig auch aggressives Vorbildverhalten; die fehlende Kontrolle und Beaufsichtigung bringt vermutlich einen Mangel an Aggressionshemmungen mit sich.

Im Einzelnen werden als ungünstige familiale Bedingungen häufig genannt (vgl. Patterson, DeBaryshe & Ramsey 1989; Petermann, Döpfner & Schmidt 2001; Selg, Mees & Berg 1997; Uslucan, Fuhrer & Rademacher 2003; Wetzels 1997): Gewalterfahrungen in der eigenen Familie, konfliktreiches Familienklima, unzureichende Vermittlung von Regeln, Machtausübung mit aversiven Mitteln, aber auch Erfolge durch aggressives Verhalten (z. B. Nachgeben von Eltern und

Geschwistern) und nicht zuletzt fehlende Förderung positiver Verhaltensweisen, d. h. ausbleibender Erfolg oder Nichtbeachtung.

Daraus ergeben sich klare Empfehlungen für die Aggressionsprävention in der Familie. Sie besteht nicht in einer speziellen Erziehung, sondern in einer »vernünftigen« Erziehung von Anfang an. So können die früher dargestellte »autoritative« Erziehung (vgl. S. 73) oder, konkreter gefasst, die Erziehungspraktiken für sozial angepasstes und zugleich autonomes Verhalten (Tafel 21, S. 89 f) sicher *auch* als »aggressionspräventiv« gelten. Das heißt: Aus einer Familie, die in erster Linie positives Verhalten fördert (kognitiv und durch die Art der Interaktion), die unerwünschtes Verhalten durch nichtaggressive (oder wenig aggressive) Praktiken eindämmt, und die darüber hinaus Konflikte durch eine verständigungsorientierte Kommunikation regelt statt durch Machtworte – aus einer solchen Familie werden kaum auffällig aggressive Kinder hervorgehen. Auch hat sich gezeigt: Werden Eltern mit hoch aggressiven Kindern in ähnlicher Richtung angeleitet, können noch Korrekturen erreicht werden. Dies beweist unter anderem das seit Jahrzehnten erfolgreiche Elterntraining von Patterson (Patterson 1982; im Überblick bei Selg, Mees und Berg 1997). Auch im Interventionsprogramm von Petermann & Petermann (2001) ist die Schulung der Eltern eine wichtige Ergänzung zur Arbeit mit den Kindern/Jugendlichen selbst.

### Aggressionsverminderung in der Schule

In der Schule sind nicht »die« Schüler/innen aggressiv. *Es gibt typische Täter und typische Opfer.* Der Prozentsatz der Schüler/innen, die wiederkehrend angreifen, liegt meist im Bereich von etwa fünf und zehn Prozent (sog. »bullies«, vorwiegend Jungen; vgl. Olweus 2002, Smith 1999, Smith & Sharp 1994). Die Aggression hat zum großen Teil den Charakter des Bullying (s.o.). Insgesamt überwiegen verbale Formen (Hänseln, Auslachen usw.), Jungen neigen auch zu physischen Angriffen (vor allem in der Grundschule) und Mädchen zu »relationalen« Formen (absichtliches Ignorieren usw.) (Werner, Bigbee & Crick 1999). Wenngleich sich viele Schüler/innen zumindest gelegentlich verbal aggressiv verhalten, zeigt doch die große Mehrheit keine ausgeprägten antisozialen Neigungen, sondern ist weitgehend »friedlich«. Angegriffen werden überdies nicht »die« Mitschüler/innen, sondern vornehmlich eine Minderheit unter ihnen. In der Regel sind sie körperlich schwach, ängstlich, wenig beliebt und in einer Randposition. Sie sind überwiegend passive Opfer, seltener provozierende Opfer, also Täter und Opfer zugleich. Nicht Ringkämpfe unter Gleichstarken sind also in der Schule das Kernproblem, sondern die individuelle Neigung zum Schikanieren, die sich in asymmetrischer Gewalt von Starken gegen Schwache manifestiert (vgl. Olweus 2002, Schäfer 1996).

Es gibt nicht nur typische Personen, sondern auch *typische Situationen*. Aggression in der Schule ist nicht Aggression im Unterricht, sondern in erster Linie außerhalb des Unterrichts (vgl. Olweus 2002, Smith & Sharp 1994) Kritisch sind vor allem die Pausen auf dem Schulhof und andere Situationen mit eingeschränkter Beaufsichtigung (Wege vom und zum Klassenraum, Warten vor oder in der Klasse usw.), in manchen Schulen auch der Heimweg. All dies bedeutet, dass aggressives Verhalten gegen Mitschüler/innen, anders als etwa Unterrichtsstörungen, über die jeweilige Klasse hinausreicht und insofern auch als Schulproblem zu sehen ist.

Wichtig ist weiterhin, dass in der Schule, anders als in der Familie, das individuelle Verhalten in größere Kollektive eingebunden ist. Der Einzelne befindet sich stets in Interaktion mit anderen Kindern/Jugendlichen, die in ihrer Funktion als Mittäter, als Opfer oder als Zuschauer Einfluss ausüben. Dies erschwert vermutlich die Wirkung individueller Erziehungsmaßnahmen. All dies legt nahe, dass Aggressionsverminderung in der Schule nicht einfach in derselben Weise betrieben werden kann wie in der Familie. Die für die Familie empfehlenswerten Erziehungspraktiken (s.o.) sind zwar auch hier sinnvoll, aber sie beziehen sich im Wesentlichen auf *individuelle* Erziehung. In der Schule sind zusätzlich kollektive Maßnahmen erforderlich, am besten für die *Schulklasse* und für die *ganze Schule*.

In der pädagogischen Literatur gibt es zahlreiche Vorschläge zur Aggressionsverminderung in der Schule; allerdings sind nur wenige empirisch evaluiert worden (im Überblick Nolting & Knopf 1998, Nolting 2002). Eine erste Gruppe von Vorschlägen zielt auf die Änderung schulischer Bedingungen (Unterrichtsformen, Leistungsanforderungen u. a.). Ein zweiter Typ favorisiert Unterrichtsprogramme zum sozialen Lernen, insbesondere zum Umgang mit Konflikten, wobei sich dieser Unterricht in gleicher Weise an alle Kinder richtet, an die »Bullies« ebenso wie die Friedlichen. Eine dritte Gruppe von Vorschlägen betrifft speziell den Umgang mit den einzelnen »Tätern« (Gespräche, Bestrafungen usw.) und wird vermutlich am häufigsten praktiziert.

Die eindeutigsten Wirksamkeitsnachweise liegen für *Mehr-Ebenen-Konzepte* vor. Nach dem Vorbild des norwegischen Psychologen Dan Olweus wird hier gleichzeitig auf der Ebene der Schule, der Schulklasse und des Einzelnen Prävention betrieben und interveniert. Innerhalb dieses Rahmens sind unterschiedliche Akzente möglich, doch in jedem Fall werden alle Mitglieder des »Systems Schule« einbezogen: das gesamte Kollegium, alle Schüler/innen und eventuell auch Eltern. Was die Schüler/innen anbetrifft, so kann zum Programm gehören, nicht nur die Täter zu bremsen, sondern auch die Opfer zu stärken. Weiterhin können die unbeteiligten Zuschauer als potentielle Helfer eine wichtige Rolle spielen (zu den drei Zielgruppen Täter, Opfer, Zeuge vgl. Knopf 1996). Das Ziel ist eine Veränderung der sozialen Interaktion und nicht nur individuelle Erziehung.

Tafel 26 gibt einen Überblick über mögliche Maßnahmen auf den drei Ebenen. Dabei handelt es sich um eine Zusammenstellung von Elementen aus unterschiedlichen Projekten. Es ist offenbar nicht notwendig, alles auf einmal zu realisieren. Denn obwohl die Projekte teilweise unterschiedliche Akzente setzten, wurden in den begleitenden Untersuchungen stets Anzeichen für eine Aggressionsverminderung gefunden (Hanewinkel & Knaack 1997, Nolting & Knopf 1997, Olweus 2002, Smith & Sharp 1994). Wichtiger als die einzelnen Komponenten ist möglicherweise, dass überhaupt *gemeinsam* gehandelt wird, dass eine »whole-school-policy« (Smith & Sharp) betrieben wird, weil außerhalb des Unterrichts die Trennung in Klassen aufgehoben ist und die Schüler/innen, egal bei welcher Lehrkaft, stets auf dasselbe Regelsystem verwiesen werden sollten.

---

**Schulebene**
- Problembewusstsein schaffen (bei Lehrkräften, Eltern, Schüler/innen)
- Verbindliche Regeln (Angreifen verboten, Angegriffenen helfen, niemanden ausgrenzen)
- Bessere Aufsicht, Regelungen für kritische Situationen (z. B. Wartesituationen)

**Klassenebene**
- Klassengespräche über Vorfälle und Verhaltensregeln
- Anleitung der Zuschauer zur Hilfeleistung
- Soziales Lernen als Unterrichtsprogramm

**Individuelle Ebene**
- Akutes Stoppen aggressiver Handlungen
- Gespräche mit Tätern, Opfern, Eltern
- Rückendeckung und Schutz für Opfer, Anleitung zu selbstsicherem Verhalten
- Anreize für positives Verhalten; Ausschluss, Schadensersatz usw. bei aggressivem Verhalten

---

**Tafel 26:** Aggressionsverminderung in der Schule: Beispiele für Maßnahmen auf drei Ebenen Schule, Schulklasse und Individuum

Weil Lehrkräfte häufig nicht am Ort des Geschehens sind, ist die Mitwirkung der friedlichen und »vernünftigen« Mitschüler/innen unverzichtbar. Statt passive Zuschauer zu bleiben, können sie Angreifer stoppen und behindern oder sich schützend vor Opfer stellen (auch im verbalen Sinne), im Streit vermitteln oder Lehrkräfte herbeirufen.

Wieweit durch eine solche pädagogische Gestaltung der schulischen Interaktion auch eine »Umerziehung« aggressiver Kinder und Jugendlicher zu erreichen ist, die über die Schule hinausreicht, ist unklar. Weil *frühzeitige* Prävention wichtig ist, dürften die Chancen für eine nachhaltige Wirkung in der Grundschule immerhin größer sein als in Sekundarschulen. Erreicht werden kann aber in jedem Fall ein besserer »Opferschutz« innerhalb der Schule, sofern die Aggressionsprävention nicht als einmaliges Projekt verstanden wird, sondern so fest zur schulischen Alltagsarbeit gehört wie der Unterricht und der Umgang mit Disziplinproblemen.

## 3.8 Fazit zur Förderung psychischer Gesundheit

Für einige wichtige Zielbereiche der Erziehung haben wir in den vorangegangenen Kapiteln Erkenntnisse zu ihrer Förderung zusammengetragen. Fragt man nach einer übergreifenden Zielvorstellung sozialemotionaler Erziehung, dann könnte sie mit der Förderung psychischer Gesundheit umschrieben werden, auch wenn sie selten explizit als Erziehungsziel genannt wird. Mit psychischer Gesundheit werden Vorstellungen verbunden wie positive emotionale Befindlichkeit, hohes Energieniveau und Interesse, Leistungsfähigkeit und Produktivität, Autonomie, hohes Selbstwertgefühl (vgl. Becker 1986, S. 9 ff). Solche Begriffszusammenstellungen lassen sich reduzieren auf zwei Grundvorstellungen psychischer Gesundheit, nämlich: (1) *Produktive Anpassung* – damit ist die produktive und konstruktive Auseinandersetzung mit den unterschiedlichsten Anforderungen des Lebens gemeint. (2) *Selbstverwirklichung* – damit ist ein Selbstwerden, eine schöpferische Entfaltung des Individuums in seiner Umwelt und mit sich selbst gemeint (vgl. Paulus 1994). Dieses Verständnis spiegelt sich z.T. auch im Konzept der sozialen Kompetenz wider, das als Balance von sozialer Anpassung und Autonomie zu verstehen ist (s. S. 68). Hinzu tritt hier der Aspekt der Produktivität, der von uns mit Begriffen wie Selbstwirksamkeits- und Kompetenzerwartungen angesprochen worden ist und unter anderem auch in der subjektiven Kompetenz zur Hilfeleistung zur Geltung kommt (s. S. 84 und S. 92; vgl. auch Becker 1997, Schwenkmezger & Schmidt 1994).

Neben diesen pädagogisch-psychologischen Begründungen gibt es noch einen «handfesten« Grund, dieser Thematik auch für das Kindes- und Jugendalter einen hohen Stellenwert zuzuweisen: Epidemiologische Studien zeigen, dass weltweit psychische Auffälligkeiten wie

Angststörungen, Depressionen und Süchte zugenommen haben und deshalb Behandlungs- und vor allem Präventionsmöglichkeiten gesucht werden.

Psychische Störungen gehören nach Angaben der Weltgesundheitsorganisation (WHO) zu den häufigsten und einige von ihnen zu den schwerwiegendsten Krankheiten überhaupt. In Deutschland (vgl. World Health Organization 2001) leiden ca. acht Millionen der 18- bis 65-Jährigen an psychischen Störungen, mehr als ein Drittel an mindestens zwei verschiedenen. An der Spitze rangieren verschiedene Formen von Angststörungen (9 Prozent) und depressiven Erkrankungen (7 Prozent) sowie Schmerzsymptome. Depressive Erkrankungen haben sich seit den fünfziger Jahren verzehnfacht; die Betroffenen sind heute zudem wesentlich jünger. Und 7 Prozent der Deutschen, die in den vorzeitigen Ruhestand treten, tun dies aufgrund psychischer Leiden (vgl. Wittchen, Müller & Storz 1998; Hackauf & Winzen 1999).

Wovon hängt es nun ab, ob ein Mensch psychisch gesund bleibt bzw. psychisch erkrankt? Welche Faktoren sind hier maßgebend und können durch Erziehung eventuell beeinflusst werden? Die gesundheitspsychologische Forschung hat verschiedene Risiko- und Schutzfaktoren herausgearbeitet, die entweder der Person oder der Situation bzw. Umwelt zuzurechnen sind und von denen entscheidend die Gesundheitschancen oder Erkrankungsrisiken abhängen (vgl. Göppel 1997; Winkler, Metzke & Steinhausen 1999).

### Risikofaktoren

*Personale* Risikofaktoren sind genetisch bedingte oder erworbene Verletzlichkeiten (»Vulnerabilitäten«), die jemanden anfälliger für psychische Störungen machen, z. B. eine frühkindliche Hirnschädigung oder eine leichte Erregbarkeit des autonomen Nervensystems. Zu den Risikofaktoren zählen weiterhin ein geringes Selbstwertgefühl und inadäquate Bewältigungsstrategien, bei Schülern auch Leistungsschwierigkeiten, die zu weiteren Problemen führen können, wie etwa Drogenkonsum, Delinquenz, psychosoziale Störungen und psychosomatische Beeinträchtigungen (Hurrelmann 1994, S. 135).

Risikofaktoren in der *Umwelt*, die bedeutsame Belastungen für die psychische Gesundheit der heranwachsenden Kinder und Jugendlichen darstellen, liegen vor allem im familialen Bereich: Gewalttätige Erziehung, Vernachlässigung, sexueller Missbrauch, feindseliges emotionales Klima, konflikthafte Ehebeziehungen, Trennungs- und Scheidungsverfahren, aber auch Armut, Arbeitslosigkeit oder gar psychische Erkrankungen der Eltern (Schmidtchen 2001, S. 66 ff).

Für Schüler/innen liegen Gesundheitsrisiken in der möglichen Ablehnung durch die Klassenkameraden und vor allem im schulischen

Leistungsstress, insbesondere vor dem Hintergrund der steigenden Bedeutung von Schulabschlüssen bei gleichzeitigem persönlichen Bedeutungsverlust schulischer Lerninhalte sowie angesichts schlechter Berufsaussichten und möglicher Arbeitslosigkeit (vgl. Freitag 1998, Hurrelmann 1994).

Ingesamt sind einzelne gravierende Erfahrungen (z. B. Mutter-Kind-Trennungen in der frühen Kindheit) nicht so entscheidend wie anhaltende ungünstige Umstände (psychische Probleme eines Elternteils, kaltes Familienklima usw.) (vgl. Nuber 1995, Resch et al. 1999).

### Schutzfaktoren und förderliche Maßnahmen

Ein wichtiger *personaler* Schutzfaktor ist die bereits vorhandene psychische Gesundheit selbst. Als zentrale personale Ressource für die psychische Gesundheit hat der amerikanisch-israelische Medizinsoziologe Aaron Antonovsky das *Kohärenzgefühl* (»Sense of Coherence«) beschrieben (Antonovsky 1997). Je stärker dieses ausgeprägt ist, desto besser gelingt es den Personen gesund zu bleiben (vgl. Bengel, Strittmatter & Willmann 2001). Dieses Gefühl ist »eine globale Orientierung«, die das Ausmaß ausdrückt, in dem jemand ein durchdringendes, überdauerndes und dennoch dynamisches Gefühl des Vertrauens hat, dass

- erstens die Anforderungen aus der inneren und äußeren Erfahrungswelt im Verlauf des Lebens strukturiert, vorhersagbar und erklärbar sind (»Gefühl der Verstehbarkeit« – »Ich blick' durch«),
- zweitens die Ressourcen zur Verfügung stehen, die nötig sind, um den Anforderungen gerecht zu werden (»Gefühl der Machbarkeit« – »Ich kann's packen«) und
- drittens diese Anforderungen Herausforderungen sind, die Investitionen und Engagement verdienen (»Gefühl der Sinnhaftigkeit« – »Es ist mir wichtig«).

Dieses Konzept weist Bezüge zum Konzept der »Selbstwirksamkeit« von Bandura und zum »Autonomen Handeln« von Schneewind auf (s. Kap. 3.4). Ein weiterer wichtiger »salutogener« Faktor ist die »Resilienz«, die psychische Spannkraft oder Widerstandskraft, mit der eine Person Anforderungssituationen bewältigen kann. Dazu zählen ausgeprägte Problemlösefertigkeiten, Stressbewältigungskompetenzen, Entspannungsfertigkeiten und soziale Kompetenzen (s. hierzu im einzelnen Schmidtchen 2001, S. 116 f; vgl. auch Opp, Fingerle & Freytag 1999).

Unter den Schutzfaktoren in der *Umwelt* des Kindes und Jugendlichen spielt natürlich das Erziehungsverhalten und Familienklima eine herausragende Rolle. Welche Merkmale sich dabei psychologisch als günstig erwiesen haben, wurde bereits ausführlich erörtert (s. vor allem Kapitel 3.1 bis 3.3 sowie 3.7). Eine neuere Zusammenfassung der familiären Schutzfaktoren sowie ihre Kontrastierung mit den Risikofaktoren bietet die Tafel 27 nach Eickhoff und Zinnecker (2000). Um den Einfluss der Familie auf die psychische Gesundheit von Kindern und Jugendlichen abschätzen zu können, ist es nach dem heutigen Kenntnisstand der Forschung notwendig, die Schutz- und Risikofaktoren in ihrer Gesamtheit zu betrachten.

Ein Gutteil der hier genannten Schutzfaktoren lässt sich auch in Längsschnittstudien bei sog. »Unverwundbaren« wiederfinden. Als »unverwundbar« werden manchmal Menschen bezeichnet, die unter extrem ungünstigen sozialen Bedingungen und anderen Risikofaktoren aufwachsen müssen (problematische Schwangerschaft, Arbeitslosigkeit der Eltern, Armut, psychische Erkrankung eines der Eltern u. a.m.) und die sich trotz der ungewöhnlichen Belastungen zu psychisch gesunden Menschen entwickelt haben (vgl. Werner & Smith 1992; zusammenfassend: Göppel 1997, Ulich 1987). Diese Untersuchungen zeigen auch, dass ein Mangel an elterlichem Schutz zuweilen durch andere Familienmitglieder (Geschwister, Großeltern o.a.) oder durch Personen *außerhalb* der Familie (Freunde, Nachbarn, Lehrer/innen usw.) ausgeglichen wird. Eine einzige enge Vertrauensperson kann hier von entscheidendem Gewicht sein.

| **Familiäre Schutzfaktoren** | **Familiäre Risikofaktoren** |
|---|---|
| Unterstützung/Einfühlung/Verständnis | Mangel an Unterstützung/Einfühlung/Verständnis |
| Unterstützung von autonomem/unabhängigem Verhalten | überbehütendes, überinvolviertes, überbesorgtes Verhalten; kein Freiraum |
| Wärme | mangelnde Wäme |
| aufmerksame Kontrolle | autoritäres Kontrollverhalten |
| harmonisches Familienklima | mangelnde Harmonie in der Familie |
| Öffnung der Familie nach außen | soziale Isolation der Familie nach außen |
| Zutrauen in den Rat der Eltern | Rat der Freunde wird mehr geschätzt als der der Eltern |
| Kind lebt mit beiden biologischen Elternteilen | »broken home« |
| Offenheit im Umgang miteinander | keine Offenheit im Umgang miteinander |
| wenig kritische Lebensereignisse | Häufung kritischer Lebensereignisse |

| Familiäre Schutzfaktoren | Familiäre Risikofaktoren |
|---|---|
| klare Grenzen | unklare Grenzen |
| Verfügbarkeit der Eltern | Nicht-Verfügbarkeit der Eltern |
| weniger als vier Geschwister | mehr als vier Geschwister |
| Zusammenhalt der Familie | Gleichgültigkeit der Eltern |
| gemeinsame Familienaktivitäten | verwöhnender oder ablehnend autoritärer Erziehungsstil |
| erfolgreiches Vorleben und Vermitteln von Werten und Einstellungen | Leistungsdruck und hohe Erwartungshaltung |
| Möglichkeit, in Konflikten gemeinsame Entscheidungen auszuhandeln | sehr viele oder gar keine Konflikte |
| | Eltern oder Geschwister als negative Modelle |

**Tafel 27:** Familiäre Schutz- und Risikofaktoren (Eickhoff & Zinnecker 2000, S. 19)

Wie die psychische Gesundheit von Kindern und Jugendlichen beeinflusst werden kann, dazu hat die gesundheitspsychologische und -pädagogische Forschung neue Erkenntnisse erbracht (vgl. Jerusalem & Weber 2003; Wulffhorst 2002). Sie haben zu einem Wandel der traditionellen Gesundheitserziehung geführt. Sie orientiert sich jetzt nicht mehr nur an der Vermeidung von Risikofaktoren und von Erkrankungen und stützt sich nicht mehr allein auf Belehrung, Drohung und Abschreckung (wie es früher insbesondere in der Suchtprävention üblich war). Vielmehr will sie jetzt Kinder und Jugendliche stark machen, ihnen Lebensfreude und Optimismus vermitteln, sie zur Selbstbestimmung über die Bedingungen ihrer Gesundheit befähigen, so wie es 1986 die Ottawa-Charta der Weltgesundheitsorganisation zur Gesundheitsförderung (vgl. WHO 1992) formuliert hat: »Gesundheitsförderung zielt auf einen Prozess, allen Menschen ein höheres Maß an Selbstbestimmung über ihre Gesundheit zu ermöglichen und sie damit zur Stärkung ihrer Gesundheit zu befähigen«. Deshalb steht in vielen Ansätzen der Erwerb sog. Lebenskompetenzen (»Life Skills«) im Zentrum, wie z. B. Selbstbehauptung, Widerstandskraft gegenüber Gruppendruck, Problemlösefähigkeit, Stress- und Angstmanagement, Entschlussfähigkeit, Selbstbewusstheit, kritisches Denken (vgl. Lions Clubs International & Quest International 1997; Krause 2000, 2001).

Dass eine direkte Intervention zur Verbesserung des elterlichen Erziehungsverhaltens und familiären Beziehungsklimas und somit zur psychischen Gesundheit der Kinder beitragen kann, beweist das Elterntraining nach den Prinzipien von Thomas Gordon (vgl. Müller 2002) (Näheres hierzu s. S. 88 sowie S. 182).

Auch die *Schule* kann eine protektive Funktion für die psychische Gesundheit von Schülern und Lehrern übernehmen, vor allem durch ein gutes »Klima« zwischen Lehrkräften und Schülern sowie zwischen den Schüler/innen untereinander (vgl. Freitag 1998, Paulus & Brückner 2000). Förderlich ist es überdies, wenn in Unterrichtseinheiten und der persönlichen Beratung psychische Probleme von Schülern (z. B. Leistungsdruck, Stress, Beziehungskonflikte, Probleme mit den Eltern, Ängste und depressive Verstimmungen) verstärkt thematisiert und Ergebnisse konstruktiv umgesetzt werden (vgl. Junge, Neumer, Manz & Margraf 2002, Klein-Heßling & Lohaus 1998, Paulus 2002). Wichtig ist schließlich auch ein Leitbild wie das der »guten gesunden Schule« (Paulus 2003). Es kann als Orientierungsrahmen für die Schulentwicklung fungieren.

# 4 Schwerpunkt Unterricht

Beim Stichwort »Unterricht« denkt man zwar in erster Linie an die Schule, doch Unterricht gibt es in fast allen Lebensphasen und Lebensbereichen: Erste-Hilfe-Kurse, Flötenstunden, Fahrstunden, akademische Vorlesungen usw. usw. In der Pädagogischen Psychologie steht Unterricht zur Förderung *kognitiver* Leistungen – insbesondere in der Schule, aber auch der Erwachsenenbildung – deutlich im Vordergrund, während etwa motorische oder künstlerische Leistungen selten thematisiert werden.

Betrachtet man Unterricht unter psychologischem Blickwinkel, so werden erneut alle in Kap. 2 erörterten *grundlegenden Aspekte* wieder relevant: die ausgelösten Lernprozesse, die situativen Bedingungen, die Individualität der Lernenden und Lehrenden, die pädagogische Interaktion und Kommunikation. Vom Schwerpunkt »Erziehung« unterscheidet sich der Schwerpunkt Unterricht aber teilweise darin, *welche* Lernprozesse, welche situativen Bedingungen, welche Unterschiede der Lernenden und Unterrichtenden und welche Art der Interaktion und Kommunikation von besonderem Interesse sind.

Das folgende Kapitel behandelt eine Auswahl unterrichtsrelevanter Themen. Es sind vorrangig Themen, die für die Pädagogische Psychologie durchaus typisch sind: der Problemkreis kognitiver (Lern-)Leistungen (Kap. 4.1 bis 4.4), Lernmotivation (Kap. 4.5), Leistungsbeurteilung (Kap. 4.6) und Lernschwierigkeiten (Kap. 4.7). Das Thema Unterrichtsstörungen (Kap. 4.8) haben wir mit aufgenommen, weil es hier um eine recht verbreitete und belastende Begleiterscheinung des Unterrichts geht.

## 4.1 Kernthema: Förderung kognitiver Kompetenzen

Wenn man Unterricht beobachtet, fällt zunächst ins Auge, um welche Themen es geht und welche Methoden eingesetzt werden. Alle Studierenden eines Lehramtes lernen indes, dass sie sich zunächst mit der Frage beschäftigen sollten, welche »Lernziele« sie anstreben (besser »Lehrziele«, da die Lernenden vielleicht andere Ziele haben; vgl. Klauer 1973). Denn ein Unterrichtsthema wie »das Dritte Reich« lässt noch offen, wieweit die Schüler/innen lernen sollen, Ereignisse und Jahreszahlen zu nennen, politische Propaganda zu durchschauen, sich für die Demokratie zu engagieren oder was sonst. Selbst bei Inhalten wie den grammatischen Regeln einer Fremdsprache bleibt noch offen, ob die »Beherrschung« solcher Regeln sich primär beim Übersetzen zeigen soll (wie bei alten Sprachen üblich) oder beim sinngemäßen Verstehen eines Textes, im eigenen Sprechen oder im Schreiben von Texten. Je nachdem, welche Ziele man anstrebt, könnten andere »Methoden« des Unterrichts vorrangig von Bedeutung sein.

### Kompetenzen als Lehrziele

Über die Aufgabe von Schulunterricht lassen sich einerseits unendliche Debatten führen. Andererseits scheint es über einige Ziele einen weltweiten Konsens zu geben. Spätestens seit der PISA-Studie spricht man über die Wichtigkeit von »Basiskompetenzen«. Der Begriff der »Kompetenz« erfasst zumindest einen *Teil* möglicher Unterrichtsziele – und zwar einen, der *psychologisch* (statt nur fachbezogen) bestimmbar ist. Wie weit darüber hinaus »Bildung« zu vermitteln ist, die sich auf bestimmte Inhalte und Werte erstreckt, ist eine andere Frage, für die Psychologie aber kaum zuständig ist.

Kompetenzen haben mit dem *Bewältigen* von Anforderungen zu tun, insbesondere mit dem Bewältigen von wechselnden und »neuen« Aufgaben. So zeigt sich beispielsweise mathematische Kompetenz in der Fähigkeit, »mathematische Begriffe als ‚Werkzeuge' in einer Vielfalt von Kontexten einzusetzen« (Klieme et al. 2001, S. 141). Kompetenz ist offenkundig »mehr« als das direkte Wiedergeben von Wissen, sie hat auch mit der sinnvollen Nutzung von Wissen und Fertigkeiten, also mit Transferleistungen zu tun. Wie noch ausführlicher zu erläutern ist, ergibt sich aber die Wissens*nutzung* nicht schon selbst durch den Wissens*erwerb*.

Eine besonders wichtige fächerübergreifende Kompetenz ist die Lesekompetenz. In der PISA-Studie bedeutet *Lesekompetenz*, »geschriebene Texte zu verstehen, zu nutzen und über sie zu reflektieren, um eigene Ziele zu erreichen, das eigene Wissen und Potenzial weiterzuentwickeln und am gesellschaftlichen Leben teilzunehmen« (Artelt et al. 2001, S. 80). Lesen in diesem Sinne meint den verstehenden Umgang *mit* Texten. Das *Lernen* geht über das Lesen hinaus; beim Lernen *aus* Texten geht es um die Bildung von Gedächtnisspuren, die dann wirksam werden, wenn man den Text nicht mehr vor sich hat.

Lesekompetenz erfordert weit mehr als das Erkennen von Buchstaben und Wörtern (vgl. Artelt et al. 2001). Es müssen auch Wort*bedeutungen* erfasst, es müssen Sätze verstanden, in Zusammenhang gebracht und zu einem Ganzen konstruiert werden (sofern man nicht nur einzelne Informationen sucht). Dafür braucht man außer Fertigkeiten im Entziffern auch sprachliches Wissen (Wortwissen, syntaktisches Wissen), allgemeines »Weltwissen« und häufig auch die Kompetenz zu höheren Leistungen wie etwa: den Text aufgliedern, eine Kernaussage abstrahieren, mehrere Textteile zusammenführen usw.

PISA (vgl. Artelt et al. 2001) prüfte die Lesekompetenz unter anderem an authentischen Texten zur Qualität von Turnschuhen, zur Bewertung von Graffiti und zur Struktur der erwerbstätigen Bevölkerung. Die Lesekompetenz wird dabei in drei Teilkompetenzen aufgespalten: Informationen ermitteln, textbezogenes Interpretieren, Reflektieren und Bewerten. All dies kann sich auf verschieden hohen »Kompetenzstufen« abspielen. So kann das Ermitteln von Informationen einfach sein, wenn sie im Text deutlich hervorgehoben sind, und sehr anspruchsvoll, wenn sie in eine Fülle anderer Informationen eingebettet sind. Ebenso ist das Interpretieren einfach, wenn z. B. der Hauptgedanke mehrfach wiederholt oder optisch hervorgehoben wird, und es bewegt sich auf hohem kognitiven Niveau, wenn z. B. sprachliche Nuancen zu beachten und einzelne Aussagen nur aus dem Gesamtkontext heraus zu verstehen sind.

Solche Lesekompetenz ist individuell unterschiedlich ausgeprägt und es kann als fundamentales Unterrichtsziel gelten (und zwar nicht allein für den Deutschunterricht!), möglichst viele Schüler/innen auf eine möglichst hohe Kompetenzstufe zu führen.

Eine Möglichkeit, *allgemeine kognitive Leistungsstufen* (auch jenseits von Lesekompetenz) zu umschreiben, bietet die bekannte Taxonomie kognitiver Lernziele von Bloom (1972). Sie umfasst sechs Lernzielniveaus und bereits auf Stufe 2 beginnen Leistungen, die über das bloße Reproduzieren hinausgehen (s. Tafel 28).

Anforderungen in unterschiedlichsten Fächern lassen sich nach diesen sechs Leistungen aufschlüsseln, wie die Autoren an zahlreichen Prüfungsaufgaben oder Lehrerfragen zeigen. Nach Ansicht von Bloom et al. bilden die sechs Typen eine Hierarchie: Jede Ebene schließt die früheren mit ein und die Leistungen werden zunehmend komplexer. Empirische Befunde legen nahe, dass von Stufe 1 bis 4 die Komplexität tatsächlich ansteigt, die Stufen 4, 5 und 6 darin aber gleichwertig sind (vgl. De Corte 1980).

---

**1. Wissen**

Das Erinnern von Fakten, Namen, Prinzipien, Methoden usw.

*Beispiele:* Nenne einige Typen von Lernprozessen!
Was tut die Niere?

**2. Verstehen**

Sinngemäßes Erfassen bei einer gewissen Neuorganisation des Wissens; z. B. Begriffe interpretieren oder Texte zusammenfassen.

---

*Beispiele:* Was ist der Hauptgedanke des Textes?
Was sagt diese Graphik aus?

**3. Anwenden**
Selbständiger Gebrauch von Begriffen, Prinzipien u. dgl. in konkreten Fällen.
*Beispiele:* Berechne das Dreieck mit a = 5 cm und...!
Bilde indirekte Rede: »She said, she ...« (to know)

**4. Analyse**
Zergliedern von Sachverhalten (Texten, Ereignissen usw.) in die wesentlichen Elemente und die Beziehungen zwischen ihnen.
*Beispiele:* Was sind hier die Ursachen, was sind die Folgen?
Untersuche die Stilmittel des Dichters!

**5. Synthese**
Zusammenfügen von Elementen zu einem Ganzen, z. B. zu einem Plan, einem Erklärungsmodell, einem Kunstwerk usw.
*Beispiele:* Schreibe einen Aufsatz über...!
Mache einen Spielplan für den Wettkampf!

**6. Bewertung**
Urteile über Ideen, Ergebnisse, Materialien usw. nach bestimmten Gütekriterien, etwa nach Folgerichtigkeit oder Zweckmäßigkeit (es geht um begründendes Bewerten, nicht um schlichte Zustimmung oder Ablehnung).
*Beispiele:* Ist dieses Werk Kitsch oder Kunst?
Welcher Bewerber ist besonders geeignet?

**Tafel 28:** Blooms kognitive Lernzielniveaus mit Beispielen für Aufgaben und Lehrerfragen

Bezieht man die zuvor erwähnten Stufen der Lesekompetenz auf die sechs Lernzielebenen von Bloom et al., so heißt dies: Höhere Stufen der Lesekompetenz enthalten aufwendigere Analyse- und Syntheseleistungen als niedrigere. So ist etwa die Unterscheidung von Kernaussagen und Nebenaussagen eines Textes eine analytische Leistung und das Verstehen des Gesamttextes bzw. das Herstellen eines »mentalen Modells« ein Beispiel für eine hohe Syntheseleistung.

### Kognitive Ansatzpunkte der Kompetenzförderung

Zuvor wurde beschrieben, in welchen Leistungen sich kognitive Kompetenzen äußern können. Für die Frage der Förderung ist nun von Interesse, auf welche Faktoren sich hohe Kompetenz gründet. Prinzipiell lassen sich da natürlich viele Faktoren nennen – bis hin zu genetischen und sozialen Entwicklungsbedingungen. An dieser Stelle sollen lediglich prozessnahe kognitive Aspekte erörtert werden, und zwar solche, die viel *Spielraum fürs Lernen* bzw. für eine unmittelbare pädagogische Förderung bieten (Das gilt z. B. nicht für die Kapazität des Arbeitsgedächtnisses oder die Wahrnehmungsgeschwindigkeit.).

Mit Rückgriff auf die Forschung zum kognitiven Training, zum erfolgreichen Lernen und zur sog. Expertise (vgl. Bruer 1993, Hasselhorn & Hager 2001, Kaiser & Kaiser 1999, Mietzel 1998, Pressley & McCormick 1995) könnte man folgende kognitive Komponenten hervorheben, die sich als Ansatzpunkte der Förderung eignen (hinzu kommt die Förderung der Motivation; s. Kapitel 4.5):

1. *Wissen über Sachverhalte*: Gemeint ist z. B. Wissen über Fakten, Theorien, Wortbedeutungen, Personen usw.; es wird auch deklaratives Wissen genannt (»wissen, dass... «).
2. *Kognitive Fertigkeiten*: Hierzu gehört z. B. gut geübtes Addieren, sprachliches Formulieren oder Zeichnen. Das den Fertigkeiten zugrunde liegende Wissen (»wissen, wie... «) wird häufig prozedural genannt.
3. *Kognitive Strategien*: Sie sind prozedurales Wissen in Gestalt von Vorgehensplänen oder Schrittfolgen für die Bewältigung mehr oder minder neuer Aufgaben, z. B. Strategien für die Analyse von Texten oder für die Diagnose technischer Störungen.
4. *Metakognition*: Sie umfasst unter anderem Wissen über das eigene Wissen und Nichtwissen sowie Prozesse der Selbstüberwachung und Selbststeuerung beim Lernen und Denken – es ist sozusagen der Blick in den eigenen Kopf.

Damit man die Kenntnisse (Sachwissen, Fertigkeiten, Strategien) auch wirklich »kompetent« an der passenden Stelle einsetzt, ist stets auch der relevante Situations- oder Aufgaben*bezug* mitzulernen.

4. **METAKOGNITION**
Selbstkenntnis, Selbstregulation

3. verfügbare **STRATEGIEN**
für Erwerb u. Nutzung von 1 und 2

| | |
|---|---|
| 1. **(SACH-)WISSEN**<br>deklaratives Wissen<br>zu Sachbereichen | 2. **KOGNITIVE FERTIGKEITEN**<br>prozedurales Wissen<br>zu Aufgabenbereichen |

**Tafel 29:** Funktionelle Ansatzpunkte für die Förderung kognitiver Kompetenzen

Im Vergleich zu Sachwissen und Fertigkeiten, die gewissermaßen direkte Antworten auf eine Aufgabe sind, liegen Strategien hierarisch höher, sind teilweise weniger spezifisch und stärker der freien Reflexion unterworfen. Eine gut beherrschte Strategie kann man allerdings auch als eine komplexe Fertigkeit ansehen; die Übergänge sind fließend. Die Metakognition bildet sozusagen die oberste Leitzentrale, die über das eigene Wissen und Denken informiert ist und Entscheidungen trifft, z. B. über den Einsatz relevanter Strategien.

Die Forschung legt also nahe, dass die Art und Weise, wie man mit dem »Stoff« umgeht, auch davon abhängt, wie man sozusagen mit sich selbst umgeht. Wenngleich sowohl Blooms Klassifikation in sechs Leistungsstufen als auch die vier Ansatzpunkte der Kompetenzförderung mit »Wissen« beginnen, geht es doch bei den Lernzielniveaus nur um den Umgang mit dem Lernstoff (z. B. Analysieren), also um unterschiedliche Kompetenzgrade, bei den vier funktionellen Ansatzpunkten hingegen um deren Grundlagen (Wie kommt die Leistung zustande?). Eben dazu gehört dann auch die Frage: Was macht die Person mit sich selbst, um gut zu sein (Merkt sie, wenn sie einen Fehler macht? Sucht sie nach Analyse-Strategien? usw.)?

Die vier Ebenen sind also Ansatzpunkte für die Förderung von Leistungen auf unterschiedlichen Niveaus, sowohl niedrigen wie hohen. So können manche Strategien für den Abruf von Wissen (Stufe 1) hilfreich sein (z. B. Kategorienbildung) und andere für die Synthese (Stufe 5) von Gedankengängen (z. B. eine graphische Zusammenfassung). Ebenfalls in beiden Fällen dient die metakognitive Kontrolle (Komme ich voran oder drehe ich mich im Kreise? Habe ich die richtige Strategie gewählt?) der Vermeidung von ineffektiven und dem Einsatz von effektiven Aktivitäten.

Zusammengenommen heißt »Fördern« von Kompetenzen also: Sachwissen vermitteln, Fertigkeiten trainieren, Strategien erläutern und erproben lassen sowie Selbstreflexion und Selbststeuerung (Metakognition) anstoßen.

Für die *Schule* scheint die Förderung von »Kompetenzen« als Leitidee zwar formell konsensfähig zu sein, doch heißt dies noch nicht, dass der reale Unterricht hier gewöhnlich den Schwerpunkt setzt. Der liegt offenbar ganz überwiegend auf der fachbezogenen Förderung von Wissen und Fertigkeiten, aber kaum von Strategien und von Metakognition. Lesestrategien, Lernstrategien, Schreibstrategien, Strategien für die Gruppenarbeit usw. sind kaum ein fester Bestandteil der Lehrpläne; und ob sie ein Unterrichtsthema werden, hängt eher von der einzelnen Lehrkraft ab. Nahezu unbekannt scheint in der Schule die gezielte Förderung von Metakognition zu sein, das gezielte Anregen zum Innehalten, zur Selbstbeobachtung, zur Überprüfung des eigenen Vorgehens usw.

Als mangelnde Kompetenzorientierung ist es auch anzusehen, wenn Unterricht stark auf »input« und wenig auf »output« ausgerichtet ist, wenn er also primär vom »durchzunehmenden« Lernstoff (von Themen, Texten usw.) geleitet wird und nur sekundär von der Nutzung des Gelernten auch außerhalb des Unterrichts. Vermutlich ist es eine verbreitete Annahme, dass die Beschäftigung mit anspruchsvollem Lernstoff quasi von selbst Kompetenzen hervorbringe, dass also z. B. das Lesen und Interpretieren literarischer Werke auf die mündliche und schriftliche Sprachkompetenz der Lernenden abfärbe, oder dass gar bestimmte Fächer per se geeignet seien für eine allgemeine Schulung »des logisches Denkens«, »der Kreativität« usw. Die kognitive Lernforschung macht hingegen deutlich: Wissenserwerb und Wissensnutzung sind zweierlei, und zu einem Kompetenz-orientierten (statt Stofforientierten) Unterricht gehört daher auch ausgiebiges Training im Transferieren von Wissen (hierzu mehr in Abschnitt 4.3).

### Unterrichtsmerkmale und Lehrerverhalten

Neben der eben angesprochenen grundsätzlichen Ausrichtung lässt sich Unterricht nach zahlreichen Einzelaspekten charakterisieren. Ein Aspekt ist z. B. die Zahl der Lernenden; das Spektrum reicht hier von großen Vorlesungen über den typischen Klassenunterricht in der Schule bis zur Einzelunterweisung mit Lernprogrammen. Man kann Arbeitsformen wie Lehrervortrag, Unterrichtsgespräch, Gruppenarbeit, Stillarbeit usw. unterscheiden. Man kann an Lehrmedien denken wie etwa Texte, bildliche Illustrationen, Filme, Computer usw. und hier wiederum an Merkmale wie die sprachliche Verständlichkeit von Texten (s. hierzu S. 132). Nicht zuletzt kann man Mikromerkmale des Lehrerverhaltens in den Blick nehmen wie etwa das kognitive Niveau der Lehrerfragen (s. S. 121 f), die Wartezeit nach einer Frage, die Rückmeldungen und Bewertungen, die individuelle Unterstützung bei Schwierigkeiten oder auch die Art der Störungsprävention.

Dass die messbaren Schülerleistungen nicht nur von den Lernenden selbst abhängen, sondern auch von den Merkmalen des Unterrichts und dem konkreten Lehrerverhalten, ist empirisch gut gesichert. Der Anteil der Unterrichtsqualität an den Leistungsunterschieden wird heute deutlich höher veranschlagt als vor Jahrzehnten (vgl. Einsiedler 1997). In gewissem Ausmaß lässt sich auch sagen, *welche* Art des Unterrichts »gut« ist – allerdings nicht in Form einer einheitlichen, allgemein gültigen Antwort. So ist zumindest immer zu fragen: »gut« für welche Ziele? Und: »gut« für welche Lernenden?

Im Folgenden fassen wir einige Gesichtspunkte zusammen, die bei der Frage nach erfolgreichem Unterricht und gutem Lehrerverhalten Beachtung verdienen:

1. Der *Erfolg von Schulunterricht ist gleichzeitig an mehreren Zielkriterien zu messen.* Während mancher Sprachkurs vielleicht ausschließlich mündliche Dialogfähigkeit zum Ziel hat, kann Schulunterricht nicht ein einziges Ziel zum alleinigen Erfolgskriterium erheben. So haben z. B. die folgenden Ziele alle ihre Berechtigung: ein Zuwachs an Sachwissen bzw. Fertigkeiten *und* ein Zuwachs an Problemlösekompetenz *und* eine Verringerung der Leistungsunterschiede zwischen den Schüler/innen *und* eine Steigerung der Lernfreude *und* eine Steigerung des Selbstvertrauens in die eigenen Fähigkeiten im jeweiligen Fach (Weinert & Helmke 1996 am Beispiel von Mathematikunterricht in der 3. und 4. Klasse). Andere Teilziele könnten z. B. gesteigertes Interesse für ein Sachgebiet, Verminderung von Schulangst oder kooperatives Verhalten der Schüler/innen sein. *Welche* Ziele *welches* Gewicht erhalten sollten, ist letztlich eine Sache bildungspolitischer und pädagogischer Entscheidungen und lässt sich nicht allgemein gültig festlegen. Unerlässlich ist es aber wohl, stets mehrere Kriterien anzulegen.

2. *»Günstig« heißt: günstig für bestimmte Ziele.* Was für das eine Unterrichtsziel vorteilhaft ist, kann für ein anderes ungünstig sein. Das Vortragen und Darstellen ist z. B. günstig für die geordnete Vermittlung, besonders in sehr systematisch aufgebauten Sachgebieten (vgl. Brophy & Good 1986, Gage & Berliner 1996). Diese Unterrichtsform ist aber ungünstig z. B. für die Förderung höherer kognitiver Aktivitäten (wie Analyse und Synthese) oder kommunikativer oder gestalterischer Fertigkeiten. Einzelne Unterrichtsformen sind also nicht generell »effektiv«, sondern jeweils für bestimmte Ziele oder besser: Teilziele. Dies legt nahe, variabel statt »einseitig« zu unterrichten. Für das komplexe Lehrziel »kognitive Kompetenzen« im dargestellten Sinne sollte der Unterricht schon deshalb vielfältiger sein als beispielsweise für reines geologisches Sachwissen oder für fremdsprachliches Hörverständnis, weil auch strategische und metakognitive Aktivitäten zu fördern sind.

3. *»Günstig« heißt auch: günstig für bestimmte Schüler/innen.* Wie die Forschung zeigt, kann eine Methode A für bestimmte Lernende gut geeignet sein, während andere nach Methode B besser lernen (sog. Aptitude-Treatment-Interaction, ATI). So hängt es etwa von den Vorkenntnissen, intellektuellen Fähigkeiten oder der Ängstlichkeit mit ab, auf welche Lehrverfahren Lernende gut ansprechen. Beispiele: »Klare und relativ detaillierte Strukturierung des Unterrichts... hilft vor allem dem unsicheren, ängstlichen und schwächeren Schüler, oder auch dem weniger leistungsmotivierten; mehr erfolgsgewohnte, angstfreie und hoch leistungsmotivierte hingegen profitieren auf kurze und längere Frist mehr in einem Unterricht, der ihnen größere Freiheit lässt, einen Lernweg zu suchen und auch einen eigenen zu gehen« (Flammer 1975,

S. 38; vgl. auch Lukesch 1997, Hasebrook 2001). Auch im Kontext des Lernens mit neuen Medien gewinnen individuelle Unterschiede zunehmend Interesse, so etwa räumliches Vorstellungsvermögen als eine Bedingung für die Nutzung graphischer Darstellungen wie z. B. Stadtpläne (Brünken, Steinbacher & Leutner 2000). All diese Tatbestände legen nahe, den Unterricht in sich variabel zu gestalten, um mal dieser, mal jener Gruppe gerecht zu werden.

4. *Es gibt Lehrer/innen, die nach mehreren Kriterien überdurchschnittlich erfolgreich sind.* Die alte Frage, wodurch sich »gute« Lehrer/innen auszeichnen, lässt sich – zumindest teilweise – dadurch klären, dass man die Fortschritte der Schüler/innen an mehreren Kriterien misst und das Unterrichtsverhalten der Lehrer/innen anhand von Beobachtungen vergleicht. So maßen Weinert & Helmke (1996) in der erwähnten Studie den Unterrichtserfolg an den zuvor unter Punkt 1 genannten fünf Zielkriterien und fanden tatsächlich Lehrer/innen, deren Klassen nach allen fünf (!) Kriterien überdurchschnittliche Verbesserungen zeigten. *Insgesamt* zeichnete sich diese Gruppe der »Optimallehrer« im Vergleich zu durchschnittlichen oder wenig erfolgreichen Lehrer/innen durch folgende Merkmale aus:

- Klarheit und Strukturierung,
- straffe, zügige Klassenführung (s. hierzu Kap. 4.8),
- häufige Induzierung von Aktivitäten der Schüler/innen,
- individuelle Unterstützung nach Bedarf,
- variable Unterrichtsformen.

*Individuell* betrachtet erfüllte aber interessanterweise keiner der »Optimallehrer« *alle* Merkmale überdurchschnittlich; jede Lehrkraft hatte sozusagen in dem einen oder anderen Punkt eine »Schwäche«.

5. *Mehrere Muster des Unterrichtsverhaltens können gleich erfolgreich sein.* Wie die Unterschiede innerhalb der Gruppe der Optimallehrer nahe legen, können offenbar Schwächen in dem einen Aspekt der Unterrichtsführung durch Stärken in einem anderen Aspekt kompensiert werden (Weinert & Helmke 1996), so dass sich im Ergebnis verschiedene Muster (nicht beliebige Muster!) als gleich erfolgreich erweisen. Auch andere Forschungen zeigen, dass Aussagen in der Form »Unterrichtsfaktor X bewirkt Effekt Y« nur begrenzt möglich sind und das Zusammenspiel mehrerer Merkmale stärker beachtet werden sollte (vgl. Helmke & Schrader 2001).

## 4.2 Wissen und Fertigkeiten

Wissen und Wissen ist nicht dasselbe. In Alltag, Schule und Ausbildung ist mit »Wissen« in erster Linie »deklaratives« Wissen gemeint, das

Wissen über Sachverhalte (»Wissen, dass ...«). Davon zu unterscheiden ist prozedurales Wissen (Verfahrenswissen; »Wissen, wie ...«), das sich in gut automatisierter Form als »Fertigkeit« darstellt.

### Sachwissen

Das Wissen über Sachverhalte – hier der Kürze halber einfach Sachwissen genannt – umspannt ein breites Spektrum. Es lässt sich nicht nur inhaltlich differenzieren (z. B. Wissen über Elektrotechnik, Kunstgeschichte, die englische Sprache), sondern auch psychologisch. So ist episodisches Wissen etwas anders als semantisches. Episodisch ist die mehr oder minder bildhafte, szenische Erinnerung an eigene Erfahrungen. Semantisch ist das begrifflich-verbale Wissen, wie man es aus Unterricht und Lehrbüchern kennt. Eben hier ist es nun nützlich, weiter zu differenzieren (in Anlehnung an Ausubel et al. 1980, Gage & Berliner 1996, Gagné 1980):

| **Sinnarmes Wissen** | **Sinnhaltiges Wissen** |
|---|---|
| *Typische Beispiele:*<br>Namen, Einzelfakten, Wortketten, feste Sprachmuster etc. | *Typische Beispiele:*<br>Komplexe Fakten, begriffliche Bedeutungen, Regeln, Prinzipien, Theorien |
| *Erwerbsprozesse:*<br>Mechanische, willkürliche Verknüpfungen, wenig Organisation | *Erwerbsprozesse:*<br>Elaboration als verstandene Verknüpfung mit dem Vorwissen, viel Organisation einschl. Reduktion |
| *Typische Lernstrategien:*<br>Auswendiglernen durch Wiederholung, Elaboration durch Eselsbrücken, Bilder, spezielle Mnemotechniken | *Typische Lernstrategien:*<br>Elaborativ: Eigene Beispiele, Folgerungen suchen, sich selbst Fragen stellen<br>Organisierend: Gliederung, Strukturbild, Zusammenfassung herstellen |

**Tafel 30:** Zwei Varianten begrifflich-verbalen Sachwissens

Ein Teil dieses Wissens ist *mechanisch-assoziativer* Art. Es besteht aus willkürlichen und zufälligen Verknüpfungen, die man nicht wirklich »verstehen« kann. Hierzu gehören Bezeichnungen (z. B. Tier- oder Pflanzennamen), isoliertes Faktenwissen (z. B. Hauptstädte, Berghöhen) und sprachliche Ketten (A, B, C...; feste grammatische Muster u. a.). Solches Wissen bezeichnet man auch als *sinnarm.*

Der »interessantere« Teil des Wissens ist *sinnhaltig* und mehr oder minder *komplex*. Es besteht aus verstandenen Verknüpfungen, aus Komponenten, die für die Person einen Sinnzusammenhang bilden. Hierzu gehören: komplexes Tatsachenwissen (z. B. Funktionsweise der Niere), Begriffe (z. B. die Bedeutung von »Krankheit«, »Lernen« usw.), Regeln und Prinzipien (z. B. Hebelgesetz) sowie abstrakte Grundideen und theoretische Modelle.

Die Grenze zwischen beiden Typen ist zuweilen fließend, und überdies enthalten viele Lernaufgaben sowohl sinnarme als auch sinnhaltige Anteile. Vokabeln beispielsweise sind sinnarm, soweit es um die bloßen Wörter als Laut- und Schriftmarke geht. Die *Bedeutung* der Wörter hingegen ist begrifflich-sinnhaltiges Wissen: Man lernt beispielsweise, dass der Bedeutungsbereich von »to go« nur teilweise mit dem von »gehen« übereinstimmt oder dass »während« sowohl »while« als auch »during« heißen kann.

Insgesamt ist »Wissen« also nicht mit zusammenhanglosem Faktenwissen gleichzusetzen, wie es im Quiz abgefragt wird. Es ist zum großen Teil »intelligentes«, strukturiertes Wissen – bildlich: ein Wissensnetz oder ein Wissensgebäude aus mehreren Etagen.

Sinnhaltiges Wissen hat überdies »Schema-Charakter«. Schemata sind Ausschnitte aus dem Wissensgefüge mit relativ allgemeiner Bedeutung, z. B. Begriffe, Prinzipien oder mentale Modelle. Der Begriff »Haus« z. B. muss allgemein als Gebilde aus Wänden, Dach, Türen usw. gespeichert sein, nicht als ein ganz bestimmtes Haus (Größe, Klinkerfarbe usw.); sonst würde man Abweichungen davon nicht mehr als Haus erkennen. Schemata machen also einen Transfer möglich und ordnen die Welt. Auf prozeduraler Ebene bilden sie Handlungsmuster (»Skripte«) für ein breites Spektrum vergleichbarer Situationen. Lernen wird unter diesem Blickwinkel als Konstruktion, Veränderung und Neuverknüpfung von Schemata verstanden.

### Wissenserwerb

Das Wissen im Kopf eines Menschen hängt natürlich von der Art der Aneignung ab. So können mehrere Menschen aufgrund desselben Textes oder derselben Unterrichtsstunde bei gleichem Lernaufwand qualitativ ganz unterschiedliches Wissen besitzen.

Nehmen wir das klassische Beispiel des Lernens aus Texten. Der Text kann sich in verschiedener Form im Kopf der Lernenden wiederfinden (vgl. etwa Artelt et al. 2001, Steiner 2001):

- Er kann *als Wortlaut* gespeichert werden, also als sprachliche Kette – was durchaus angemessen ist, soweit z. B. ein Gedicht oder Drehbuchtext auswendig beherrscht werden soll. Soll aber nicht der Text selbst, sondern *aus* dem Text gelernt werden, wäre die wörtliche Speicherung zu sinnarm und höchst oberflächlich.

- Sinnhaltig ist das Lernen, wenn der Text im Kopf konstruiert wird als Verknüpfung einzelner Aussagen (sog. Propositionen) zu einem *semantischen Netz* (»Rauchen schadet der Gesundheit«, »der Schaden entsteht, indem...« usw.).
- Sinnhaltig ist ebenfalls die Konstruktion eines *mentalen Modells*, eines Gefüges aus semantischen und bildlich-räumlichen Anteilen. Man konstruiert z. B. aufgrund eines Textes ein inneres Bild vom Beziehungsnetz der Personen eines Dramas oder vom psychischen System (etwa wie auf S. 15).

Sinnhaltiger Wissenserwerb funktioniert also nicht wie der »Nürnberger Trichter«, sondern als aktive Informationsverarbeitung; Wissen wird *konstruiert*.

Ein wichtiger Prozess bei der Sinnkonstruktion bzw. des Verstehens ist die *Elaboration:* die Verknüpfung neuer Informationen mit dem Vorwissen und damit die persönliche »Ausgestaltung«. Ohne sie ergibt sich kein »Sinn«. Je mehr Assoziationen, Bilder, Begriffe, Beispiele, Erlebnisse usw. jemand mit einer Information verbindet, um so höher ist der (subjektive) Sinngehalt. Neben den angeknüpften Kognitionen gehören in weitem Sinne auch emotionale Anklänge dazu (z. B. bei »Schlange«). Sie bilden die sog. konnotative Bedeutung, die der »sachlichen«, sog. denotativen Bedeutung gegenübergestellt wird.

Sinngehalt ergibt sich aber nicht nur aus der Menge der Verknüpfungen, sondern auch aus deren Qualität, aus der inneren *Organisation* des Wissens (vgl. Baddeley 1988). So mag jemand z. B. zu »Energie« diverse Vorstellungen assoziieren, doch lediglich locker aneinandergereiht (Kraft, Umweltprobleme, Strom, Atomkraftwerke, Albert Einstein u. a.m.). Der Experte hingegen würde dieselben Wissenselemente systematisch ordnen können, etwa nach Relationen wie: allgemein vs. speziell, Teil vs. Ganzes, Ursache vs. Wirkung. Mit solchen Einsichten ist das Wissen wesentlich sinnhaltiger und »intelligenter« als ohne sie. »Unzureichendes« Wissen zu haben, muss also nicht immer heißen, dass man über zu wenig Wissenskomponenten verfügt – oft sind diese vielmehr nicht genügend geordnet.

Eine wichtige Form des Organisierens ist die *Reduktion*. Die Fülle der Informationen, wie sie gewöhnlich in Büchern oder im Unterricht geboten wird, kann so nicht gepeichert werden, sondern muss gebündelt und auf zentrale Sinngehalte reduziert werden. Man fasst die Informationen z. B. in Kategorien zusammen, abstrahiert ein Grundgerüst des Ganzen, eine »Makrostruktur«, oder man merkt sich ein Musterbeispiel – und den Rest lässt man weg.

Im welchem Maße all diese Prozesse im Kopf eines Lernenden ablaufen, hängt, wie dargelegt, teilweise vom Lernmaterial bzw. Unterricht ab, aber entscheidend auch vom Lernenden selbst. Nicht selten kommt es vor, dass jemand einen Inhalt einfach auswendig lernt, der durchaus mit Verständnis gelernt werden *könnte.* Wesentlich sind das individuelle Vorwissen, das die Eingliederung der neuen Informationen erlaubt, der Einsatz passender Lernstrategien und nicht zuletzt die persönliche Motivation. Menschen haben ein »gutes Gedächtnis« für Dinge, für die sie sich interessieren. In Interessensgebieten behalten sie oft sogar Detailwissen erstaunlich leicht – aufgrund des guten Vorwissens und aufgrund positiver Emotionen gegenüber dem Lernstoff.

Sinnhaltiges Material wird (sofern es auch sinnhaltig gelernt wird) *besser behalten* als »sinnarmes« Material, das sich kaum mit Vorwissen verknüpfen lässt. Betrüblich hohe Vergessensraten sind typisch z. B. für abfragbare Einzelfakten, für fremdartige Fachtermini u. dgl. Doch niedrige Vergessensraten sind ebenso möglich – zuweilen bereits nach einmaligem Lernen! Man findet sie z. B. bei (verstandenen) Kerngedanken, zentralen Begriffen, prägnanten Einteilungen, anschaulichen Beispielen und erst recht bei persönlichen Erlebnissen (zum Vergessen im schulischen und akademischen Bereich vgl. Thurner 1981, Gage & Berliner 1996).

### Förderung des Wissensaufbaus im Unterricht

Unterricht kann den Erwerb und das Behalten von Wissen in vieler Hinsicht erleichtern. Das beginnt schon mit der *Auswahl der Wissensaspekte,* die vermittelt werden sollen. Da nicht »alles« gelehrt werden kann, ist zu fragen: Was ist wofür wichtig? Und welches Wissen hat eine Chance auf langfristiges Behalten? (Sehr viel Schulwissen überlebt die Klassenarbeit allenfalls ein paar Tage). Sofern das erworbene Wissen für neue Aufgaben genutzt werden soll, müssten transferierbare Aspekte im Vordergrund stehen, also kognitive Schemata wie etwa Makrostrukturen, Ankerbegriffe oder Kategorisierungen. Dies geht gewöhnlich nur auf Kosten von wenig transferierbarem Detailwissen. Insofern ist also zuweilen eine Entscheidung über den Vorrang von »Stoff« oder von »Kompetenz« zu treffen.

Im Übrigen besteht Wissensvermittlung in der Kunst, Elaborations- und Organisationsprozesse auszulösen. *Elaborative Lernhilfen* sind den meisten Lehrenden sicher geläufig: Man knüpft an bekannte Inhalte aus dem Unterricht oder dem Alltag an, man bringt anschauliche Beispiele und anregende Medien, stellt Fragen, fordert Übertragungen usw.

Genauso wichtig ist die gute *Organisation.* Dazu gehört vor allem, die Informationsfülle hierarchisch zu ordnen und das Grundgerüst des komplexen Wissensbestandes, die Makrostruktur, sichtbar zu machen: durch die Hervorhebung von Grundgedanken und Kernbegriffen, durch klare Gliederungen, durch graphische Übersichten usw. (vgl. Ausubel et al. 1980). Zu bedenken ist, dass im Text oder Unterricht die Inhalte zwangsläufig *nach*einander dargeboten werden, die in der Sache *zu*einander gehören. Daher ist es so wichtig, sie immer wieder zu *integrieren* und so aus einer Reihenstruktur eine Netzstruktur zu machen, statt jedem Inhalt nur einen Platz zuzuweisen und »Überschneidungen« zu vermeiden. Auch die Abfolge selbst, die Art der *Sequenzierung*, ist immer eine Überlegung wert. Denn sie entscheidet mit, welche Wissensaspekte herausragen und wie das eine auf dem anderen aufbaut (Ballstaedt 1997).

Die bloße Wiederholung ist zwar bei sinnhaltigem Material nicht so wichtig wie bei sinnarmem, aber ohne Reaktivierung werden viele Wissensanteile nicht lange behalten. Dagegen hilft das Prinzip des *Wiederaufnehmens*. Es leistet in gewissem Grade eine Wiederholung nicht-mechanischer Art und sorgt zugleich für sinnvolle Verknüpfungen und inneren Zusammenhalt des Wissens (»Kohärenz« nach Schnotz 1994).

Organisations- und Elaborationsaspekte findet man auch im Kriterium der *Verständlichkeit* wieder. Dieser kommunikative Aspekt wurde besonders an Texten untersucht. Nach dem Hamburger Verständlichkeitskonzept (Langer, Schulz von Thun & Tausch 2002) sind es vier Merkmale, die eine Darstellung verständlich machen: (1) Einfachheit in Wortwahl und Satzbau, (2) Gliederung/Ordnung, (3) ein Mittelweg zwischen Kürze und Weitschweifigkeit und (4) eine gute Portion anregender Zusätze (persönliche Ansprache, Beispiele u. a.). Dass diese Merkmale das Verstehen und Behalten fördern, ist nach Untersuchungen der Autoren nachgewiesen.

Eine sehr grundsätzliche Frage ist, in welchem Maße Wissen überhaupt direkt vermittelt oder durch die Lernenden selber »entdeckt« werden soll. Es ist hier nicht der Raum, die Vor- und Nachteile beider Lehrstrategien im Einzelnen zu diskutieren. Eine generelle Präferenz für den einen oder den anderen Weg scheint jedenfalls kaum sinnvoll, weil ja jedes Vorgehen an der *Zielsetzung* zu messen ist. So ist die direkte Unterweisung wohl eher geeignet, wenn eine Einführung in ein Wissensgebiet gegeben werden soll. Entdeckende Verfahren scheinen zweckmäßig, wenn selbständiges Erkunden und Problemlösen geübt und das eigene Vorwissen aktiv transferiert werden soll (hierzu mehr in Kapitel 4.3).

Zwischen beiden Wegen gibt es auch fließende Übergänge. Denn in darbietendes Lehren werden gewöhnlich Fragen und Aufgaben eingefügt, die zum eigenen Suchen anregen, und umgekehrt wird das Entdecken in einen lenkenden Rahmen eingebettet. In der Praxis spielt zudem eine Rolle, wie viel Zeit und welches Lehrmaterial usw. man zur Verfügung hat – und natürlich auch, welche Voraussetzungen die Lernenden mitbringen. Hier gibt es dann, wie auch sonst, individuelle Unterschiede. Was für den einen eine Herausforderung ist, kann für den anderen entmutigend sein. Durch Methodenwechsel kann man mal diesen, mal jenen Schüler/innen stärker entgegenkommen.

### Fertigkeiten

Unter Fertigkeiten versteht man Leistungen in Form von mehr oder minder »eingeschliffenen« Aktivitätssequenzen. Musterbeispiele sind motorische Fertigkeiten, wie sie beim Basteln, Zeichnen, Klavierspielen oder Bedienen einer Maschine zur Geltung kommen. Daneben werden auch manche kognitiven Leistungen als Fertigkeiten bezeichnet, z. B. das Sprechen, das Umsetzen von Buchstaben in Laute und Wörter (Lesefertigkeit im engeren Sinne), das Addieren und Multiplizieren oder auch so spezielle Leistungen wie das Deuten von Röntgenbildern. Die reibungslose Beherrschung von Fertigkeiten ist ein besonders auffallendes Merkmal von Expertise auf einem bestimmten Gebiet.

Wie bereits erwähnt (S. 123), werden Fertigkeiten häufig auch als prozedurales Wissen, als Verfahrenswissen bezeichnet. Durch eine Aktivität wird etwas erzeugt, z. B. ein Kunstwerk, ein Symbol, ein bestimmtes Bild auf dem Computer-Monitor – oder auch eine neue Information. Wenn man z. B. das Produkt aus 14 x 16 nicht direkt als deklaratives Wissen abrufen kann, kann man doch wissen, wie man es – auf relativ mechanische Weise – errechnet (= prozedurales Wissen). Insofern ist prozedurales Wissen ein Produktions- oder Herstellungswissen.

Dieses Wissen muss aber seinerseits direkt aus dem Gedächtnis abrufbar sein, um sich als »Fertigkeit« darzustellen. Geschieht dies so »automatisch«, dass die Person gar nicht »weiß«, wie die Ausübung zustande kommt, erscheint der Begriff des »Wissens« allerdings etwas überdehnt und irreführend. Bei manchen Fertigkeiten ist »bewusstes Wissen« vielleicht auch nie vorhanden gewesen: Den Klang eines Dialektes oder das Typische der eigenen Handschrift hervorzubringen – wer kann schon sagen, wie er das »macht«? Somit ist eine Fertigkeit zwar in jedem Fall ein »Können«, aber nicht immer ein mitteilbares »Wissen«.

Allerdings ist es auch möglich, dass komplexe Fertigkeiten oder Schrittfolgen auf einem mentalen Modell aus sachlichen und prozeduralen Anteilen beruhen, z. B. Tätigkeiten wie das Kochen oder das Prüfen eines Automotors. Der Übergang zwischen komplexen Fertigkeiten und Strategien, die ja ebenfalls Verfahrensweisen sind, ist fließend.

Tendenziell wird eher von Strategien gesprochen, wenn die Schrittfolgen bewusst und flexibel eingesetzt werden. Je automatisierter sie sind, je direkter sie durch die passende Aufgabe »ausgelöst« werden (und das gilt vor allem für Minischritte), umso mehr haben sie den Charakter von Fertigkeiten.

### Erwerb und Förderung von Fertigkeiten

Von den früher erwähnten Typen des Lernens (vgl. S. 38 ff) sind mehrere für den Erwerb von Fertigkeiten relevant: kognitives Lernen, Lernen am Modell und Lernen am Erfolg.

Es kann also zunächst eine *Verfahrensregel* als Sachwissen gespeichert werden (»Zuerst die Kupplung treten, dann...«, »zuerst die Einer zusammenzählen, dann...«). Mit der Übung wird dieses deklarative Wissen in eine prozedurale Form transformiert (vgl. Anderson 2001). Im Zuge der »Prozeduralisierung« tritt die kognitiv geleitete Regelanwendung immer mehr zurück; die einzelnen Schritte werden zu größeren Einheiten zusammengefasst und das Verfahrenswissen somit hoch »verdichtet«. Mit fortgesetzter Übung geht die Tätigkeit »in Fleisch und Blut« über (Automatisierung).

Weiterhin kann ein *Verhaltensmodell* am Anfang stehen. Bekanntlich kann das gezielte Vormachen den Erwerb neuen Verhaltens erheblich abkürzen. Dies gilt nicht nur für sportliche, manuelle oder sprachliche Fertigkeiten, sondern auch für kognitive Fertigkeiten oder Strategien – und zwar durch eine Demonstration in Form von lautem Denken, auch *kognitives Modellieren* genannt. Als Unterrichtender wird man meist das Erläutern einer Verfahrensregel mit dem Vormachen kombinieren. Dies praktizieren z. B. Mathematiklehrer, wenn sie an der Tafel die Winkelhalbierung demonstrieren und gleichzeitig erläutern. Ähnlich kann man laut denkend vormachen, wie man mit dem Stift in der Hand einen Lehrtext durcharbeitet (Lesestrategien). In systematischen Trainings wird den Lernenden auch gezeigt, wie sie durch Selbstinstruktionen (»Ich schaue genau hin«, »also hier soll ich...«) ihr Lernverhalten steuern und effektiver machen können, so etwa beim Training zur Verminderung von Aufmerksamkeitsstörungen (Lauth & Schlotte 1999), aber auch beim Lernen aus Texten (Hasselhorn & Körkel 1983).

Verfahrensregeln und Modelle sorgen vor allem für den Anfangserwerb einer neuen Aktivität. Der kommt gelegentlich auch durch mehr oder minder blindes Probieren und zufällige *Erfolge* zustande. Doch in erster Linie spielt das Lernen am Erfolg und Misserfolg bei der *Übung* nach dem Anfangserwerb eine zentrale Rolle. Übung ist mehr als bloße Wiederholung; denn auch »falsche« Verhaltensweisen können sich durch Wiederholung einschleifen.

Eben deshalb ist die *Rückmeldung* über den Erfolg und Misserfolg des Tuns von so großer Bedeutung. Als Faustregel gilt: Das Lernen der Fertigkeit wird gefördert durch eine deutliche Rückmeldung und durch eine schnelle Rückmeldung (vgl. Cronbach 1971; Mandl, Friedrich & Hron 1986). Gut erfüllt ist beides z. B. beim »Tippen« auf der Schreibmaschine oder am Bildschirm: Der Buchstabe erscheint sofort nach dem Anschlag und er ist eindeutig der richtige oder falsche. Etwas verzögert kommen die Rückmeldungen, wenn etwa Schulkinder im Heft Wörter schreiben oder Additionen rechnen und erst nach einigen Minuten durch die herumgehende Lehrkraft eine Bestätigung oder Korrektur erfahren. Für Pädagogen selbst ist es wohl ein Lernhindernis, dass entscheidende Erfolge ihres Tuns möglicherweise erst nach Monaten oder Jahren erkennbar werden, während manche pädagogischen Alltagsgewohnheiten unmittelbar bekräftigt werden (z. B. durch kurzfristig eintretende Ruhe in der Klasse).

Um die Rückmeldungen deutlicher zu machen, setzt man manchmal technische Hilfsmittel ein (z. B. Videoaufnahmen vom eigenen Unterrichtsverhalten). Die Technik allein sagt dem Lernenden allerdings nicht immer, was er beibehalten und was er ändern sollte. Insofern ist die Rückmeldung undeutlich, wenn der Lernende selber nicht weiß, wann z. B. eine sportliche Bewegung, ein Geigenton oder eine sprachliche Äußerung »gut gelungen« ist. Trainer und andere Urteiler können hier eventuell hilfreich sein.

## 4.3 Transfer und Problemlösen

Zu »Kompetenz« gehören immer auch Transferleistungen, also die Bewältigung von mehr oder minder »neuen«, von der ursprünglichen Lernerfahrung abweichenden Aufgaben. Viele solcher Aufgaben lassen sich durchaus »reproduktiv« mit direkt abrufbarem Wissen und automatisierten Fertigkeiten bewältigen. In anderen Fällen sind sie für die Person so neu, dass auch eigene neue Erkenntnisse hinzukommen müssen; gelingt dies, spricht man von »Problemlösen«. Im Folgenden geht es zunächst allgemein um die Nutzung von Wissen und dann speziell um die produktive, problemlösende Nutzung.

### Transfer: zwischen leicht und unmöglich

Der Begriff des Transfers ist recht vielschichtig und lässt sich nach verschiedenen Kriterien differenzieren (vgl. Mähler & Hasselhorn 2001). Der gemeinsame Kern ist die Wirkung bisherigen Lernens auf die Bewältigung »neuer« Anforderungen, sei es neues Lernen oder die

Lösung einer Aufgabe. Die »Wirkung« früheren Lernens kann positiv oder negativ sein. Ein *positiver* Transfer zeigt sich als Erleichterung neuen Lernens oder als sachgerechte Wissensnutzung bei der Aufgabenbewältigung. Der Transfer ist *negativ*, wenn Gelerntes unpassend übertragen wird oder neues Lernen erschwert (z. B. von »wer« zu »where«). Genauso wichtig ist die Unterscheidung zwischen spezifischem und unspezifischem Tranfer. Beim *spezifischen* Transfer überträgt man auf Inhalte und Aufgaben, die den gelernten ähnlich sind; er wird auch Nahtransfer genannt. *Unspezifischer* Transfer überschreitet die gelernten Inhalte deutlich und ist insofern ein Ferntransfer.

Das pädagogische Ziel ist natürlich immer ein positiver Transfer, möglichst ein positiver Ferntransfer. So will ja die Schule Kenntnisse vermitteln, die auch außerhalb ihrer Mauern genutzt werden (»für's Leben lernen«). Lehrende machen jedoch nicht selten schon im eigenen Unterricht die enttäuschende Erfahrung, dass die Lernenden an Aufgaben scheitern, die eigentlich dem kürzlich behandelten Lehrstoff entsprechen.

Prinzipiell gilt: *Wissenserwerb und Wissensnutzung sind zweierlei.* Die Nutzung ergibt sich nicht von selbst, nur weil man das notwendige Wissen erworben hat. Es mag im Kopf »sitzen« – aber leider als »träges Wissen« (Renkl 1996). Bei neuartig erscheinenden Aufgaben ist nicht sofort erkennbar, *welches* Wissen und welche Fertigkeiten man aktivieren müsste, und häufig kann es auch nicht als »Fertigwissen« genutzt werden, sondern muss für die konkrete Anforderung rekonstruiert werden. Das heißt nicht, dass Transferleistungen immer schwierig sind. Manchmal sind sie durchaus leicht, manchmal aber auch unmöglich. Auf jeden Fall hängt das Gelingen oder Misslingen sowohl von der Lerngeschichte der Person ab (s. unten) als auch von der Art der Aufgabe.

Die *Ähnlichkeit* zwischen der gelernten und der neuen Aufgabe ist natürlich eine entscheidende Bedingung. Doch worin liegt Ähnlichkeit? Thorndike & Woodworth (1901) formulierten hierzu die Theorie der *identischen Elemente*. Das können gemeinsame Merkmale sein oder auch gemeinsame Aktivitäten (z. B. Addieren als Teil von Multiplizieren). Der zweite Erklärungsansatz betont gemeinsame *Prinzipien*, wobei es sich durchaus um »tiefere«, abstrakte Prinzipien hinter äußerer Unähnlichkeit handeln kann (z. B. physikalische oder psychologische Prinzipien).

Leicht ist der Transfer gewöhnlich bei äußerlicher Ähnlichkeit, z. B. beim Erkennen bekannter Vorsilben in unbekannten Wörtern (Prä-, tele- usw.) oder beim Verstehen von fremdsprachigen Wörtern, die der eigenen Sprache ähnlich sind (book – Buch). Hier sind die identischen Elemente offensichtlich; die Aufgabe ruft quasi automatisch das relevante Wissen wach. Nicht so leicht, mitunter sogar recht schwer, ist die Übertragung von mehr oder minder abstrakten Regeln und Prinzipien (grammatischen Regeln, mathematischen Lehrsätzen usw.) – auch wenn dabei nur ein Transfer *innerhalb* eines Fachgebietes gefordert ist.

Die Erwartungen von Laien und Lehrenden gehen aber oft weit darüber hinaus: dass nämlich durch das fachliche Lernen auch positive Effekte auf andere, vielleicht gar auf beliebige Gebiete erreicht werden. Diese Erwartung spricht aus Formulierungen wie: »das logische Denken (die Kreativität, die Urteilsfähigkeit...) wird gefördert«, wie man etwa in Richtlinien zu manchen Unterrichtfächern lesen kann. Ist dies erreichbar?

Die typischen Befunde der Transferforschung lassen sich gut an einem praxisnahen Beispiel verdeutlichen:

In einer Längsschnittstudie untersuchten Haag & Stern (2000) die Wirkung von Lateinunterricht auf allgemeine Intelligenzleistungen und auf muttersprachliche Aktivitäten. Verglichen wurden Schüler/innen, die entweder Englisch oder aber Latein als erste Fremdspache gewählt hatten. Die beiden Stichproben unterschieden sich nicht bezüglich ihrer kognitiven Fähigkeiten. Die Ergebnisse: Nach vier Jahren ließen sich nur geringe Unterschiede feststellen. Die Gruppen unterschieden sich nicht in Bezug auf Intelligenzleistungen wie logisches Denken, Worteinfall und räumliche Vorstellung. Auch für die Muttersprache Deutsch gab es keine Unterschiede beim inhaltsgetreuen Lesen und im Erkennen stilistischer Abweichungen. Geringfügig besser waren die Lateiner beim »buchstabengetreuen Lesen«, nämlich im Erkennen von grammatischen und orthografischen Fehlern (sozusagen »Korrekturlesen«) sowie im Konstruieren langer, komplexer Sätze aus mehreren kurzen Sätzen. Diese Effekte führen die Autoren darauf zurück, dass man bei lateinischen Sätzen auf jeden Endungsbuchstaben achten muss, sowie darauf, dass das Übersetzen lateinischer Sätze häufig in komplexe deutsche Satzkonstruktionen mündet.

Typisch ist: Transferleistungen haben fast immer nur eine begrenzte Reichweite. Unspezifischer Transfer kommt nur selten vor – und schon gar nicht als automatische Folge der Beschäftigung mit einem spezifischen Lernstoff oder Fachgebiet. Weder Latein noch Mathematik oder irgendein anderes Fach kann (fach-)*un*spezifisch »das« logische Denken, »die« Kreativität usw. schulen (wie bereits Thornedike 1924 durch Untersuchungen zu Schulfacheffekten gefunden hatte). Selbst innerhalb eines Faches bleibt der Transfer meist spezifischer als erhofft. Wer das Übersetzen von fremdsprachigen Texten übt, wird sich dadurch kaum im freien Sprechen verbessern. Wer Goethe interpretiert, wird dadurch nicht selbst zum Meister schöner Sprache. Dennoch: Der »Mythos vom Transfer« ist trotz der Gegenbeweise nicht totzukriegen, klagen Gage & Berliner (1996, S. 330).

Die empirischen Befunde sind sicherlich höchst bedeutsam für Entscheidungen über Lehrpläne. Denn sie bedeuten, dass kein Schulfach einen besonderen Bildungswert im Sinne einer unspezifischen Transferwirkung für sich beanspruchen kann. Zugleich stellt sich auch die Frage, ob denn auf anderen Wegen als über bestimmte Fächer ein unspezifischer Transfer erreichbar ist.

In begrenztem Maße scheint ein *relativ* unspezifischer Transfer förderbar, wenn die zu übertragenden Prinzipien eben nicht nur fachtypisch sind, sondern selber bereichsübergreifende Geltung besitzen. Beispiele: In einem Text nach zentralen Aussagen suchen, unübersichtliche Informationen ordnen, eine Hypothese aufstellen und überprüfen u. a. (weitere Beispiele sind die Problemlösestrategien auf S. 141). Solche Fertigkeiten und Strategien sind auf verschiedene Sachgebiete transferierbar.

Allerdings: Transferier*bar* heißt noch nicht, es wird tatsächlich *transferiert* (das Wissen bleibt ja häufig »träge«, statt sich zu melden). Ganz wesentlich ist hier die individuelle Lerngeschichte: Hat die Person die relevanten Kenntnisse tatsächlich als übertragbar *verstanden*? Hat sie also ein Prinzip erkannt und hat sie eine Vorstellung davon erworben, in welchen Kontexten es gültig ist und wo seine Grenzen liegen (die Grenzen muss man kennen, um negativen Transfer zu vermeiden). Und weiter: Hat sie das Transferieren an unterschiedlichsten (!), zu verschiedenen Fachgebieten gehörenden Aufgaben *geübt*? Es reicht also nicht, Transferierbares zu lernen; das Transferieren selbst muss ebenfalls gelernt werden.

Wichtig sind auch *metakognitive* Prozesse, weil diese selbst bereichsübergreifenden Charakter besitzen (Mähler & Hasselhorn 2001). Wenn eine Person z. B. darauf achtet, »strategisch« vorzugehen und wenn sie ihr eigenes Wissen gut kennt und »durchsucht«, kann sie es besser ausschöpfen. Weiterhin spielen *motivationale* Aspekte eine Rolle: die Einstellung zum Fach und zum Unterricht, die Lernmotivation und das Selbstbild von der eigenen Kompetenz. Wer sich sowieso nicht zutraut, unbekannte Aufgaben zu bewältigen, wird möglicherweise gar nicht versuchen, sein Wissen zu nutzen.

Fazit: Der Weg zu relativ unspezifischen Tansferleistungen führt nicht über bestimmte Stoffe, sondern über das Training kognitiver Aktivitäten in wechselnden Kontexten.

## Problemlösen: Transfer plus neue Erkenntnis

Alle Transferleistungen bzw. Wissensnutzungen, die zunächst einmal Nachdenken erfordern, sind in gewissem Grade Problemlöseleistungen. Denn wenn jemand vor einer Aufgabe steht, für die er aus dem Gedächnis keine Lösung abrufen kann, wenn mithin der Weg zum Ziel durch eine »Barriere« behindert wird, liegt im denkpsychologischen Sinne ein »Problem« vor (es muss sich nicht um eine emotional belastende Situation handeln).

Solche Leistungen werden auch »produktives Denken« genannt und nicht selten als Gegenpol zum »reproduktiven« Abrufen von Wissen verstanden. »Produktiv« heißt: Man bringt eine subjektiv »neue« Erkenntnis hervor. Diese Leistung wird nicht selten von dem berühmten »Aha-Erlebnis« begleitet. Anders gesagt: Im problemlösenden Denken schafft man selber Wissen und sei es nur Wissen über eine neuartige Wissensverwendung. Sofern man die Lösung und/oder den Lösungsweg im Gedächtnis speichert, handelt es sich zugleich um *Lernen,* in diesem Fall um *entdeckendes Lernen.*

Der Übergang zwischen »produktiv« und »nicht-produktiv« ist sicher fließend; der produktive *Anteil* an einer konkreten Denkleistung kann kleiner oder größer sein. Dabei ist es von der Person abhängig, ob eine Aufgabe ein Problem ist oder nicht. Während manche Schüler/innen eine Aufgabe mit direkt abrufbarem Wissen lösen, enthält sie für andere eine Barriere und erfordert insofern produktives Denken.

### Problemtypen

Ein Gedicht interpretieren, für eine Flächenberechnung die passende Formel finden, Standorte für eine Apfelplantage beurteilen – für die meisten Menschen sind das Aufgaben mit einer »Barriere«, also ein »Problem«. Doch Probleme stellen nicht alle dieselben Anforderungen an das Denken. Wir beschränken uns hier auf zwei Differenzierungen, die auch für den Unterricht von Interesse sind: die Klarheit des Ziels und die Komplexität (ausführlich Dörner 1976, 1989).

Probleme sind klar definiert, wenn sich eindeutig entscheiden lässt, wann das Ziel erreicht ist (z. B. Flächenberechnung, Schachspiel), aber unklar definiert, wenn es keine eindeutig »richtige« Lösung gibt (z. B. Werbetext für die Heimatstadt). Die meisten pädagogischen, psychologischen, politischen und sonstigen Lebensprobleme sind von dieser Art; man könnte sie auch als »Gestaltungsprobleme« bezeichnen. Weiterhin unterscheiden sich Probleme in ihrer Komplexität: Oft bestehen sie nur aus wenigen, gut überschaubaren Komponenten, manchmal sind sie ein unübersichtliches Geflecht aus vielen Variablen und Teilproblemen. Tafel. 31 fasst beide Unterscheidungskriterien zu vier Problemtypen zusammen, ohne dass dies eine umfassende Klassifikation sein soll. Zwischen den Typen gibt es in der Praxis selbstverständlich Übergänge und Verbindungen. Wichtig ist aber, die Unterschiede zu sehen. Denn es ist nicht die gleiche kognitive Anforderung, beispielsweise eine klar definierte Denksportaufgabe zu lösen oder Entscheidungen für das »Wohlergehen« eines Landes zu treffen.

| **Klar definiert – überschaubar** | **Klar definiert – komplex** |
| --- | --- |
| • Typische Intelligenztest-/Denksport-Aufgaben<br>• Mathematische Aufgabe mit wenigen Variablen<br>• Anwendung einer grammatischen Regel | • Schach<br>• Mathematische Aufgabe mit vielen Variablen<br>• Möbelmontage aus einem Bausatz |
| **Unklar definiert – überschaubar** | **Unklar definiert – komplex** |
| • Einen witzigen Titel finden<br>• Einen Vierzeiler dichten<br>• Eine kleine Melodie erfinden | • Einen Aufsatz, eine Examensarbeit schreiben<br>• Eine Schulklasse (eine Firma ...) führen<br>• Eine Projektwoche planen |

**Tafel 31:** Beispiele für »Probleme« – differenziert nach zwei Unterscheidungskritierien

Nützlich ist weiterhin die bekannte Unterscheidung in konvergente und divergente Produktion (Guilford 1954). *Konvergent*-produktives Denken ist darauf gerichtet, eine bestimmte Lösung zu finden (z. B. das Funktionsprinzip eines technischen Gerätes zu erkennen) und entspricht etwa dem, was häufig mit »logischem« Denken gemeint ist. Gefordert ist es vorzugsweise bei klar definierten Problemen und es ist typisch für Intelligenztestaufgaben. Bei der *divergenten* Produktion geht das Denken in verschiedene Richtungen; es sucht nicht eine bestimmte, sondern unterschiedliche Lösungen und Informationen. Zuweilen bringt man hier weit entfernte Sachverhalte in Verbindung, nicht nur logische Schritte. Gefordert ist divergentes Denken stets bei Gestaltungsproblemen wie Aufsätzen oder Kunstwerken, aber auch dann, wenn ein an sich klar definiertes Problem ganz verschiedenartige Lösungen zulässt (»Wie kann man den jährlichen Ausstoß von Stickoxiden vermindern?«). Was gewöhnlich »kreatives« Denken genannt wird, ist zum großen Teil, wenn auch nicht ausschließlich, als divergente Produktion zu verstehen (vgl. Cropley 2001). Selbstverständlich ist die eine Denkweise nicht »wertvoller« als die andere, und gewöhnlich werden sie sich sinnvoll ergänzen.

In welchem Maße jemand bei einer Aufgabe konvergent oder divergent denkt, hängt natürlich nicht nur von der Aufgabe selbst ab. So kommt es vor, dass eine Person sich auch bei »eigentlich« offenen Gestaltungsproblemen von einer festgefügten Lehrmeinung oder Ideologie leiten lässt und eben daraus die »richtige« Lösung sozusagen abzuleiten versucht. Solche Selbsteinengungen können auch bei Schülern vorkommen, wenn sie glauben, dass die Lehrperson von ihnen eine bestimmte »richtige« Antwort (z. B. bei einer Textinterpretation) erwartet.

### Problemlösestrategien

Ein Mensch denkt »produktiv«, wenn er zwischen den Bestandteilen des Problems neue Beziehungen wahrnimmt (»Umstrukturierung«) oder auch Aspekte aus weit entfernten Bereichen zusammenbringt. Ob dies bei einer konkreten Anforderung gelingt, hängt von verschiedenen Faktoren ab. Zu den externen (situativen) Bedingungen gehören unter anderem die Art des Problems (s.o.), die Klarheit der Aufgabenstellung, die Übersichtlichkeit der Aufgabe, die Sichtbarkeit von Hilfsmitteln u. a.

Als interne (personale) Bedingungen für den Problemlösungsprozess sind alle erwähnten Ebenen von Kompetenz relevant, also zunächst einmal abrufbare Sachkenntnisse und Fertigkeiten. Ohne sie ist das Nachdenken kaum erfolgreich. Das gilt für Schüler ebenso wie für Nobelpreisträger.

Um das Wissen wirksam nutzen zu können, spielen jedoch Problemlöse*strategien* (Heurismen) oft eine wichtige Rolle. Wenn man eine Lösung nicht unmittelbar weiß, kann man dennoch wissen, wie man eine Lösung finden kann. Viele Strategien sind auf enge fachliche Bereiche ausgerichtet (z. B. medizinische Diagnosen, Textanalysen) und lassen sich schwer auf andere Bereiche übertragen. Es gibt aber auch Problemlösestrategien, die z. B. bei einem technischen Problem ebenso anwendbar sind wie beim Verfassen einer Examensarbeit. Dafür einige Beispiele:

- Die Zielanalyse (Was will ich genau? Was ist gefordert? Was ist nicht gefordert?)
- Die Konfliktanalyse (Warum geht es nicht? Wo genau sitzt die Schwierigkeit?)
- Die Materialanalyse (Was ist da? Was kann ich gebrauchen?) (Diese drei Begriffe stammen von Duncker 1935)
- Die Mittel-Zweck-Analyse (Was ist wofür am besten?)
- Das Suchen von Analogien (Wo kommt Ähnliches vor?)
- Das »Brainstorming« als Methode für divergente Ideenproduktion: Man sammelt zunächst unkritisch möglichst viele Einfälle und bewertet sie in einer späteren Phase auf Brauchbarkeit (Prinzip der aufgeschobenen Bewertung).
- Hilfreich können auch äußerlich aktive Formen des Nachdenkens sein: laut denken (Selbstgespräch), das Problem graphisch aufzeichnen oder einen Text darüber schreiben.

Wie erkennbar, haben einige Strategien ihren Schwerpunkt auf der Problemanalyse, andere auf der Ideenfindung. Es ist ein typischer Unterschied zwischen Laien und Experten, dass Laien oft schnell mit Lösungen bei der Hand sind, während sich Experten viel Zeit nehmen, um das Problem zu analysieren und zu verstehen (vgl. Gage & Berliner 1996, Mietzel 1998). Eine solche Herangehensweise zu fördern, kann sicher auch eine Zielsetzung von Unterricht sein.

Damit man hilfreiche Strategien tatsächlich einsetzt und erfolgloses Vorgehen modifiziert, sind Selbstbeobachtungen, Selbstüberprüfungen und Selbstlenkungen erforderlich – also *metakognitive* Leistungen. Wer z. B. selber merkt, dass er sich einengt und nur in vertrauten Bereichen die Lösung sucht, wird vielleicht entscheiden, nun mal in ganz anderen Richtungen zu fantasieren. Metakognition ist nachweislich förderlich für effektives Problemlösen und ein weiteres Kennzeichen von Experten im Vergleich zu Anfängern (Kaiser & Kaiser 1999).

### Texte schreiben

Das Schreiben von Texten ist eine schultypische und fächerübergreifende (!) Anforderung. Die Förderung von Schreibkompetenz kann man daher als bedeutsames Lehrziel ansehen. Leider interessiert sich der Schulunterricht gewöhnlich nur für die Schreibprodukte und kaum für die Schreibprozesse der Lernenden.

Das Texteschreiben gehört gewöhnlich zum Problemtyp einer komplexen Gestaltungsaufgabe. Ihre Bewältigung erfordert unterschiedlichstes Sachwissen (Weltwissen, Fachwissen, Sprachwissen), verbale und motorische Fertigkeiten und meist auch den Einsatz von Strategien (so gut wie alle auf S. 141 erwähnten Problemlösestrategien könnten hilfreich sein).

In Anlehnung an ein Entwicklungsmodell des Schreibens von Bereiter (1980) lassen sich fünf Arten der Schreibleistung unterscheiden, für die jeweils bestimmte kognitive Prozesse erforderlich sind. Deutlich wird daraus die Vielfalt der Anforderungen beim Schreiben, selbst wenn – je nach Schreibabsicht – nicht immer alle fünf Leistungen gleich wichtig sind. Für die meisten Menschen ist es vermutlich eine kognitive Überforderung, alles gleichzeitig zu erledigen. Wer versucht, in einem Zug gedanklich und stilistisch perfekte Sätze auszubrüten, gerät nicht selten in »Schreibblockaden«. Eine strategische Konsequenz ist es daher, Schritt für Schritt vorzugehen: z. B. erst im Brainstorming Ideen zu notieren, dann auf die gedankliche Entwicklung achten, dann den Sprachstil bewerten usw. und dies, nach Art einer Spirale, wiederkehrend in mehreren Überarbeitungen (zur Theorie s. Eigler 1997; zur Praxis s. Kruse 1995, v. Werder 2001).

| Art der Schreibleistung | Kognitive Prozesse |
|---|---|
| 1. Notierendes Schreiben | Gedankenfluss in Schriftsprache umsetzen |
| 2. Regelgemäßes Schreiben | Schreibkonventionen kennen (Rechtschreibung, Ausdrucksformen u. ä.) |
| 3. Kommunikatives Schreiben | Sich in Leser hineinversetzen |
| 4. Sprachlich-gestaltendes Schreiben | Ästhetisch und kritisch werten |
| 5. Erkenntniserzeugendes (epistemisches) Schreiben | Produktiv denken |

**Tafel 32:** Kognitive Anforderungen beim Texteschreiben (modifiziert nach Bereiter 1980)

Schreiben ist nicht nur eine Problemlöse*aufgabe*, es kann auch selber eine Problemlöse*strategie* sein. Denn das Schreiben führt nicht selten zu neuen Erkenntnissen, zu einer besseren gedanklichen Ordnung oder zu nützlichen Fragen. Diese Rückwirkung vom Schreiben auf das eigene Wissen steckt in Bereiters fünfter Stufe, dem epistemischen Schreiben.

### Förderung von Transfer und Problemlösen im Unterricht

Transferleistungen sind zwar nicht immer »produktiv«, sondern teilweise »reproduktiv«, aber umgekehrt schließt Problemlösen, wie dargelegt, immer Transferleistungen ein. Daher geht dieser Abschnitt zur »Förderung« zunächst auf generelle Prinzipien der Transferförderung ein und danach auf einige Ergänzungen speziell zum Problemlösen.

Zunächst ist das Transferziel zu klären: *Was* sollen die Schüler/innen *in welchen Kontexten* können (z. B. politische, biologische oder andere Zusammenhänge als Netzplan darstellen). So weit wie möglich, kann man dann versuchen, sehr direkt auf dieses Ziel hin zu lehren, also die Lernsituation der Realsituation anzunähern (Gage & Berliner 1996). Dies entspricht auch dem Konzept des »situierten Lernens«, des Lernens im Zielkontext selbst (Klauer 2001, Reinmann-Rothmeier & Mandl 2001). Große Transfersprünge sind dann gar nicht mehr erforderlich und insofern wird der Transfer erleichtert.

Die eigentliche Transfer*förderung*, die Übertragungen auch auf neue Kontexte begünstigen soll, beruht auf didaktischen Entscheidungen und kognitiver Förderung, d. h. auf Lern*inhalten* und Lern*aktivitäten*. Was heißt das?

Transferförderung beginnt mit *Auswahl der Lerninhalte*, womit hier nicht Themen, sondern bestimmte Kenntnisse gemeint sind. Übertragbare (!) Wissensaspekte, Fertigkeiten und Strategien sind besonders hervorzuheben und immer wieder aufzunehmen – auf Kosten nichttransferierbaren Detailwissens. Wichtig ist es auch, den Geltungsbereich sowie die Grenzen der Übertragbarkeit deutlich machen.

---

- **Generell:** Möglichst *direkt* auf die eigentlichen Zielkompetenzen und Zielkontexte hin lehren
- **Auswahl der Transferinhalte:** Übertragbare Kenntnisse hervorheben und immer wieder aufnehmen. Hierzu gehören:
  - »Intelligentes« Sachwissen wie Ankerbegriffe, Einteilungen, Modellvorstellungen usw.
  - Fertigkeiten, die für bestimmte Sachbereiche grundlegend sind
  - Wichtige Strategien für bestimmte Bereiche oder Strategien, die in vielen Kontexten nutzbar sind (wie die Problemlösestrategien S. 141)
- **Förderung der kognitiven Aktivitäten** der Lernenden:
  - Übertragbare Prinzipien, Einteilungen usw. abstrahieren lassen
  - Neue Beispiele ausdenken lassen
  - Das Transferieren an variierenden Beispielen üben, darunter auch an authentischen und fächerübergreifenden Beispielen
  - Anstöße zur Metakognition geben
- **Zusätzlich bei besonderem Akzent auf Problemlösen**
  - Problemorientierung statt Stofforientierung (auch lebensnahe Probleme, Projektunterricht)
  - Lehrerfragen hoher kognitiver Niveaus (s. 6 Stufen nach Bloom) mit Zeit zum Nachdenken
  - Fragetraining: Lernende klären Probleme durch eingrenzende Fragen
- **Motivierung:** Lernklima, das zum Umgang mit »fremden« Aufgaben ermutigt, Probierhaltung und Fehler zulässt, Chancen durch Anstrengung betont

---

**Tafel 33:** Aspekte der Transferförderung im Unterricht

Hinzukommen muss die Stimulierung *kognitiver Aktivitäten* bei den Lernenden: Das Abstrahieren transferierbarer Prinzipien aus vorgegebenen Beispielen, das Ausdenken eigener Beispiele (Wo kann man diese Methode sonst noch gebrauchen?) sowie das Transferieren des Gelernten auf verschiedenartige Übungsbeispiele, um den transferierbaren Kern zu »dekontextualisieren« und für unterschiedliche Aufgaben disponibel zu machen. Zur kognitiven Förderung gehört weiterhin die Anregung *metakognitiver* Aktivitäten (»Fragt euch: Wie bin ich vorgegangen? Kenne ich Strategien für solche Aufgaben?«). Gerade relativ unspezifischer Transfer erfordert oft eine Recherche in den eigenen Ressourcen.

Von Bedeutung sind weiterhin die Einstellungen und Selbsteinschätzungen der Lernenden. Wer neuartig erscheinende Aufgaben sowieso nicht lösen zu können glaubt (»Das haben wir noch nicht gehabt«) oder wer sich bei diesem Stoff nichts zutraut (»Mathe kann ich nicht«), wird möglicherweise auch bei Aufgaben resignieren, die er intellektuell eigentlich bewältigen könnte. Wünschenswert ist ein Unterrichtsklima, in dem man sich an »fremde« Aufgaben herantraut und ohne Angst vor Tadel »rumprobieren« darf. Im Übrigen kann die »individuelle Bezugsnorm-Orientierung« der Lehrkraft Anstrengungsbereitschaft fördern (hierzu Kap. 4.5 über Lernmotivation).

Über diese Empfehlungen hinaus können für die Förderung des *Problemlösens* noch weitere Möglichkeiten genannt werden. Eine prinzipielle Ausrichtung ist ein »problemorientierter Unterricht« (Reinmann-Rothmeier & Mandl 2001) statt eines stofforientierten. Hierzu gehört die häufige Bearbeitung von Problemen, die nicht nur gerade *das* Wissen verlangen, das in der letzten Unterrichtseinheit durchgenommen wurde, also die Bearbeitung von »natürlichen« Problemen und fächerübergreifenden Projekten (Hänsel 1999). Sie erfordern den strategischen Umgang mit Komplexität wie das Ordnen und Reduzieren, das Bilden von Modellen usw. Aebli (1983) schlägt vor, zu einem komplexen Projekt (z. B. eine Zeitung machen, einen Teich anlegen) selber Handlungspläne entwerfen und so weit wie möglich selbst ausprobieren zu lassen.

Ob Lernende problemlösend oder nur reproduktiv denken, hängt natürlich auch von der *Art der Lehrerfragen* ab. Bei Fragen, die eine Analyse oder Synthese verlangen (s. die Taxonomie von Bloom, S. 121) sind auch eher Antworten auf höherem kognitiven Niveau zu erwarten als bei Fragen nach Wissen oder unmittelbaren Schlüssen (im Überlick Gage & Berliner 1996). Zu verbinden sind solche Fragen möglichst mit Zeit zum Nachdenken, mit Wartezeit nach Schülerbeiträgen (um mehr Begründungen, Selbstkorrekturen u. dgl. zu provozieren), mit Stellungnahmen und Rückfragen sowie mit prozessorientierten statt ergebnisorientierten Hilfen (Jüngst 1987).

Eine interessante Methode ist auch das *Fragetraining* nach Suchman (1981). Die Schüler/innen werden mit einem unbekannten oder gar rästelhaften Sachverhalt konfrontiert (z. B. Biegung eines Bimetall-Streifens) und sollen zu seiner Klärung nach Art bekannter Ratespiele Fragen stellen, die die Lehrkraft mit »ja« oder »nein« beantworten kann. Dies erfordert unter anderem das Bilden von Hypothesen, das Sammeln von Informationen und das systematische Eingrenzen von Möglichkeiten. Es ist also die Einübung einer vielfältig anwendbaren Problemlösestrategie.

## 4.4 Selbständiges Lernen

Selbständiges Lernen ist in dreierlei Hinsicht bedeutsam: als pädagogisches Ziel, als Methode und auch als Vorausetzung für Unterricht (Weinert 1982). Es ist ein wichtiges Ziel für alle Menschen, die immer wieder neue Lernanforderungen zu bewältigen haben. Es ist eine Methode insofern, als die selbständige Aneignung oft eine Alternative zu extern reguliertem Unterricht ist. Und es ist eine Voraussetzung, weil Unterricht immer auch auf die Eigenaktivität der Lernenden angewiesen ist. Diese Aktivität (also wie ein Schüler z. B. an eine Textaufgabe oder einen Aufsatz herangeht) entzieht sich allerdings dem unmittelbaren Einfluss von Lehrenden. Umso mehr liegt es im Interesse der Lehrenden, durch mittelbaren Einfluss für »effektives« Lernverhalten zu sorgen.

### Das Spektrum der »Selbständigkeit«

«In dem Maße, in dem man in der Lage ist, sein eigener Lehrer zu sein, ist man auch in der Lage, selbständig zu lernen«. Diese prägnante Formulierung von Simons (1992, S. 254) bringt das Lehren und das selbständige Lernen in eine Parallele. Für gutes Lernen, so Simons, müssen verschiedene Tätigkeiten ausgeübt werden, entweder von einem Lehrenden oder vom Lernenden selbst. Mit der Aufschlüsselung dieser Tätigkeiten (s. Tafel 34) wird deutlich, dass die Selbständigkeit sehr begrenzt oder sehr umfassend sein kann – je nach Person und nach Aufgabe. Eventuell übernimmt man einzelne Funktionen selbst und überlässt andere der Lehrkraft. So ist ja in der Schule die Auswahl der Lehrziele und -inhalte weitgehend vorgegeben. Nur der Autodidakt hat alle Komponenten selbst in der Hand.

| **Lehrtätigkeiten** | **Selbständiges Lernen** |
|---|---|
| *1. Vorbereitung des Lernens*<br>Ziele auswählen, Motivation wecken, Lernmaterial auswählen, an Vorwissen erinnern u. a. | *1. Eigene Vorbereitung des Lernens:*<br>Selber Ziele auswählen, sich motivieren, Lernmaterial auswählen, sich auf Vorwissen rückbesinnen u.a |
| *2. Lenkung der Lernhandlungen*<br>Verständlich vortragen, erläutern, ordnen und integrieren, Wiederholen, Anwendungsaufgaben stellen | *2. Ausführung der Lernhandlung*<br>Um Verständnis bemühen, elaborieren, integrieren und reduzieren, gezielt wiederholen, Anwendungen üben |
| *3. Kontrolle der Lernenden*<br>Lernaktivitäten überwachen, | *3. Eigenkontrolle und Regulation*<br>Lernaktivitäten überwachen, sich |

| | |
|---|---|
| Lernergebnisse prüfen und ggf. korrigieren | selber prüfen, sich korrigieren, andere Lernstrategien wählen |
| *4. Bewertung der Leistung* Rückmeldung über Lernaktivität und Lernergebnisse geben | *4. Selbstbewertung* Sich Rückmeldungen zu eigenen Aktivitäten und Lernergebnissen geben, sie realistisch bewerten |
| *5. Motivation und Konzentration der Lerner aufrechterhalten* Lebendige Darbietung, interessante Inhalte, passende Schwierigkeitsgrade, Abwechslung u. a. | *5. Eigene Motivation und Konzentration aufrechterhalten* Zwischenziele anstreben, sich selbst belohnen, gegen Ablenkungen abschirmen u. a. |

**Tafel 34:** Selbständiges Lernen: Die lernende Person übt Funktionen aus, die sonst in der Hand von Lehrenden liegen (in Anlehnung an Simons 1992)

*Strategien* sollen die Ausübung der Lerntätigkeiten effektiver machen. Dabei wird meist grob zwischen kognitiven Strategien und Stützstrategien unterschieden. *Kognitive* Lernstrategien haben direkt mit der Informationsverarbeitung zu tun und beziehen sich mithin vor allem auf den zweiten Funktionsbereich der Tafel 34. Die Stützstrategien dienen unter anderem der Selbstmotivierung, der Nutzung von Hilfsmitteln usw.

Eine bekannte Einteilung von Weinstein & Mayer (1986) unterscheidet folgende Typen kognitiver Strategien: (1) Wiederholungs-/Übungsstrategien, (2) Elaborationsstrategien, (3) Organisationsstrategien und (4) Metakognitive oder Kontrollstrategien (diese kann man auch schon den Stützstrategien zurechnen). Jeder Typ umfasst eine breite Palette und bei der konkreten Strategiewahl ist unter anderem von Bedeutung, ob sinnarmes oder sinnhaltiges Material zu lernen ist (s. auch S. 128).

Bei *sinnarmen* Materialien wie Bezeichnungen, Zahlen usw. braucht man elaborative Einprägungstechniken wie den Gebrauch von bildhaften Vorstellungen oder Reimen (vgl. Metzig & Schuster 2000). Einzuplanen sind auch hinreichend viele und zeitlich gut verteilte Wiederholungen, nicht nur als erneutes Lesen, sondern auch durch Abfragen, Aufsagen usw. Überhaupt ist aktives Reproduzieren wichtig und zudem wird häufig empfohlen, für denselben Stoff nach Möglichkeit mehrere Sinneskanäle zu benutzen, etwa durch Lesen, durch Anhören, durch eigenes Sprechen, durch Schreiben oder Malen (vgl. Steiner 1996, Keller 1991). Dies gilt nicht nur für sinnarmes Material.

Bei komplexem, *sinnhaltigem* Material besteht die Elaboration in der vielfältigen Verknüpfung mit dem Vorwissen, etwa durch eigene Beispiele und Erläuterungen, durch das Ausdenken von Prüfungsfragen usw. Anders als bei sinnarmem Material spielen hier aber auch Strategien des »Organisierens« eine herausragende Rolle. Dazu gehört das Einordnen der neuen Informationen in Kategorien und mentale Modelle (vgl. S. 130), aber auch das Anfertigen von Begriffshierarchien, von netzartigen Strukturbildern oder mind-maps (vgl. Friedrich 1995, Kirckhoff 1998). Sofern aus Texten gelernt wird – und das ist bei selbständigem Lernen der Regelfall – geht es auch um das Bedenken der Leseabsicht, den gezielten Wechsel verschiedener Leseformen (überfliegend, reflektierend u. a.), das Eingrenzen des »Nichtverstandenen«, die Anwendung von Reduktionstechniken wie Markierungen, Zwischenüberschriften usw.

Die *metakognitiven* Strategien stehen in gewisser Weise »über« den anderen drei Typen, weil sie deren Einsatz regulieren. Wie die Forschung gezeigt hat und viele Menschen aus eigener Erfahrung wissen, führt die Kenntnis von Strategien nicht ohne Weiteres zu ihrer aktiven Nutzung. Wichtig hierfür ist unter anderem die Klärung der eigenen Ziele wie etwa der Leseabsicht (»Was will ich mit dem Text?«), weiterhin die Überwachung der Lerntätigkeiten, die Prüfung der Behaltensleistung, der Anwendungskompetenz usw. Der Strategieeinsatz wie überhaupt das gesamte Lernverhalten wird auch mitbestimmt durch metakognitives Wissen (vgl. Hasselhorn 2001), so etwa durch Wissen über die eigenen Stärken und Schwächen, Vorlieben und Abneigungen sowie Wissen darüber, bei welchen Aufgaben bestimmte Strategien gut passen und nicht passen. All dies gehört zum Spektrum der Metakognition.

Neben den kognitiven und metakognitiven Strategien kann eine breite Vielfalt von *Stützstrategien* das Lernen erleichtern. Hierzu gehören unter anderem Methoden der Selbstmotivierung bei der Alleinarbeit, die gezielte Nutzung von Gesprächen und Gruppenarbeit, die Zeitplanung, die Gestaltung des Arbeitsplatzes, die technischen Arbeitsmittel, das Einlegen von Pausen usw. Empfehlungen technisch-organisatorischer Art sind besonders typisch für Lernratgeber und bei Lernkursteilnehmern anscheinend auch am beliebtesten (Keller 1983).

### Die Vermittlung von Lernstrategien

In der Schule erfahren Lerner gewöhnlich nur, *was* sie zu lernen haben. Mit dem *Wie* hingegen sind sie meist allein gelassen. So kann sich nach unseren Erfahrungen kaum ein Studierender erinnern, in der Schule zu Lernstrategien angeleitet worden zu sein. Allerdings ist die Förderung von selbständigem Lernen durch Unterricht keine leichte Aufgabe. Und es stellt sich sogar die Frage, ob Lernende nicht leichter von selbst effektives Vorgehen erwerben. Im Wesentlichen lassen sich drei Ansätze beim Lehren des Lernens unterscheiden:

(1) Die indirekte oder *implizite* Vermittlung: Sie sieht den Erwerb von Strategien als Nebenprodukt der Beschäftigung mit dem Lernstoff und macht daher Lernstrategien nicht explizit zum Thema. Die Aufgaben können in gewissem Grade so ausgewählt werden, dass sie bestimmte Vorgehensweisen nahe legen (Friedrich 1995). Auch entdecken viele Schüler/innen beim Lernen die eine oder andere »Methode«. Allerdings sind die beiläufig erworbenen Vorgehensweisen manchmal nichts als bloße Vorlieben oder Gewohnheiten und nicht gezielte Strategien, die das Lernen tatsächlich effektiver machen. Überdies sind es eher die Leistungsstarken, die effektive Methoden entwickeln, seltener hingegen die Leistungsschwachen, die es besonders nötig hätten.

(2) Die *explizite und separate* Strategievermittlung: Sie geschieht durch spezielle Kurse oder Bücher zum »Lernen lernen«, in der Schule vielleicht durch ein Tagesseminar oder eine Projektwoche. Hier werden dann Lernstrategien vorgestellt und eventuell an Beispielen geübt. Wenngleich dieser Weg einleuchtend und nahe liegend erscheint, sind seine Wirkungen doch eher enttäuschend (vgl. Weinert & Schrader 1997). Da die Strategien gewissermaßen »freischwebend« als eigenständiges Thema behandelt werden, ergeben sich die bekannten Transferprobleme (s. S. 136 ff) Das heißt, das Gelernte wird kaum genutzt (und lässt sich oft auch schwer nutzen), um die konkreten Lernstoffe (Gedichtinterpretationen, mathematische Gleichungen usw.) zu bewältigen.

(3) Die *explizite und kontextgebundene* Vermittlung: Bei diesem Weg werden die Lernmethoden in Zusammenhang mit dem jeweiligen Lernstoff behandelt, also beispielsweise mit dem Interpretieren von geschichtlichen Texten, mit dem Lernen von Vokabeln oder grammatischen Formen, mit dem Lernen von biologischen oder wirtschaftlichen Abläufen usw. Diese Art der Vermittlung erscheint am aussichtsreichsten (vgl. Friedrich 1995, Weinert & Schrader 1997). Sie fordert den Lernenden nicht nur keine Transfersprünge ab, es ist auch günstig für die Lernmotivation, dass die Lernenden den Nutzen unmittelbar erleben können. Wenn dabei dann *auch* erkannt wird, dass sich manche Methoden durchaus in verschiedenen Fächern nutzen lassen, ist dies ein erfreuliches Nebenergebnis.

Dass in gewissem Ausmaß (!) das Lernen gelehrt werden kann, zeigen empirische Untersuchungen sowohl zu individuellen Lesetrainings (z. B. Hasselhorn & Körkel 1983) als auch zum Lesen in der Schule. Beispiele:

– Paris & Jacobs (1984) trainierten Kinder der 3. und 5. Klasse in Lesestrategien. Man erläuterte ihnen, wie man Texte überfliegt oder Gelesenes zusammenfasst und wann dies sinnvoll einzusetzen ist, man sprach mit den Schülern über das eigene Lernverhalten (z. B. »Hältst Du manchmal inne, um über den Sinn der Sätze nachzudenken?«).
– Eine vielfach erprobte Methode zur Verbesserung des Leseverständnisses

ist das reziproke Lehren (»reciprocal teaching«; Palincsar & Brown 1984). In kleinen Gruppen lesen die Schüler/innen einen Text (ggf. abschnittsweise) und praktizieren dabei vier Aktivitäten, die der eigenen Verständniskontrolle und Selbstregulation dienen: (1) Zusammenfassen des Wesentlichen, (2) Fragen formulieren und beantworten; (3) Verständnisprobleme klären, (4) mögliche Inhalte des nächsten Abschnittes vorhersagen. Diese Aktivitäten werden zunächst von der Lehrperson vorgemacht (kognitives Modellieren). Nach und nach übernehmen die Schüler/innen dann abwechselnd die Lehrerrolle in ihrer Gruppe und lenken die Leseaktivitäten.

– Sarasin (1995) schulte Lehrkräfte der 5. Klasse ebenfalls in der Methode des reziproken Lehrens und ermittelte Fortschritte im Leseverständnis gegenüber einer nichttrainierten Kontrollgruppe. In einem weiteren Training ging es um die Nutzung von Bildsymbolen zur Einprägung von Rechtschreibungen. Auch hier erzielten die darin angeleiteten Schüler/innen Verbesserungen gegenüber einer Kontrollgruppe.

In einer Zusammenschau der Analysen verschiedener Forscher empfiehlt Sarasin (1995), generell vier Schritte bei der Förderung von Lernstrategien zu beachten (ohne strenge Abfolge). Eine daran angelehnte Übersicht bietet Tafel 35. Wie leicht erkennbar ist, spielen metakognitive Elemente in der Vermittlung eine wichtige Rolle (gilt schon für den Schritt 1). Dies liegt ganz auf der Linie der bisherigen Forschung (vgl. Mähler & Hasselhorn 2001a). Es hat sich gezeigt, dass auch und gerade lernschwache Kinder von Strategien zur Selbstkontrolle profitieren (vgl. Campione 1984, Artelt et al. 2001, S. 133).

---

**1. Eigene Gewohnheiten bewusst machen**
Mögliche Förderung: Anregung von Selbstbeobachtungen an Lernbeispielen, Austausch über (eventuell schriftliche) Selbstberichte der Schüler/innen

**2. Neue Strategie verstehen**
Mögliche Förderung: Strategie beschreiben und vormachen durch lautes Denken (»kognitives Modellieren«), Strategie begründen, Nutzen und Grenzen erläutern

**3. Strategie anwenden und üben**
Mögliche Förderung: Die Erprobung vorgegebener oder selbst gewählter Strategien als Aufgabe stellen, z. B. bei Vokabeln, beim Lernen aus Texten (schriftlich oder in Gruppen, s. reziprokes Lehren)

**4. Strategie bewerten** (in enger Verbindung mit 3)
Mögliche Förderung: Austausch über subjektive Erfahrungen, Einschätzung von Vor- und Nachteilen durch die Schüler/innen

---

**Tafel 35:** Lernschritte zum Erwerb von Lernstrategien und mögliche Förderungen durch Unterricht

Sarasin (1995) weist darauf hin, dass das *Ziel* des Lernstrategieunterrichts nicht unbedingt die Übernahme bestimmter Strategien durch alle Schüler/innen sein muss. Denn der individuelle Bedarf und das Interesse sind sehr unterschiedlich. Zu bedenken ist auch, dass die Umstellung auf neue Gewohnheiten das Lernen vorübergehend beeinträchtigen kann. So lassen sich folgende Effekte als Erfolg werten: Die Selbstüberwachung und Experimentierbereitschaft wachsen, manche Gewohnheiten werden aufgegeben, andere bewusst beibehalten oder die Schüler/innen »erfinden« für sich neue Strategien. Ein Effekt mit eigenem Wert wäre es u.E. auch, wenn einzelne Schüler/innen mit einer bestimmten Methode mehr Spaß beim Lernen haben.

In der Schule wäre es die Aufgabe *aller* Fächer, Lernstrategien für den jeweiligen Kontext zu thematisieren. Da es nicht »die« optimalen Strategien gibt, ist es wichtig, ein breites Arsenal zu vermitteln, aus dem jeweils einige für bestimmte Aufgabentypen geeignet sind. Es wäre also beispielsweise eine Sache des Fachsprachenunterrichts, über die Einprägung grammatischer Regeln oder die vielfältigen Wege des Lernens von Vokabeln zu sprechen (statt einfach mechanisches Abschreiben zu verordnen). In den Fächern mit umfangreichen Sachtexten (Biologie, Geschichte usw.) wären vor allem Strategien zur Organisation und Reduktion von Bedeutung (s. S. 148). Im Übrigen ist das Lernen des Lernens nicht in einer bestimmten Schulstufe zu behandeln, sondern ein »ewiges« Thema. Das heißt: Auch in der Schule sollte es immer wieder aufgenommen werden – zum einen zur »Auffrischung«, zum anderen auch deshalb, weil neue Lerninhalte und Lernniveaus oft auch neue Strategien erfordern.

## 4.5 Lernmotivation

Wenn Lehrer/innen von Lernmotivation reden, meinen sie gewöhnlich die Bereitschaft der Lernenden, sich am Unterricht zu beteiligen und die Hausaufgaben zu erledigen. Ist aber eine Schülerin, die leidenschaftlich am Klavier übt und deshalb die Matheaufgaben liegen lässt, »nicht lernmotiviert«? Eigentlich müsste man also »Lernmotivation in Bezug auf...« sagen und darunter die Motivation verstehen, bestimmte Kenntnisse oder Verhaltensweisen aktiv und zielgerichtet zu lernen.

### Vielfalt der Lernmotivationen

Was motiviert solch ein zielgerichtetes Lernen? Psychologisch gesehen gibt es nicht »die« Lernmotivation. Vielmehr ist »Lernmotivation« ein Sammelbegriff für unterschiedlichste Motivationen, die »hinter«

dem Lernverhalten wirksam sind. Tafel 36 gibt einen Überblick über typische Varianten. Im Prinzip kommt fast jede Motivation in Frage; Menschen können z. B. auch durch Hass oder Liebe veranlasst werden, bestimmte Dinge lernen zu wollen. In der Pädagogischen Psychologie untersucht man allerdings vorrangig Motivationen, die als pädagogisch bedeutsam angesehen werden, insbesondere Leistungsmotivation und Interesse. Auf sie wird weiter unten näher eingegangen.

---

- Interesse (am Gegenstand, Inhalt); Freude, Spaß (an Tätigkeit)
- Neugier (Freude an Überraschendem, Rästelhaftem usw.)
- Leistungsmotivation (mit Komponenten Hoffnung auf Erfolg und Furcht vor Misserfol)g
- Streben nach Selbstbestimmung oder Selbstverwirklichung
- Bedürfnis nach Anerkennung und Sympathie (der Eltern, der Lehrperson der Mitschüler/innen)
- Angst vor Bestrafung, Tadel usw. (der Eltern, der Lehrperson, der Mitschüler/innen)
- Bedürfnis nach Identifikation (mit Mutter, Vater, Freund/in usw.)
- Machtmotivation
- Karrieremotivation
- Streben nach Belohnung, Gewinn

---

**Tafel 36:** Einige Arten der Lernmotivation

Motivationen werden nach der Art des angestrebten Zielzustandes unterschieden (Man kann fragen: Worin liegt die Befriedigung?) Einige Motivationen sind primär auf die *eigene Person* gerichtet, wie etwa das Streben nach Selbstbestimmung oder Kompetenzerleben (vgl. Deci & Ryan 1993). Andere haben einen *sozialen Bezug* wie das Streben nach Anschluss, nach Anerkennung oder Einflussnahme (»Macht«). Die Befriedigung liegt in diesen Fällen nicht eigentlich in den Lernaktivitäten, sondern in den dadurch ermöglichten sozialen Nutzeffekten. Anreize liegen weiterhin in *materiellem* Nutzen wie der Verbesserung beruflicher Chancen oder der Erhöhung des Taschengeldes. Nicht zu übersehen ist schließlich, dass viele Kinder oder Erwachsene von der *Angst vor Bestrafung* einschließlich Tadel, Liebesentzug usw. zum Lernen getrieben werden.

Das Spektrum möglicher Lernmotivationen besagt, dass Menschen dieselbe Lernaktivität aus unterschiedlichen Motivationen ausüben können. Pädagogisch heißt das auch: Wer für Motivation A nicht ansprechbar ist, ist es vielleicht für Motivation B. Das Spektrum kann aber auch besagen: Menschen lernen nicht aus der einen oder anderen

Motivation, sondern aus mehreren gleichzeitig. Dies scheint für Schüler/innen sogar der Normalfall zu sein (Buff 2001).

Neben der inhaltlichen Ausrichtung unterscheiden sich die Motivationen nach der »Lokalisation« des eigentlichen Anreizes: Liegt er im Vollzug der *Tätigkeit* oder in bestimmten *Zwecken* (vgl. Rheinberg 1989)? Er liegt in der Tätigkeit, wenn diese selbst »Spaß macht«, wenn man in ihr »aufgeht«, wenn sie »Nervenkitzel« und »Spannung« verschafft. Wer aus Interesse oder Neugier lernt, ist in diesem Sinne »intrinsisch« motiviert und möchte das Ende der Tätigkeit am liebsten hinauszögern. Hingegen liegt der Anreiz im Zweck, wenn die Befriedigung erst nach der Handlung durch die erreichten Nutzeffekte eintritt, etwa durch materielle Belohnungen, soziale Anerkennung oder die Vermeidung von Strafe. Wer die Befriedigung in diesen »weiteren Folgen« sucht, handelt »extrinsisch motiviert« und möchte die Lerntätigkeit eher zu Ende bringen statt sie auszudehnen (Allerdings wird die Grenze zwischen »intrinsisch« und »extrinsisch« nicht von allen Autoren in übereinstimmender Weise gezogen, vgl. Rheinberg 1997).

Obwohl intrinsische Motivationen mit ihren sach- und selbstbezogenen Akzenten als pädagogisch besonders wünschenswert betrachtet werden, ist es vermutlich ein unerreichbares Ideal, Unterrichtsaktivitäten ausschließlich darauf zu gründen. So werden kaum einmal alle Schüler/innen in allen Fächern aus purem Interesse lernen (Welche Lehrperson ist denn selber an allen Fächern interessiert?!). Selbst bei einem »optimalen« Unterricht werden also einige Lernende allenfalls durch äußere Anreize zu motivieren sein.

Zu den Motivationen, die das sichtbare Lernverhalten bestimmen, gehören genau besehen nicht nur »Lern«-Motivationen, sondern auch Gegenkräfte, die von Lernaktivitäten wegdrängen. Bekanntlich sind die im schulischen Bereich sehr wirksam. Als solche *Gegenmotivation* kommen vor allem aversive Empfindungen bei den Lerntätigkeiten selbst in Frage (»unbequem«, »langweilig«, »anstrengend« usw.), eventuell aber auch die Erwartung negativer Folgen wie etwa die Missbilligung durch Klassenkameraden (»du Streber«) oder die Vernachlässigung von anderen Interessen oder sozialen Kontakten.

### Motiv, Anreger und »Förderung«

Welche Motivation sich bei einem Menschen konkret abspielt, das hängt, wie bei allen aktuellen Prozessen, von der Situation und von der Person ab. Die personale Seite, die Disposition, wird in der Psychologie meist als »Motiv« bezeichnet (»Helga interessiert sich sehr für Malerei«, »Olaf ist sehr leistungsmotiviert). Die »Motivation« als aktueller Prozess entsteht aus dem Zusammenwirken des individuellen Motivs mit einem situativen Anreger.

Motiv → Motivation ← situativer Anreger

Allerdings werden die Termini »Motiv« und »Motivation« nicht verbindlich in dieser Weise unterschieden (man hört auch Aussagen wie: »X ist ein Schüler mit hoher Leistungsmotivation« statt »mit ausgeprägtem Leistungsmotiv«). Wichtig ist aber in jedem Falle, den Unterschied zwischen aktuellem Prozess und Disposition nicht zu übersehen. Denn in der Ausprägung eines Motivs, sozusagen in der persönlichen Ansprechbarkeit für bestimmte Anreger bzw. Anreize, gibt es natürlich erhebliche individuelle Unterschiede. Menschen unterscheiden sich in ihren Interessen, ihrer Erfolgs- oder Misserfolgserwartung, in ihrem Bedürfnis nach materieller Belohnung oder nach öffentlicher Anerkennung. Immer ist aber zu prüfen, wie generalisiert oder spezifisch (»in Bezug auf...») die individuellen Ausprägungen sind.

Ein praktisches Anliegen ist die *Förderung* der Lernmotivation. Hier muss man nun genau hinschauen, was mit »Förderung« gemeint ist. Gemeint sein kann

- die situative Anregung,
- die Änderung individueller Motive.

Beides kann sich in der Praxis überschneiden, aber es sind doch unterschiedliche Akzente.

Die situative Anregung ist zum Gutteil eine Frage von Didaktik und Methodik des Unterrichts: lebensnahe Themen wählen, überraschende Fragen stellen, anschauliche Medien einsetzen, den Nutzen für die kommende Klausur herausstellen usw.

Wie die Erfahrung zeigt, können auch Eigenarten des verbalen und nichtverbalen Lehrerverhaltens (Stimme, Mimik, Gestik usw.) »anregend« wirken und überdies Unterrichtsstörungen vorbeugen (s. hierzu Kap. 4.8). All diese Aspekte haben zwar mit der »Förderung« aktueller Lernmotivation zu tun, jedoch ohne den Blick auf einzelne Lernende und deren individuelle Entwicklung.

Genau dies kann aber ebenfalls mit »Förderung« gemeint sein: situationsüberdauernde *Motivänderungen* bei den Lernenden, mithin dispositionelle Änderungen. Hier geht es vor allem um die Förderung eines positiv getönten Leistungsmotivs oder eines überdauernden Interesses an bestimmten Inhalten. Wenngleich dafür schon in der familiären Sozialisation wichtige Grundlagen gelegt werden, kann doch auch der Unterricht Einfluss ausüben, wenn er neben dem Blick auf die Klasse zugleich individuelle Unterschiede ernst nimmt. In den folgenden Exkursen zur Leistungsmotivation und zum Interesse wird dies näher ausgeführt.

## Leistungsmotivation

Die Leistungsmotivation ist weitaus am gründlichsten untersucht worden. Sie wird in der Regel verstanden als das Bestreben, die eigene Tüchtigkeit hochzuhalten und zu steigern, und zwar bei Tätigkeiten, bei denen man sich an einem Gütemaßstab misst (Heckhausen 1968). Dies impliziert, dass man Ergebnisse seines Tuns auf sich selbst zurückführen und als Erfolg oder Misserfolg erleben kann.

Leistungsmotivation in diesem Sinne ist nicht gleichzusetzen mit einem von außen auferlegten »Leistungsdruck«, sondern hat zu tun mit Ansprüchen an sich selbst, mit Selbstentfaltung und Kompetenzerleben – man möchte »gut« sein. Den Kern dieser Motivation bilden die positiven oder negativen *Selbst*bewertungen bzw. die Gefühle der Zufriedenheit oder Unzufriedenheit mit sich selbst (Heckhausen & Rheinberg 1980). (Steht die Fremdbewertung im Vordergrund, wäre eher von Anerkennungsbedürfnis zu sprechen.) Der adäquate *Anreger* für die so definierte Leistungsmotivation ist nicht »Druck«, sondern eine geeignete »Schwierigkeit«.

Innerhalb der Leistungsmotivation werden zwei Teiltendenzen unterschieden: die Hoffnung auf Erfolg und die Furcht vor Misserfolg. Diese Tendenzen können individuell unterschiedlich ausgeprägt sein. Das heißt, Menschen unterscheiden sich nicht einfach in der Stärke ihres Leistungsmotivs, sondern auch in dessen Qualität oder »Färbung«: Mit einer Leistungsanforderung konfrontiert überwiegen bei manchen Menschen erfolgsbezogene Gedanken und Gefühle, bei anderen hingegen misserfolgsbezogene. Man spricht von »Erfolgsmotivierten« vs. »Misserfolgsmotivierten« oder »Erfolgszuversichtlichen« vs. »Misserfolgsängstlichen« (Heckhausen 1972, im Überblick Rheinberg & Fries 2001).

Sie unterscheiden sich erheblich in ihrem Umgang mit Leistungssituationen. Während bei den Erfolgsmotivierten als optimaler Anreger gilt: nicht zu niedrig, nicht zu hoch, sondern »mittelschwer«, wählen Misserfolgsmotivierte häufiger ganz leichte oder ganz schwere Aufgaben – und beide können ihnen kein Erfolgserlebnis verschaffen. Ein weiterer Unterschied liegt in der Art und Weise, wie sie sich Erfolge und Misserfolge erklären (Attributionsmuster; s. Tafel 37). Wenn Misserfolgsorientierte eine Leistung erbringen, die ein Außenstehender als Erfolg einstufen würde (z. B. eine gute Benotung), attribuieren die Misserfolgsorientierten sie so, dass wiederum kein Erfolgs*erlebnis* herauskommt: Auf Glück oder zu milde Beurteilung kann man nicht stolz sein. Besonders wichtig ist, dass bei den Misserfolgsorientierten, anders als bei den Erfolgsorientierten, der Faktor Anstrengung als Erklärung für die Leistung fehlt. Keinen Zusammenhang zwischen seiner Leistung und seiner Anstrengung zu sehen, ist natürlich ein Handicap in der persönlichen Lernmotivation.

| **Prozessvariable** | **Erfolgszuversichtliche Motivausprägung** | **Misserfolgsängstliche Motivausprägung** |
|---|---|---|
| *1. Zielsetzung* | Mittelschwere Aufgaben, realistische Anforderungen | Zu leichte oder zu schwierige Aufgaben, unrealistische Anforderungen |
| *2. Attributionsmuster* | | |
| *a) Erfolgsursachen* | a) Anstrengung, Kompetenz | a) Leichte Aufgabe, Glück |
| *b) Misserfolgsursachen* | b) Mangelnde Anstrengung, evtl. Pech | b) Mangelnde Fähigkeit |
| *3. Selbstbewertung/ Affekt* | Positive Affekte nach Erfolg sind gleich stark oder stärker als negative nach Misserfolg | Negative Affekte nach Misserfolg sind deutlich stärker als positive nach Erfolg |

**Tafel 37:** Zwei Ausprägungen des Leistungsmotivs: Schematische Gegenüberstellung nach Rheinberg & Fries (2001) auf der Grundlage des Selbstbewertungsmodells von Heckhausen (1972)

Pädagogische Probleme bereiten also die Misserfolgsorientierten und mit ihnen haben sich daher Ansätze zur Motiväanderung besonders befasst. Während die »Motivtrainings« anfangs außerhalb des Unterrichts durchgeführt wurden (vgl. Krug & Heckhausen 1982), rückte in jüngerer Zeit das Lehrerverhalten im Schulunterricht in den Vordergrund (vgl. Rheinberg & Krug 1999, Rheinberg & Fries 2001). Kernstück solcher Versuche ist die Orientierung der Lehrkräfte an der *individuellen Bezugsnorm* anstelle der sozialen. Während sich bei der sozialen Bezugsnorm die Bewertung am Vergleich mit *anderen* Schüler/innen orientiert (also an der Leistungsverteilung in der Klasse), werden bei der individuellen Bezugsnorm-Orientierung die einzelnen Schüler/innen an ihrer *eigenen* Leistungsentwicklung gemessen. Denn Verbesserungen, die auf Klassenebene gar nicht auffallen würden, können für den Einzelnen durchaus bedeutsam sein. Die Orientierung an der individuellen Bezugsnorm stößt zwar auf Grenzen bei der Notengebung in Zeugnissen und Klausuren, aber im mündlichen Unterricht, bei den Hausaufgaben oder bei den Kommentaren zu Tests und Klassenarbeiten gibt es viel Spielraum für Bewertungen jenseits der Ziffernnoten. Untersuchungen zeigen, dass manche Lehrkräfte diesen Spielraum gut ausschöpfen, während andere sich ausschließlich auf soziale Vergleiche beschränken (vgl. Rheinberg & Krug 1999).

Die Umsetzung der individuellen Orientierung kann neben der Art der Leistungsbewertung eine Reihe weiterer pädagogischer Elemente umfassen (vgl. Rheinberg & Krug 1999). Möglich sind unter anderem:

- Im mündlichen Unterricht die dialogische Anpassung von Lehrerfragen an die jeweilige Antwort, d. h. eine erleichternde Umformulierung bei schwacher und eine Erweiterungsfrage bei guter Antwort (statt bei schwacher Antwort gleich andere aufzurufen).
- Eine Individualisierung von Aufgaben ( bei Hausaufgaben, Stillarbeit).
- Die Anregung, sich ein Ziel zu setzen, das ein wenig über dem bisherigen Leistungsstand liegt (»mittelschwere« Aufgabe), beispielsweise hinsichtlich der Fehlerzahl im Vokabeltest.
- Die Betonung von Fortschritten als ein Erfolg und neutrale Reaktionen oder leichte Unzufriedenheit bei fehlendem Fortschritt.
- Die Erklärung von Verbesserungen mit »anstrengungsbezogenen« Aspekten (»hast gut aufgepasst«, »hast gut nachgedacht«, »warst gut vorbereitet«).

Durch ein solches Lehrerverhalten sollen die Misserfolgsmotivierten dahin geführt werden, selber die individuelle, selbstbezogene Orientierung zu übernehmen und dadurch insbesondere den Zusammenhang zwischen der eigenen Anstrengung und der Leistung zu erleben.

Der beschriebene Unterricht ist Unterricht mit der ganzen Klasse und doch werden zugleich individuelle Unterschiede berücksichtigt. Unterrichtsexperimente zeigen (s. Rheinberg & Krug 1999) dass sich mit solchem Vorgehen unter anderem die Misserfolgsängstlichkeit vermindern und die Meldehäufigkeit steigern kann; zuweilen wurden auch positive Auswirkungen auf die Lernleistung gefunden. Allerdings: Wenn die Schüler/innen ein solches Unterrichtsverhalten noch nicht gewohnt sind, kann es anfangs zu Irritationen kommen, weshalb es sinnvoll erscheint, die Bezugsnormen der Leistungsbewertung zum Unterrichtsthema zu machen.

### Interesse

Zentrales Merkmal von Interesse ist der Bezug zu bestimmten *Inhalten* bzw. *Lerngegenständen*. Als aktuelle Motivation ist es ein momentanes »Interessiertsein«, als personale Disposition (Motiv) das individuelle Interesse – erkennbar an der Neigung eines Menschen, sich initiativ, wiederkehrend und meist auch ausdauernd dem Gegenstand zuzuwenden. Typisch ist weiterhin, dass die interessierte Person zunehmend differenziertes Wissen über den Gegenstand erwirbt, dass sie die Beschäftigung mit ihm als »wertvoll« erlebt, und dass die Interessenhandlungen mit angenehmen Gefühlen verbunden sind (Prenzel 1988).

Interesse kann einerseits im Dienste des Unterrichts stehen, andererseits selbst als pädagogisches Ziel angesehen werden (Schiefele,

Haußer & Schneider 1979). Denn die Ausbildung von Interessen ist in vieler Hinsicht für eine befriedigende Lebensgestaltung bis ins hohe Alter sowie für die Vermeidung sozialer Fehlentwicklungen von großer Bedeutung. Außerdem scheinen Interessen eine wichtige Komponente des Selbstbildes und Selbstverständnisses bzw. der Identitätsbildung zu sein (Prenzel 1988).

Wenig bekannt ist bisher über die Möglichkeiten der Förderung von Interessen. Was Unterrichtsfächer anbelangt, so spielen offenbar viele Faktoren eine Rolle, nicht nur das Fach und Thema, sondern z. B. auch abwechslungsreiche Gestaltung, die persönliche Beziehung zur Lehrkraft u. a.m. (vgl. Todt 1990). Hinderlich ist vermutlich, dass Eigeninitiative und die freie Entscheidung darüber, wann und wie lange man sich mit einer Sache beschäftigt (also Kernmerkmale von Interesse) im Unterricht meist nur schwer zu Geltung kommen (Prenzel 1988). Es besteht sogar die Gefahr, dass durch einengende Vorschriften und ein wenig kooperatives Unterrichtsklima vorhandene Interessen geschädigt werden.

Förderlich scheinen dagegen zu sein: individuelle Anteilnahme und ein schülerzentriertes, wenig lenkendes Unterrichtsverhalten (Eder 1992) sowie die Verknüpfung der Sachthemen mit lebensnahen Problemstellungen oder mit »Projekten« (Hänsel 1999). Zu bedenken ist, dass Schüler/innen häufig nicht ein ganzes Fach interessant oder uninteressant finden, sondern Teile daraus; dies verschafft Spielräume innerhalb eines Faches. Grundsätzlich ist es aber auch unter optimalen Bedingungen kaum möglich, bei allen Schüler/innen einer Klasse Fachinteresse zu entwickeln.

Krapp (1998) betont, wie wichtig positive »Erlebensqualitäten« bei der Beschäftigung mit dem Gegenstand sind. Dazu müssten die drei Grundbedürfnisse nach Kompetenzerleben, nach Autonomie und nach sozialer Einbindung (Deci & Ryan 1993) zur Geltung kommen. Was dies konkret für einzelne Schulfächer bedeutet, sei aber noch ein »ungeklärtes Themenfeld der didaktischen Forschung« (Krapp 1998, S. 198). Vermutlich kommt es neben der Aufbereitung der Inhalte entscheidend auf die Art der Aktivitäten an, die bei der Auseinandersetzung mit den Inhalten auszuüben sind.

Eine abschließende Bemerkung: Wer in der Praxis Probleme mit »mangelnder Lernmotivation« z. B. in einer Schulklasse hat, erhofft sich vielleicht Hilfen durch psychologische Literatur zu diesem Thema. Sie mag tatsächlich nützlich sein, vor allem wenn man an die Programme zur individuellen Motivänderung denkt. Aus mehreren Gründen ist sie aber für die praktische Umsetzung oft weniger ergiebig als erwartet. Erstens: Viele Unterrichtende wissen ohnehin, was »motivierend« wirkt, aber ihr Problem darin liegt, dass ihnen die entsprechende

Verhaltenskompetenz fehlt oder dass andere Hindernisse der Umsetzung entgegenstehen. Zweitens: »Mangelnde Lernmotivation« ist oft nur ein Oberflächensymptom, dessen tiefere Gründe erst ermittelt und ggf. verändert werden müssen. Für solche Änderungen findet man Hilfen möglicherweise nicht unter der Überschrift »Lernmotivation«, sondern etwa unter »Kommunikation mit Schülern« oder »kooperative Problemlösung in der Schulklasse«, vielleicht auch unter Didaktik und Methodik. Zu wissen, wie man mit einer Schulklasse über mangelnde Beteiligung sprechen und Auswege suchen kann (z. B. Redlich & Schley 1981, Nolting 2002), wäre dann wichtiger als Kenntnisse über die Lernmotivation als solche.

## 4.6 Leistungsbeurteilung

Diesen Themenbereich findet man auch unter Überschriften wie Leistungsdiagnostik, Leistungsmessung, Lernerfolgskontrolle, Leistungsbewertung, Schülerbeurteilung u. a.m. Die Begriffe sind allerdings nicht alle identisch in ihrer Bedeutung, unter anderem deshalb, weil es, genau besehen, um zwei Tätigkeiten geht (vgl. Gage & Berliner 1996, Mietzel 1998): (1) die Feststellung oder Messung von Leistungen und (2) ihre Bewertung nach einem Gütemaßstab.

Mit dem Begriff der Leistungsbeurteilung sind meist beide Komponenten gemeint. Die erste ist im Grunde eine Form des Beschreibens (s. S. 61); man versucht zunächst einmal festzustellen, was »ist« – hier also: was der Lernende tatsächlich zuwege gebracht hat (z. B. dass er in einem Diktat 13 Rechtschreibfehler gemacht hat). Doch selbst wenn sich zwei Urteiler hierin völlig einig sind, könnten sie das Festgestellte durchaus unterschiedlich bewerten: Ist es »gut« oder »ausreichend« oder was? Es ist seit langem bekannt, dass verschiedene Lehrer/innen für dieselbe Leistung oft ganz unterschiedliche Noten geben. Zwei Beispiele:

- Ingenkamp (1971) fand, dass Schüler mit objektiv gleichen Rechenleistungen im sechsten Schuljahr (ermittelt durch einen standardisierten Rechentest) höchst unterschiedliche Zensuren erhielten – zwar kaum innerhalb einer Schulklasse, wohl aber in verschiedenen. Die Klassen unterschieden sich erheblich in ihren Leistungen, in der Notenverteilung hingegen kaum.
- Birkel & Birkel (2002) gaben Deutschaufsätze zur Beurteilung an mehrere Lehrer/innen und erhielten für denselben Aufsatz eine große Streubreite von Noten, zuweilen von »sehr gut« bis »mangelhaft«.

Solche Divergenzen können auf unterschiedlichen Leistungsmessungen, auf unterschiedlichen Bewertungen oder auf beidem beruhen.

Informationen über das Sachwissen, die Fertigkeiten oder komplexere Kompetenzen von Lernenden werden auf vielen Wegen gewonnen (vgl. etwa Jäger 2000), in der Schule z. B. durch frei formulierte Texte, schriftliche Einzelaufgaben, die Registrierung mündlicher Beiträge, mündliche Prüfungen, standardisierte (an einer großen Stichprobe normierte) Leistungstests oder selbst konstruierte, sog. informelle Tests. Wie »gut« ein Verfahren ist, bemisst sich danach, wieweit es den Gütekriterien der Objektivität, Reliablität und Validität gerecht wird (vgl. S. 64). Hierüber weiß man in der Praxis allerdings meist nichts Genaues, außer bei standardisierten Tests.

Mangelnde Objektivität, also die Abhängigkeit vom Urteiler, zeigt sich nicht erst bei der Bewertung, sondern manchmal schon bei der »Feststellung«: So kann z. B. die Zahl der übersehenen Fehler von subjektiven Faktoren wie Sympathie, Antipathie und Vorurteilen gegenüber dem Lerner beeinflusst werden (vgl. Weiss 1989). Viele Einflüsse können die Reliabilität eines Befundes herabsetzen, z. B. die momentane Verfassung des Lernenden, Missverständnisse bei der Aufgabenstellung, Zufälligkeit der »drangekommenen« Aufgaben. Bei der Validität geht es um die Frage, wie präzise *das* Wissen und Können erfasst wird, das erhoben werden *soll*, wieweit also etwa die Art einer Klassenarbeit genau jene Kompetenz erfasst, die im Lehrplan steht (curriculare Validität). Die Validität ist aber auch betroffen bei der Frage, wieweit z. B. eine Matheklausur unter starkem Zeitdruck etwas über die mathematische Kompetenz der Lernenden aussagt und wieweit vielleicht ungewollt über deren »Stressfestigkeit«.

Der Erfüllung der Gütekriterien hängt teilweise auch von der »Sache«, von der Art der zu messenden Leistung ab. Ziemlich objektiv und valide lässt sich meist sinnarmes Wissen erheben (Berghöhen, Pflanzennamen usw.), aber auch Diktat- oder Rechenfehler. Schwieriger wird es oft bei sinnhaltigem Wissen, insbesondere wenn es sehr komplex ist, wie etwa bei einem Aufsatz über geschichtliche Zusammenhänge oder mündlichen Beiträgen zu einem kontroversen Thema. Ähnliches gilt für Fertigkeiten: »Einfache« wie das Schreiben von Buchstaben oder der Weitsprung im Sport lassen sich objektiver messen als »komplexe« wie ein Gemälde oder eine Eislaufkür. Beim produktiven Denken bereiten divergente Gestaltungsleistungen mehr Messprobleme als konvergente Schlussfolgerungen. Häufig ist es also keineswegs einfach, auch nur neutral zu beschreiben, was ein Lerner »zu bieten« hat. Ob ein Aufsatz »originelle Ideen« enthält oder »lebendig« geschrieben ist, lässt sich in der Praxis nur auf der Ebene subjektiver Einschätzungen messen (in der Forschung gibt es zuweilen Ansätze zur Objektivierung). Nicht selten fließen daher die Feststellungsversuche unversehens in Wertungen über. Und im Extrem drückt ein Urteiler überhaupt nur noch aus, wie gut er eine Leistung findet, ohne im Einzelnen festgestellt zu haben, »was ist«.

## Die Leistungsbewertung

Die eigentliche Bewertung misst den Befund an einem Gütemaßstab und äußert sich in wertenden Kommentaren sowie in Noten. Noten sind eine summarische Bewertung, in der sich Lehrende, Lernende, Eltern, Personalchefs und andere über Leistungen verständigen. Noten erfüllen dabei eine Vielzahl von Funktionen (vgl. Zielinski 1974, Lissmann 1997): Sie informieren Lernende über ihre Leistungen; sie informieren Lehrende über die Leistungen und indirekt auch über den eigenen Lehrerfolg; sie können zum Lernen motivieren; sie liefern ein Kriterium für die Zuweisung zu bestimmten Arten pädagogischer Förderung; sie ermöglichen eine Auslese für die Zulassung zu Schulen, Kursen u. dgl.; sie entscheiden mit über die sozialen und beruflichen Lebenschancen der Lernenden. Weitere Funktionen (z. B. Noten als Disziplinierungsmittel) könnten noch hinzukommen. All dies unterstreicht die gewaltige pädagogische und existentielle Bedeutung von Zensuren. Umso dringlicher ist deshalb auch die Frage, was sie aussagen.

Die Benotung hängt zunächst von der Leistungserhebung ab; alle Unsicherheiten, die es dort gibt, fließen auch in die Bewertung mit ein. Aber diese selbst bietet noch zusätzliche Spielräume. Denn bei gleichem Befund können zwei Urteiler unterschiedliche Noten vergeben. Auch hier können wieder subjektive Faktoren wie Sympathien und Antipathien oder Leistungserwartungen aufgrund des Geschlechtes, der sozialen Herkunft usw. eine Rolle spielen. Von überragender Bedeutung aber ist, an welchem Maßstab der Befund gemessen wird. Hier unterscheidet man drei mögliche Normen (vgl. etwa Klauer 1987):

- die sachliche Bezugsnorm,
- die soziale Bezugsnorm,
- die individuelle Bezugsnorm.

Bei der *sachlichen* Bezugsnorm ist das Lehrziel bzw. eine definierte Anforderung das entscheidende Kriterium: Die Benotung richtet sich danach, wie nah ein Lernender an das Ziel herangekommen ist. Denkbar wäre bei dieser Orientierung, dass sogar alle Schüler/innen das Ziel erreichen und mit guten Noten abschneiden – oder auch niemand. Während ein solches Bewertungsverfahren aus außerschulischen Kontexten durchaus geläufig ist (z. B. Führerscheinprüfung, Warentest), kommt es in der Schule kaum zur Geltung. Die Lehrziele bzw. Anforderungen sind dort selten hinreichend präzise definiert, um von diesem Kriterium Benotungsstufen abzuleiten.

So setzt sich in der schulischen Praxis faktisch immer wieder in hohem Maße die *soziale* Bezugsnorm durch: die Leistung der »anderen«. Die Benotung ergibt sich damit aus dem Vergleich der Schüler/innen untereinander, wobei dies meist bedeutet: aus der Leistungsverteilung innerhalb einer Klasse. Die relativ besten werden ein »Gut« oder »Sehr gut« und die jeweiligen Schlusslichter ein »Mangelhaft« erhalten. So passiert es dann immer wieder, dass Schüler/innen mit einem Klassenwechsel auch andere Noten erhalten.

Die dritte Bezugsnorm, die *individuelle*, bedeutet, dass man die einzelnen Lernenden an sich selber misst, dass man ihre bisherigen Leistungen bzw. ihre persönlichen Leistungsfortschritte zum Maßstab der Bewertung macht. Sie hat, wie dargelegt (vgl. S. 156), besondere Bedeutung für die Förderung der individuellen Lernmotivation.

Die Existenz unterschiedlicher Bezugsnormen und sachfremder Einflüsse bedeutet nicht, dass Zensuren völlig willkürlich und zufällig zustande kämen. Sie gründen sich natürlich auf tatsächlich vorfindbare Leistungsunterschiede, möglicherweise sogar überwiegend (z. B. Tent, Fingerhut & Langfeldt 1976 bei Schulnoten in der vierten Klasse). Der Rest, der auf andere Faktoren zurückgeht, bleibt allerdings beträchtlich; und Noten sind weit davon entfernt, überall dieselben Leistungen widerzuspiegeln, insbesondere wenn sie aus verschiedenen Schulklassen, aus verschiedenen Schulen oder auch aus verschiedenen Bundesländern stammen. Dieses Problem ist in der alltäglichen Schulpraxis wohl auch nicht aus der Welt zu schaffen. Man kann nur versuchen, es zu entschärfen.

### Was kann man tun?

Es sollte immer klar sein, auf welche Befunde bzw. welche Feststellungen sich eine Bewertung stützt. Es gibt hierzu verschiedene Vorschläge (vgl. Weiss 1989, Jäger 2000). Recht geläufig ist das Verfahren, die Gesamtleistung in kleinere testartige Aufgaben zu untergliedern und durch Punktsysteme auszählbar zu machen. Weiterhin kann man bei Aufsätzen und ähnlichen Aufgaben, die nicht so leicht zu quantifizieren sind, einen Kriterienkatalog für die Beurteilung festlegen und den Lernenden bekannt machen; dies erleichtert es auch, die Zensuren nach der sachlichen Bezugsnorm (Lehrziel) statt nach dem klasseninternen Maßstab zu vergeben. Zuweilen wird es auch sinnvoll sein, mit Hilfe von standardisierten Leistungstests (z. B. zu Rechtschreibung oder Algebra) zu ermitteln, welchen Platz die eigene Klasse innerhalb einer großen Population (z. B. aller deutschen Schüler) einnimmt.

Allerdings: Das brisante Problem der »gerechten« Bewertung lässt sich auch durch völlige Vergleichbarkeit im Messverfahren nicht gänzlich lösen. Wenn z. B. ganze Schulklassen in einem objektiven Test schlecht abschneiden, weil sie im Unterricht auf diesen Stoff nicht gründlich vorbereitet wurden – wie sollte sich das dann in den Noten niederschlagen? Wäre es »ungerechter«, wenn sie mit schwachen Leistungen durchschnittliche Noten erhielten oder wenn sie aufgrund des Unterrichts mit einem Notenhandikap ins Leben gehen müssten?

Lange Zeit standen die Messprobleme und das Bemühen um eine vergleichbare (in diesem Sinne »gerechte«) Beurteilung im Vordergrund. Seit einiger Zeit rückt wieder ein anderer Aspekt der Leistungsbeurteilung in den Blick: die *»pädagogische« Funktion,* die Wirkung der Beurteilung auf den Lernenden, insbesondere auf seine Lernmotivation. Die Frage lautet: Was »fördert« den Lernenden? (vgl. Olechowski & Persy 1987). Unter diesem Aspekt sind nicht nur Leistungsbeurteilungen in Gestalt einer Note von Interesse, sondern auch die Kommentare zu Noten sowie die vielen »kleinen« lobenden und kritischen Bewertungen während des Unterrichts, vorzugsweise orientiert an der individuellen Bezugsnorm.

Als besondere Form der Leistungsbeurteilung ist hier auch die Erstellung von sog. Portfolios zu erwähnen (vgl. Lissmann in Jäger 2000, Mietzel 1998). Dabei handelt es sich um eine geordnete Sammlung von Leistungsdokumenten der Schüler/innen (z. B. Leseproben auf Tonkassette, Diktate, Registrierung eigener Meldehäufigkeit, gestalterische Arbeiten, Referate u. a.m.). Die Dokumentation sollte auf jeden Fall die besten Arbeiten des Lernenden enthalten sowie Lernfortschritte sichtbar machen. Die Erstellung des Portfolios liegt größtenteils in der Hand des Lernenden und soll seine Selbstreflexions- und Selbstbewertungskompetenz verbessern. Die Lehrer/innen können bei der Auswahl der Dokumente beraten und ihre Kriterien begründen.

## 4.7 Lernschwierigkeiten

Wenn Lerner »mangelnde« Leistungen erbringen, werden häufig Begriffe wie Lernschwierigkeit, Lernstörung, Leistungsstörung, Leistungsversagen, Lernbehinderung u. a.m. verwendet (vgl. Sander 1981). Leider hat sich kein allgemein verbindlicher Sprachgebrauch eingebürgert.

### Begriffe und Klassifikationen

»Lernschwierigkeit« eignet sich als Oberbegriff für alle Beeinträchtigungen des Lernens (Zielinski 1998). Auch der Begriff »Lernstörung« kann ähnlich weit verstanden werden, doch meist wird er enger gefasst und der »Lernbehinderung« gegenübergestellt. Eine »Störung« ist eher

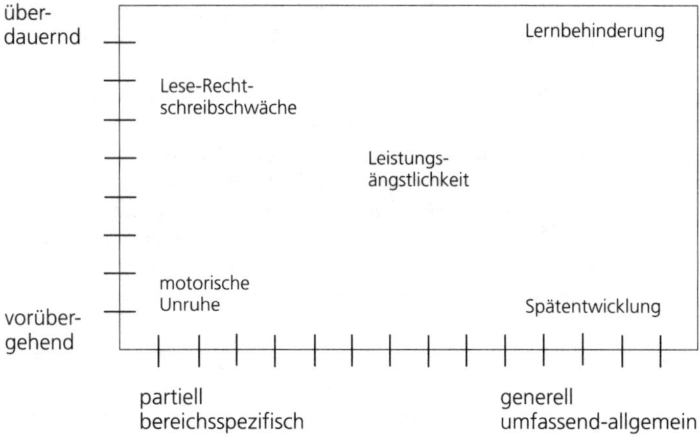


**Tafel 38:** Klassifizierung von Lernschwierigkeiten nach zwei Dimensionen (Klauer & Lauth 1997)

variabel und vorübergehend und lässt vornehmlich an motivational-emotionale Probleme denken. Eine »Behinderung« ist überdauernd, umfassend und festgefügt. Sie hat tendenziell mit Problemen im Bereich von Fähigkeiten zu tun, inbesondere mit mangelnden intellektuellen Fähigkeiten sowie mit Beeinträchtigungen der Sinnesorgane oder der Motorik. In diesen Begriffen stecken also schon Unterscheidungen nach der Art der Gründe, die man für die mangelnde Leistungen verantwortlich macht.

Zwei Gesichtspunkte sind nach Klauer & Lauth (1997) besonders geeignet, um die Vielfalt möglicher Beeinträchtigungen zu klassifizieren (s. Tafel 38). Das erste Kriterium klang eben schon an: vorübergehend vs. überdauernd. Das zweite Kriterium bezieht sich auf den Umfang der Schwierigkeiten: partiell vs. generell, je nachdem wie viele Leistungsbereiche betroffen sind. In dieser Klassifizierung nach zwei Dimensionen lassen sich die Beeinträchtigungen in beliebigen Abstufungen differenzieren, womit eine Einordnung in »Schubladen« vermieden wird (Die fünf Begriffe in den Koordinaten der Tafel sind Beispiele der Autoren).

Für jede Art von Lernschwierigkeit gilt, dass sie im konkreten Fall einem Lernenden dann zugeschrieben wird, wenn eine – wie auch immer – *festgestellte* Leistung von einer *Norm*leistung abweicht. In die Feststellung »X hat eine Lernschwierigkeit« fließen also alle zuvor geschilderten Probleme der Leistungsmessung und -bewertung mit ein.

Wie stark bei einer Lehrkraft etwa mündliche im Vergleich zu schriftlichen Leistungen oder abrufbares Sachwissen im Vergleich zu Problemlösekompetenz ins Gewicht fallen, solche und ähnliche Gesichtspunkte bestimmen mit über Erfolg und Versagen in der Schule. Ein Problem liegt auch darin, dass sich Lehrer/innen gewöhnlich an der Leistungsverteilung innerhalb der Klasse orientieren, also an der *sozialen* Bezugsnorm. In der Praxis kann sich das so auswirken, dass ein Kind, das in der einen Klasse das »Klassenziel« nicht erreicht, in einer anderen Klasse bei objektiv gleichen Leistungen nicht durch Lernschwierigkeiten auffällt, weil dort aufgrund der Zusammensetzung das Leistungsniveau ingesamt niedriger ist. Da sich in Deutschland auch die Bundesländer darin unterscheiden, wie viele Kinder als nicht schulreif gelten oder wie viele sitzenbleiben, »entscheidet der Wohnort eines Schülers mit darüber, ob ein Schüler als lernschwierig eingestuft und deshalb zurückgestellt wird oder die Klasse wiederholen muss« (Zielinski 1998, S. 155).

Diese Tatbestände sind natürlich psychologisch höchst unbefriedigend. Es wäre günstiger, die Einstufung richtete sich ausschließlich nach einheitlichen *sachlichen* Bezugsnormen. Daneben macht es psychologisch machmal auch Sinn, eine Abweichung von der *individuellen* Norm als »Lernstörung« anzusehen, sofern nämlich ein Schüler etwa in einer krisenhaften Phase »unter sein Niveau« absinkt.

### Erklärende Faktoren

Sehen wir einmal davon ab, dass die Feststellung »Lernschwierigkeit« auch vom Beurteiler abhängt, so ist nach realen Gründen des Leistungsmangels zu fragen. Natürlich sind Lernschwierigkeiten keine separaten Erscheinungen; es gibt nur »unzureichend lernende Menschen«, so dass prinzipiell auch alle Aspekte dieses Menschen und seiner Lern- und Lebensbedingungen für die Erklärung der Leistung in Frage kommen.

Auf der Ebene der aktuellen Prozesse geht es unter anderem um die Aufmerksamkeit, um die Denkprozesse bezogen auf die Aufgaben (etwa im Sinne der kognitiven Niveaus von Bloom et al., S. 121) sowie bezogen auf sich selbst (Metakognition) und natürlich auch um die Motivation zum Lernen. Als drei Strukturbereiche »hinter« den Prozessen werden meist in den Blick genommen: die Schülerpersönlichkeit, die Familie und die Schule. Dabei erscheinen die Familie und die Schule in zweierlei Funktion bzw. auf zwei Systemebenen: Zum einen als aktuelle externe Bedingungen der Lerntätigkeiten und zum anderen als überdauernde Entwicklungsfaktoren (ähnlich Krapp 1976).

Da Lernschwierigkeiten individuelle Abweichungen sind, rücken bei Erklärungen *personale* Faktoren des Lernenden gewöhnlich zuallererst ins Blickfeld. Von erheblichem Gewicht ist mangelndes »Instruktionsverständnis« (Zielinski) aufgrund geringer kognitiver und sprachlicher Fähigkeiten. Ähnlich gewichtig sind oft unzureichende Vorkenntnisse für ein bestimmtes Sachgebiet. Denkbar sind weiterhin starke Beeinträchtigungen der Aufmerksamkeit, eventuell als Teil des Aufmerksamkeits-Defizit-Hyperaktivitäts-Syndroms (z. B. Czerwenka 2002). Und natürlich kann das Hauptproblem auch in unzureichender Lernmotivation liegen.

Diese personalen Anteile beruhen ihrerseits auf *genetischen* Faktoren (z. B. bei intellektueller Lernbehinderung) und in hohem Maße auf *familiären* Entwicklungsbedingungen wie etwa mangelnder intellektueller Anregung, mangelndem Interesse der Eltern an der Schule, ungünstigen sprachlichen Vorbildern, mangelnder Unterstützung usw. Ungünstige Bedingungen finden sich gehäuft in der sozialen Unterschicht, wie unter anderem in der PISA-Studie erneut bestätigt wurde (Baumert & Schümer 2001).

Auch die *Schule* spielt als aktuelle Lernumgebung und als Entwicklungsinstanz eine bedeutsame Rolle (s. auch Kap. 4.1, S. 125). Der aktuelle Unterricht kann das Lernen erschweren aufgrund geringer Verständlichkeit und Klarheit, häufiger Störungen, mangelnder individueller Unterstützung sowie aufgrund eines Tempos, das zumindest für Schwächere auf eine unreichende Lernzeit hinausläuft. Es ist denkbar, dass bestimmte externe Bedingungen (z. B. schwer verständliche Lehrervorträge) zwar durchaus viele Schüler/innen beeinträchtigen, sich aber nur bei einzelnen besonders gravierend auswirken. Um die Bedeutung solcher Faktoren zu klären, ist immer von Interesse, bei welchen Anforderungen und bei welchen Lehrkräften die Schwierigkeiten größer oder oder kleiner sind. Selbst wenn die aktuellen schulischen Bedingungen nicht ungünstig sind, können doch vergangene Schulerfahrungen zur Entmutigung bzw. einem demotivierenden Selbstbild geführt haben und somit die Verarbeitung der neuen Lernangebote erschweren.

Dies macht deutlich, das die relevanten Faktoren selbstverständlich nicht einzeln, sondern in ihrer »Interaktion« zu betrachten sind. Im Falle von Lernschwierigkeiten kann diese Interaktion leicht die Form eines »Teufelskreises« annehmen. Diese Vorstellung wird sehr ausgeprägt von Betz & Breuninger (1996) vertreten. Ihr Modell hebt folgende Komponenten besonders heraus: (1) Die Leistung selbst, (2) das Verhalten von Eltern, Lehrern, Mitschülern (Umweltseite), (3) das Selbstbild des Lerners (Personseite). Der Teufelskreis besteht darin, dass im Falle von Lernstörungen der eine Faktor den anderen negativ beeinflusst und sich das Problem daher immer weiter aufschaukelt.

Alles in allem: Um »mangelnde Schulleistungen« zu erklären, kommt man mit der volkstümlichen Alternative »dumm oder faul?«

bei weitem nicht aus. Für ihre Beurteilung sind zahlreiche Gesichtspunkte heranzuziehen und das unglückliche Zusammenwirken mehrerer Faktoren dürfte das Normale sein.

### Pädagogische Intervention und Prävention

Was die Hilfen bei Lernschwierigkeiten betrifft, so sollte man unterscheiden, ob es sich vornehmlich um Defizite in Wissen und Fertigkeiten oder um schwere Beeinträchtigungen handelt (Wahl, Weinert & Huber 1984). Im ersten Fall sind auch im *Unterricht* durchaus Hilfen möglich, so etwa gut verständliche Darstellungen, die Betonung individueller Fortschritte, Übungen in Partnerarbeit (Könner üben mit Schwächeren), individuell passende Hausaufgaben mit nachfolgender Kontrolle und Beratung u. a.m.

Außerhalb der Schule kann eventuell »Nachhilfeunterricht« förderlich sein. So fand Haag (2001) bei Schüler/innen, die in einem Nachhilfeinstitut über neun Monate am Unterricht mit Hausaufgabenbetreuung teilgenommen hatten (4 x 90 Min. pro Woche in Vierergruppen), Verbesserungen in den Noten und in Motivationsaspekten im Vergleich zu einer Kontrollgruppe.

Für schwere Beeinträchtigungen sind stets genaue Diagnosen sowie psychologisch-pädagogische Interventionen nötig, die von Erziehungsberatungsstellen und verwandten Einrichtungen geleistet werden.

Um mit einer gewissen Breitenwirkung Lernschwierigkeiten zu vermindern, wären präventive Maßnahmen besonders wichtig. Denkbar sind unter anderem eine qualifizierte Schullaufbahnberatung sowie rechtzeitige kognitive und sprachliche Förderungen für Kinder mit Defiziten (Zielinski 1998). Aussichtsreich scheint hier vor allem die frühe Schulung der Lautunterscheidung und anderer phonologischer Fähigkeiten zu sein, und zwar entweder im Rahmen des Erstleseunterrichts oder bereits vor der Schulzeit.

- In einem Programm von Hingst (1994) erhielten Schulanfänger mit Defiziten in den Grundfähigkeiten (Lautunterscheidung, Artikulation, Wortschatz u. a.) im Rahmen des normalen Stundenplans eine spezielle Förderung durch die Lehrer/innen. Zu den Maßnahmen gehörten Übungen im Erkennen und Zusammensetzen von Einzellauten, die anfängliche Beschränkung des Schreibens auf Wörter mit lautgetreuer Rechtschreibung sowie ein Training im Grundwortschatz. Kinder, die das Programm durchlaufen hatten, waren im Lesen und Schreiben signfikant besser als eine nichttrainierte Kontrollgruppe. In der Rechtschreibung war der Tainingseffekt auch noch in der 3. und 4. Klasse nachweisbar. Interessant ist auch, dass ausländische Kinder ebenso profitierten wie deutsche.
- Schon im Kindergarten kann »phonologische Bewusstheit« geübt werden, wie das Würzburger Trainingsprogramm beweist (Schneider 2001). In spie-

lerischer Form lernen hier Kinder unter anderem, Sätze in Wörter und Wörter in Silben zu zerlegen sowie Phoneme (Einzellaute) zu unterscheiden und zusammenzufügen. Positive Effekte auf das Schreiben und Lesen in der Grundschule konnten nachgewiesen werden, und zwar sowohl für unausgelesene Stichproben als auch speziell für Kinder mit entsprechenden Defiziten. Erweitert man das phonologische Training um ein Buchstaben-Laut-Training, lässt sich die Wirkung offenbar noch verbessern.

Jegliche Maßnahmen zur Prävention oder Korrektur führen aber letztlich nur dann zu einer statistisch registrierbaren Abnahme von Lernschwierigkeiten, wenn bessere Leistungen auch bessere Benotungen mit sich bringen. Solange die Noten nach der Leistungsverteilung innerhalb der Klasse vergeben werden (soziale Bezugsnorm) statt nach einheitlichen sachlichen Bezugsnormen (vgl. S. 161), werden die jeweils Letzten in der Klasse, egal mit welchem Niveau, von »Lernschwierigkeiten« betroffen sein.

## 4.8 Unterrichtsstörungen

Unterrichtsstörungen sind einerseits eine starke emotionale Belastung für Lehrkräfte (K. Ulich 1996), sie sind andererseits ein Hindernis für die Erreichung der Lehrziele. Eine Klassenführung, die die Störungsrate niedrig hält, bringt in der Regel auch bessere Mitarbeit und bessere Lernleistungen mit sich (vgl. Brophy & Good 1986, Weinert & Helmke 1996). Wie diese Klassenführung aussieht, ist zwar in der Forschung seit langem bekannt, kaum hingegen in der Lehrerschaft (Nolting 2002). Nicht wenige Lehrer/innen tun allerdings intuitiv das Richtige.

Unterrichtsstörungen gelten gemeinhin als problematisches *Schüler*verhalten. Schließlich sind es ja die Schüler/innen, die schwatzen, die dazwischenrufen oder andere Formen von »Unruhe« zeigen. Überdies ist die Neigung zum »Stören« individuell sehr unterschiedlich: Es gibt Schüler/innen, die kaum jemals durch regelwidriges Verhalten auffallen, und es gibt schwer zu bändigende »Störer«, deren Verhalten vielleicht Teil einer individuellen »Verhaltensauffälligkeit« ist (vgl. hierzu Kap. 3.7). Dennoch ist es eine sehr einseitige Sichtweise, den Blick lediglich auf die Schüler/innen zu richten. Denn in *derselben* Klasse ist die Störungsrate sehr unterschiedlich, je nachdem, wer gerade unterrichtet. Das Lehrerverhalten (als externe Bedingung für das Schülerverhalten) ist also mindestens genauso bedeutsam, wenn nicht bedeutsamer (vgl. Helmke & Renkl 1993). Überdies ist es für Lehrkräfte viel aussichtsreicher, die eigene Klassenführung zu verändern, statt Schüler/innen individuell zu erziehen und auf die Eltern einzuwirken.

**Störungsprävention**

Seit den Untersuchungen von Jacob Kounin (1976), der als Erster die Disziplinproblematik empirisch durchleuchtete, ist in der Forschung bekannt, dass für eine niedrige Störungsrate und gute Mitarbeit die Art der Reaktion auf eingetretene Störungen ziemlich unwichtig ist. Entscheidend ist vielmehr, was sozusagen »vor« potenziellen Störungen geschieht, auf welche Weise man verhindert, dass sie überhaupt auftreten. Mit anderen Worten: Auf die Prävention kommt es an, nicht auf die Reaktion.

So wie bei der elterlichen Erziehung die Debatte um »streng« oder »nicht streng« an den wirklich wichtigen Aspekten des Erziehungsverhaltens vorbeigeht (vgl. Kapitel 3.2), so gilt dies auch für die disziplinrelevante Klassenführung. Die entscheidenden Verhaltensweisen sind weder »streng« noch »soft«, weder »autoritär« noch »permissiv«, sondern sie liegen auf ganz anderen Dimensionen (vgl. Doyle 1986, Good & Brophy 1997). Man kann sie im Wesentlichen zu vier Verhaltensbereichen zusammenfassen (s. Tafel 39), die einander ergänzen (Nolting 2002).

Ermittelt wurden die aufgeführten Aspekte des Lehrerverhaltens durch präzise Beobachtungsstudien im Klassenzimmer. Diese Studien gingen der Frage nach: Wie machen es jene Lehrkräfte, deren Unterricht »diszipliniert« – also mit wenig Störungen und guter Mitarbeit – abläuft, im Vergleich zu jenen, die starke Disziplinprobleme haben? Von allen vier Verhaltensbereichen ist unter Lehrkräften nur die Bedeutung von Regeln für den alltäglichen Unterrichtsablauf hinreichend bekannt. Viele hoch relevante Aspekte wurden hingegen in einer Lehrerbefragung selten oder nie erwähnt (Nolting 2002). Das gilt insbesondere für die *nonverbale* Beeinflussung (im Verhaltensbereich Präsenz- und Stoppsignale, aber auch der Aktivierung) und für die Aufrechterhaltung des Unterrichts»flusses«, obwohl diese Aspekte der Klassenführung nach den empirischen Befunden eine wahre Fundgrube für die Verringerung von Störungen sind.

---

- **Prävention durch breite Aktivierung**

Der Akzent liegt auf der eigentlichen *Unterrichts*führung bzw. dem »Lernmanagement«. Es geht um Verhaltensweisen, die möglichst die gesamte Klasse aktivieren.
*Beispiele:* Anregende Stimme, Mimik, Gestik – Aufgaben und Aktivitäten, die alle Schüler/innen beschäftigen – Gut verteiltes »Drannehmen«, Leistungskontrolle durch Herumgehen usw.

- **Prävention durch Unterrichts»fluss«**

Der Akzent liegt auf der Vermeidung *eigener* Unterbrechungen des eigentlichen Unterrichts.

---

*Beispiele:* Zügiger Wechsel von einer Aktivität zur anderen – Seltene Unterbrechung durch Organisatorisches (Einsammeln, Austeilen usw.) – Keine oder nur knappe Kommentare zu Störungen, Verspätungen usw.

- **Prävention durch klare Regeln**
Der Akzent liegt auf den Erwartungen an das *Schüler*verhalten bezüglich ihrer Mitarbeit sowie der Unterlassung von Störungen.
*Beispiele*: Wann ist Aufstehen vom Platz erlaubt? – Was ist zu tun, wenn man mit der Stillarbeit fertig ist? – Was ist zu tun, wenn die Lehrkraft verspätet kommt?

- **Prävention durch Präsenz- und Stoppsignale**
Der Akzent liegt auf der Überwachung und (größtenteils nonverbalen) Steuerung des Schülerverhaltens hinsichtlich der Einhaltung von Regeln.
*Beispiele:* Auch an der Tafel oder im Gespräch mit Einzelnen immer Blickkontakt zur Klasse halten – Sich im Raum bewegen, auf Störer zugehen – Bei kleinen Störungen kurze Stoppsignale senden (Blicke, Gesten).

**Tafel 39:** Störungsprävention – vier relevante Aspekte des Lehrerverhaltens

Die *breite Aktivierung* hat am engsten mit dem eigentlichen Unterrichten zu tun. Die Betonung liegt auf »breit«. Es kommt darauf an, möglichst viele Schüler/innen einzubeziehen und auch die Aufmerksamkeit jener aufrechtzuerhalten, die im Moment nicht »dran« sind. Hierfür gibt es zahlreiche Möglichkeiten. So spielen selbstverständlich unter anderem auch didaktisch-methodische Aspekte eine Rolle. Interessante Inhalte, anregende Lehrmethoden und Medien sowie ein lebendiger Lehrervortrag können »aktivieren«. Weniger offenkundig (jedenfalls in der Umfrage kaum erwähnt) ist hingegen die breite Mobilisierung durch wandernde Blicke bei einer Lehrerfrage an die ganze Klasse, durch gut verteiltes Aufrufen oder durch breit gestreute kleine Leistungskontrollen zwischendurch.

Mit *Unterrichtsfluss* ist nicht einfach ein »lebendiger« Unterricht, sondern vor allem die Vermeidung von Verzögerungen und Unterbrechungen gemeint (Kounin 1976, Rutter et al. 1980). Alles, was von den Schülern als »Wartezeit« oder als Geschehen jenseits des eigentlichen Unterrichts empfunden wird, kann Unruhe fördern: beispielsweise das Aufbauen von Geräten, das Austeilen von Material, Einschnitte zwischen zwei Unterrichtsphasen, längere Dialoge mit einzelnen Schüler/innen, unvermittelte Bemerkungen zu irgendwelchen Nebenaspekten (»Da liegt ja eine Bananenschale auf der Fensterbank«) und nicht zuletzt längere Kommentare zu aufgetretenen Störungen. Wie eine Untersuchung von Doyle (zit n. Doyle 1986, S. 411) feststellte, neigen Lehrer/innen mit Disziplinproblemen dazu, bei auftretenden Störungen vor der ganzen Klasse über die Störung zu sprechen. Lehrer/innen mit wenig Disziplinproblemen legen hingegen den Akzent auf die Aufgabe (»Schreib weiter«). Damit unterbrechen sie den Unterricht kaum, sondern führen zügig zur Lernaktivität zurück. Insofern hat der Unterrichtsfluss, ähnlich wie die breite Aktivierung, im Wesentlichen mit gutem »Lernmanagement« zu tun.

In der Schule gibt es *Regeln* für viele Situationen. Einige Regeln gelten einheitlich für die ganze Schule (z. B. hinsichtlich des Verhaltens auf dem Schulhof), andere sind der einzelnen Lehrkraft bzw. einer Verabredung mit der Klasse überlassen (z. B. Ist kurzes Flüstern mit dem Nachbarn erlaubt?). Regeln bieten viel Spielraum für die Störungsprävention (vgl. Doyle 1986, McPhillimy 1996; Evertson, Emmer & Worsham 2000). Empfohlen wird meist, sich auf eine überschaubare Zahl von Regeln zu beschränken, die einleuchtend und fair erscheinen, diese dann aber wirklich ernst zu nehmen (z. B. indem man tatsächlich keine Zurufe verwertet, wenn die Melderegel gilt). Die Regeln können natürlich – eventuell aus Anlass aufgetretener Probleme – gemeinsam mit der Klasse aufgestellt werden.

*Präsenz- und Stoppsignale* (bei Kounin, 1976, »Allgegenwärtigkeit«, im Original »withitness«) sind kaum merkliche, überwiegend nonverbale Verhaltensweisen, die die eigentliche Unterrichtsführung begleiten. Sie sind von größter Bedeutung für die Störungsprävention und eine Alternative zu endlosen Ermahnungen und Bestrafungen. Erfolgreich führende Lehrkräfte zeigen, dass sie buchstäblich alles im Blick haben, dass sie sogar »Augen im Hinterkopf« besitzen. Im Falle gerade entstehender Störungen kommt es darauf an, frühzeitig zu reagieren und den »Richtigen« zu treffen, also Störungen im Keim zu ersticken, ehe sie sich ausbreiten. Dazu reichen dann aber meist kurze Blicke, kleine Handzeichen oder knappe Aufforderungen aus.

Diese Strategien sind nicht an bestimmte Unterrichtskonzepte und Arbeitsformen gebunden. Sie gelten z. B. nicht nur für den Lehrervortrag oder das Unterrichtsgespräch, sondern auch für Gruppenarbeit oder Stillarbeit. Insofern schränken sie die pädagogische Freiheit der Lehrkräfte keineswegs ein.

### Intervention: Lehrerzentriert oder kooperativ

Von den geschilderten präventiven Strategien deutlich zu unterscheiden sind korrektive Maßnahmen zur Lösung von bereits aufgetretenen Konflikten mit der Klasse. Hier wird das Problem in irgendeiner Weise zum Thema gemacht und bearbeitet. Inhaltlich kann es ebenfalls um Unterrichtsstörungen gehen, nur dass man mit der Intervention erstmal einen Neuanfang setzt, ehe man sich auf die präventiven Strategien verlässt. Es können aber auch ganz andersartige Probleme sein, z. B. mangelnde Beteiligung in Unterrichtsgesprächen oder fehlende Hausaufgaben.

Für die Lösung von Konflikten mit der Klasse gibt es zahlreiche Vorschläge. Sie lassen sich im Wesentlichen in zwei Grundtypen einteilen, die hier nur kurz skizziert werden können: Im einen Fall liegt die Intervention (fast) ganz in der Hand der Lehrkraft. Sie fragt sich: Was tue *ich*? Sie holt sich vielleicht Rat bei anderen Lehrkräften und spricht dabei *über* die Schüler/innen – aber nicht *mit* ihnen. Im anderen Fall tut die Lehrkraft genau dies: Sie versucht, das Problem von Anfang bis Ende gemeinsam mit der Klasse zu lösen. Die Grundfrage lautet hier: »Wie lösen *wir* das Problem?« Den ersten Typ bezeichnen wir als *lehrerzentriert* (oder lehrergesteuert), den zweiten als *kooperativ*. Beide Vorgehensweisen können effektiv sein und zwischen ihnen gibt es zuweilen fließende Übergänge.

Zu *lehrerzentrierten* Maßnahmen gehören altbekannte Dinge wie die Klarstellung von Verhaltensregeln, Appelle und Anweisungen, Änderungen der Sitzordnung, Strafandrohungen und Bestrafungen, aber auch Anreize und Belohnungen für gute Mitarbeit (z. B. ein attraktives Spiel am Ende der Stunde, Entlastung von Hausaufgaben). Gerade diese letzte Möglichkeit – das Fördern des erwünschten Verhaltens durch positive Mittel – ist lernpsychologisch gut begründet (vgl. S. 81 f) wird in der Praxis aber oft »vergessen«, weil sich die verbreitete Neigung durchsetzt, auf aversives Verhalten (Störungen) ebenfalls aversiv zu reagieren, also *gegen* das unerwünschte Verhalten vorzugehen. Dabei hat das Fördern des *erwünschten* Verhaltens durch Anreize und positive Bekräftigungen viele Vorteile: Es ist meist sehr effektiv, es ist emotional nicht belastend und es ist förderlich für das Klassenklima und die Lehrer-Schüler-Beziehung (vgl. McPhillimy 1996). Positive Anreize lassen sich sowohl für die Klasse als auch für Einzelne oder für Tischgruppen einsetzen.

Sehr interessant, aber anscheinend wenig verbreitet, sind *kooperative Verfahren*. Hier löst man das Problem gemeinsam mit der Klasse. Am bekanntesten ist wohl die »Lehrer-Schüler-Konferenz« von Gordon (1995). Sehr differenziert, konkret und überdies gut erprobt ist die kooperative Methode von Redlich und Schley (1981, Achtzehn Autoren 2000). Sie umfasst drei Hauptphasen: die gemeinsame Diagnose, die gemeinsame Planung und die gemeinsame Intervention.

> Zunächst schildert die Lehrkaft, was *sie* als Problem empfindet und bittet dann die Schüler/innen, *ihre* Sicht der Dinge mitzuteilen. Dies geschieht am besten durch eine anonyme Befragung mit einem vorbereiteten Fragebogen, damit wirklich *alle* sich äußern, auch die Stillen und die Schüchternen. Die anonyme Auskunft ist auch deshalb günstig, weil manche Probleme (z. B. Feindseligkeiten oder mangelnde Beteiligung) vielleicht gar nicht mit dem

Verhalten der Lehrer/innen zu tun haben, sondern mit dem Verhalten von Mitschülern, die niemand öffentlich »verpetzen« mag.
Nachdem die verschiedenen Sichtweisen zu einer Gesamtdiagnose integriert wurden, folgt die kooperative Planung: Hier werden gemeinsam Ziele festgelegt, Lösungsideen gesammelt und Vereinbarungen getroffen, eventuell ganz konkret in einem Lehrer-Schüler-Vertrag, der neue Regeln für beide Seiten und eventuell auch Anreize für erreichte Veränderungen festhält.
In der Interventionsphase werden die Planungen umgesetzt, der Erfolg wird kontrolliert und auch sichtbar gemacht. So können z. B. die Schüler/innen zwei Wochen lang eine Strichliste darüber führen, wie oft sie sich korrekt gemeldet oder aber in den Raum gerufen haben. Das Gesamtergebnis der Zählungen kann dann täglich in einem großen Schaubild vor der Klasse eingetragen werden.

Kooperatives Vorgehen arbeitet nicht mit bestimmten Lösungen, sondern ist eine *Strategie* zum Finden von Lösungen. An dem Prozess sind alle Betroffenen beteiligt und sowohl die Schüler/innen *als auch* die Lehrkraft leisten ihren Betrag zur Verhaltensänderung in der Klasse. Der kooperative Ansatz verbindet systemisches Denken (die »Klasse« als System; vgl. S. 55) mit verständigungsorientierter Kommunikation (vgl. S. 88) und verhaltenspsychologischer Lernpsychologie (vgl. S. 39).

# 5 Vom Wissen zum Handeln

Welchen Beitrag leistet pädagogisch-psychologisches Wissen für das praktische Handeln? In diesem Kapitel geht es zunächst um die Abwägung von Nutzen und Grenzen und anschließend um die Möglichkeiten, über das Wissen hinaus pädagogische Handlungskompetenz zu fördern.

## 5.1 Erziehen und Unterrichten = angewandte Psychologie?

Von der Psychologie wird oft erwartet, dass sie praktisch verwertbare Auskünfte liefert. Liegt es nicht nahe, dass sich aus Einsichten in psychologische Zusämmenhänge Schlussfolgerungen für das praktische Handeln ziehen lassen? Wie die vorangehenden Kapitel gezeigt haben, ist dies in begrenztem Maße durchaus möglich – aber eben nur in begrenztem Maße. Auf dem Weg von wissenschaftlichen Erkenntnissen zu praktischem Handeln stößt man nicht selten auf allerlei Hindernisse. Das gilt auch für den Bereich der Erziehung.

### Grenzen und Hindernisse

Was die Pädagogische Psychologie anbelangt, so befasst sie sich lediglich mit einem Ausschnitt aus dem großen Komplex »Erziehung« (s. Kap. 1.1). Insofern hat Erziehung nur *teilweise* mit Psychologie zu tun. Wäre sie im Wesentlichen eine Sache von »Prozessen« (Denken, Motivation, Lernen, Kommunikation usw.), würde sie durch die Psychologie weitgehend abgedeckt. Aber sie hat eben auch mit Normen und Werten zu tun, mit Inhalten, mit Lernmaterialien, mit Institutionen, mit Schulrecht u. a. m. Diese Aspekte reichen in andere Disziplinen hinein (Pädagogik, Soziologie, Fachwissenschaften der Unterrichtsfächer usw.; vgl. auch Tafel 40).

| Personale Aspekte | Externe Aspekte |
|---|---|
| *Pädagogisch-psychologisches Wissen*<br>Didaktisches und fachliches Wissen<br>Überzeugungen, subjektive Theorien<br>Verhaltensfertigkeiten, -gewohnheiten<br>Vorlieben, Abneigungen<br>u. a.m. | Verhalten von Person X<br>Verhalten eines Kollektivs (z. B. Schulklasse)<br>Verfügbare Ausstattung, Materialien usw.<br>Zeitdruck, Sitzordnung usw.<br>Organisatorische Strukturen, Vorschriften<br>u. a.m. |

**Tafel 40:** Kenntnisse in Psychologie – nur einer von zahlreichen Faktoren, die das pädagogische Handeln bestimmen können

Zur Frage des »Anwendens« ist weiterhin zu sagen, das wissenschaftliche Erkenntnisse, ob aus der Psychologie oder anderen Disziplinen, generell nicht unmittelbar Handlungsanweisungen für die Praxis liefern. Denn: »Für einen Forscher ist die Arbeit erledigt, wenn er zeigen kann, dass ein bestimmtes Handlungsrezept auf eine bestimmte Kategorie von Lernenden mit der und der Wahrscheinlichkeit die und die Effekte hat. Für einen Lehrer, der dieses Handlungsrezept anwenden will, fängt hier die Arbeit erst an: der gesamte Forschungsprozess beginnt für ihn noch einmal ganz von vorn« (Grell & Grell 1979, S. 281). Wissenschaftliche Aussagen beziehen sich immer auf *Kategorien* von Personen und Situationen, nicht auf einen bestimmten Menschen und eine bestimmte Situation (Thurner 1981, S. 18). Da die konkreten Fälle innerhalb einer Kategorie durchaus variieren, heißt dies: Wissenschaftliche Abhandlungen zeigen, was in der Praxis bedeutsam sein *könnte,* aber man muss immer erst herausfinden, welche Aspekte im individuellen Fall tatsächlich besonders bedeutsam sind. Dies ist der »zweite Forschungsprozess«.

Beispiel: Lernstörungen. Die Psychologie kann aufgrund empirischer Zusammenhänge Aussagen darüber machen, ob für die Schulleistung »aufs Ganze gesehen« intellektuelle Fähigkeiten ein größeres oder kleineres Gewicht haben als z. B. Schulangst oder mangelnde Ermutigung. Sie kann dies evtl. für verschiedene Anforderungen (z. B. Rechtschreibung, Geometrie) näher spezifizieren. Sie kann überprüfen, bei welcher Verursachung welche Förderung mit welcher Wahrscheinlichkeit welche Erfolge erwarten lässt. Aber sie kann keine Aussagen über konkrete Schüler machen. Will man z. B. schlechte Leseleistungen von Franz X erklären, so kann man in keinem seriösen Buch eine Aussage finden wie: »Eine schlechte Leseleistung hat folgenden Grund... «, sondern allen falls »kann folgende Gründe haben... « Was im Falle von Franz X zutrifft, muss man erst ermitteln.

Auch bei noch so fundiertem Wissen *und* der Kompetenz, es für konkrete Fälle nutzbar zu machen, wird das praktische Handeln eines Menschen natürlich nie allein von »Wissen« bestimmt, sondern z. B. auch von persönlichen Vorlieben, Fähigkeiten, Gewohnheiten, von momentanen Stimmungen, von Besonderheiten der jeweiligen Situation. Welche Möglichkeiten es gibt, die Distanz zwischen Wissen und Handeln zu verringern und Handlungskompetenzen zu fördern, wird in dem anschließenden Kapitelabschnitt 5.2 erörtert.

**Nutzen**

Angesichts der beschriebenen Grenzen: Was kann dann die Beschäftigung mit Pädagogischer Psychologie in der Praxis für einen Nutzen haben? Der Nutzen wird deutlich durch die Frage, *woran man sich orientieren soll,* wenn man pädagogische Urteile und Entscheidungen zu treffen hat. Stützt man sich z. B. auf die »Tradition«, auf Volksweisheiten, auf persönliche Eindrücke, auf die Intuition des Augenblicks, auf die Ansichten bekannter Autoritäten – oder eben auf systematische Forschungen?

Die Psychologie kann somit aufzeigen, welche Faktoren in Einzelfällen *beachtet* werden sollten und wie man zu einer Diagnose gelangen kann. Sie kann eine *Suchhilfe* bieten, die zu einem besseren Verständnis des Problems führt. Dadurch wird es auch leichter zu entscheiden, welche Maßnahmen sich vermutlich als nützlich oder nutzlos erweisen werden. Es ist weiterhin denkbar, dass für einige häufig wiederkehrende Situationen »standardisierte Techniken« entwickelt werden (Herrmann 1979), die sich fast immer als günstig erweisen. Das könnten z. B. bestimmte Testverfahren oder bestimmte Gesprächsformen für Beratungssituationen oder bestimmte Handlungsstrategien zur Konfliktregelung sein.

Die Aufgabe einer *Wissenschaft* ist es aber auch, Praxisfelder systematisch zu erkunden und mit ihren Befunden und Theorien eine kritische Reflexion gängiger Praxis anzustoßen. Auf diese Weise kann sie, außer für den Umgang mit Einzelfällen, auch Wegweiser setzen für *grundsätzliche* Entscheidungen und Handlungsorientierungen. Hierzu zwei Beispiele, die in diesem Buch zur Sprache kamen:

- Kann man durch bestimmte Unterrichtsfächer »logisches Denken« fördern oder sind nur fachspezifische Lerneffekte zu erwarten? Dies wäre z. B. wichtig bei schulpolitischen Entscheidungen darüber, ob bestimmten Fächern ein besonderer Stellenwert eingeräumt wird.
- Welches Lehrerverhalten fördert eine gute »Disziplin« in der Klasse, also wenig Störungen und gute Mitarbeit? Spielt es z. B. eine Rolle wie »streng« Lehrer/innen auf Störungen reagieren oder sind ganz andere Verhaltensweisen entscheidend?

Fragen dieser Art lassen sich nicht ohne empirische Forschungen beantworten. Diese können dann *Kriterien* für pädagogische Entscheidungen bilden. Aber sie liefern nicht die Entscheidung selbst! Denn das Erziehen und Unterrichten als praktische Tätigkeit muss eine Vielzahl von Gesichtspunkten beachten – auch »nichtwissenschaftliche« (vgl. Tafel 40). Selbst wenn man sich auf psychologische Gesichtspunkte beschränken könnte, wäre damit selten eine ganz bestimmte Handlungsweise vorgegeben, weil es gewöhnlich nicht nur einen, sondern verschiedene psychologische Zusammenhänge zu bedenken gibt. Selten ist ein bestimmter Wenn-Dann-Zusammenhang so eng, dass er allein schon unmittelbar Relevanz für pädagogische Entscheidungen haben könnte (vgl. Dollase 1984).

In jedem Fall muss der Praktiker, sofern er nicht routinemäßig handelt, für seine jeweiligen Absichten eine Vielzahl von Gesichtspunkten in Betracht ziehen und daraus eine praktische Handlungsentscheidung machen – was zweifellos eine schöpferische Leistung ist. Eben hier gibt es aber sicher große individuelle Unterschiede: Manche Praktiker sind ausgeprägt psychologisch orientiert und andere fast gar nicht. Das heißt, welches nutzbare Wissen tatsächlich genutzt wird, hängt entscheidend von dem jeweiligen Nutzer ab und nicht nur von der Nützlichkeit des Wissens. Faktisch liegt es also auch in der Hand der Praktiker, in welchen Maße Erziehung sich als angewandte Psychologie erweist.

Eine letzte Bemerkung mag das Gewicht der Erziehungspersonen noch vergößern. Was der Unterrichtsforscher Gage (1979) über das Unterrichten sagt, gilt sicherlich für pädagogisches Handeln generell: In gewissem Grade ist und bleibt es eine »Kunst«, und die Wissenschaft kann dafür allenfalls ein »Fundament« bereitstellen. Allerdings, so Mietzel (1998, S. 44) kann man es auch als ein Ziel der Pädagogischen Psychologie ansehen, »zunehmende Anteile dieser ‚künstlerischen' Tätigkeit wissenschaftlich zu erfassen«. Die dadurch gewonnene Transparenz, so fügen wir hinzu, trägt dann vielleicht dazu bei, die Kunst »lernbarer« zu machen.

## 5.2 Förderung von Handlungskompetenz

Wie erlernen Eltern, Lehrkräfte und andere Erziehende die Handlungskompetenz zu erziehen bzw. zu unterrichten? Wie kann die »Erziehung der Erzieher« aussehen? Zunächst einmal gibt es hier zwischen Eltern und Berufspädagogen offenkundige Unterschiede. Während professionelle Erzieher eine längere Ausbildung erhalten, praktizieren Eltern Erziehung gewöhnlich ohne eine systematische Vorbereitung.

Dennoch würden manche Eltern auch unter kritischen Augen hervorragende Noten bekommen, während man bei manchen Berufspraktikern kaum glauben mag, sie seien für diese Aufgabe eigens ausgebildet worden. Für diese Unterschiede, die auch Unterschiede im individuellen Lernbedarf sind, kann es viele Gründe geben, die wir hier nicht im Einzelnen untersuchen wollen. Es soll hier nur um die Frage gehen, auf welchen Wegen gutes Erziehen und Unterrichten gelernt und gelehrt werden kann, was also Erziehende für die Förderung *eigener* Lernprozesse tun können, um ihre Aufgabe besser zu erfüllen: nämlich die Lernprozesse von *anderen* Menschen, zumeist Kindern, zu fördern.

### Lernen auf mehreren Ebenen

In pädagogischen Ausbildungen wird vornehmlich aus Vorlesungen, Seminaren und Büchern gelernt und erworben werden dabei in erster Linie Sachkenntnisse: z. B. über das Unterrichtsfach, über pädagogische Theorien oder über Pädagogische Psychologie. Doch Wissen setzt sich nicht ohne weiteres praktisches Handeln um, selbst dann nicht, wenn es praxisnahe Beispiele und Handlungsempfehlungen einschließt.

Ähnlich wie bei kognitiven Kompetenzen (s. S. 120) sind auch bei Handlungskompetenzen mehrere Funktionsebenen zu berücksichtigen. Wir orientieren uns an den Ansatzpunkten, die bei der Förderung kognitiver Kompetenzen erörtert wurden: Sachwissen, Fertigkeiten, Strategien und Metakognition bzw. Selbstreflexion. Von *Sachwissen* war eben bereits die Rede. Mit *Fertigkeiten* sind hier mehr oder minder automatisierte Verhaltensweisen gemeint, mit denen man in bestimmten Situationen rasch und zweckmäßig agiert oder reagiert (z. B. bei aufkeimender Unruhe in der Klasse). Der pädagogische Profi erkennt blitzschnell, um welchen Typ von Situation es sich handelt und aktiviert dazu die passenden Handlungsroutinen. Weiterhin wichtig ist die Verfügung über Handlungs*strategien*, womit hier mehr oder minder planvoll und überlegt ausgeführte Vorgehensweisen oder Handlungsschritte gemeint sind (z. B. für ein Projekt zur kooperativen Konfliktlösung). *Selbstreflexion* bildet schließlich die »oberste Leitzentrale« für die Gesamtregulation des eigenen Handelns.

Es ist seit langem Konsens, dass der Erwerb von Handlungskompetenz in diesem umfassenden Sinne auch Lernprozesse auf verschiedenen Ebenen erfordert (z. B. Fittkau & Schulz von Thun 1977), wenngleich diese nicht immer in derselben Weise definiert werden. Drei Zugänge oder Ebenen des Lernens scheinen in den unterschiedlichen Konzepten und Trainingsprogrammen besonders häufig vorzukommen: *Wissenserwerb, Verhaltenstraining* und *Selbstreflexion.*

Selbstreflexion ist also nicht nur ein Teil der Kompetenz, sondern auch ein Lernweg. Reflektieren kann man unter anderem über die eigenen Gefühle in kritischen Situationen, über pädagogische Einstellungen oder auch über jene handlungsrelevanten Kognitionen, die unter dem Begriff der subjektiven Theorien thematisiert werden (z. B. Wahl 1991, Humpert & Dann 2001).

Für den Erwerb von Strategien eignen sich in begrenztem Maße Bücher, fachliche Beratung und andere Informationsquellen, die die Strategien als Wissen vermitteln, das sich vielleicht auch in Handlungen umsetzen lässt, sofern man in Ruhe überlegen und entscheiden kann. Doch die Ausbildung von Handlungen, die auch »unter Druck« verfügbar sind, ist meist auf einen langen Trainingsprozess mit einer allmählichen Umformung mitteilbaren Handlungswissens in »verdichtetes« Wissen angewiesen (Wahl 1991). Das gilt für den raschen Einsatz von Strategien und noch mehr für automatisch abrufbare Fertigkeiten. Sie erfordern viel Übung in Verbindung mit kritischer Auswertung.

Zu gezielter Selbstreflexion und gezieltem Training kommt natürlich das Lernen im alltäglichen Praxisfeld hinzu. Anregungen durch Gespräche mit anderen Erziehenden, das Beobachten von erfolgreichen Praktikern (Lernen am Modell) und und nicht zuletzt die eigene praktische Tätigkeit: Allerdings: Praktische »Erfahrung« (auch »jahrelange«) führt nicht automatisch zu höherer Handlungskompetenz, sondern eventuell nur zur Verfestigung alter Gewohnheiten. Wesentlich ist eine kritische Auswertung der Praxiserfahrungen, der wiederholte Wechsel von Selbstreflexion und Handeln (vgl. Wahl 1991). Überhaupt: Es gibt wohl nicht den allein selig machenden Lernweg, sondern wichtig ist die Vernetzung und wechselseitige Ergänzung verschiedener Wege.

## Lehrertraining

Training für Erzieher kann es aus unterschiedlichen Anlässen geben. Für professionelle Pädagogen kann es in Studium und praktischer Ausbildung entsprechende Angebote geben. Stehen sie bereits in der beruflichen Praxis und entdecken sie Defizite bei sich selbst, sind sie möglicherweise besonders empfänglich für Kurse im Rahmen der beruflichen Fortbildung. Tafel 41 gibt eine Übersicht über häufige Lernwege (hierzu auch Mutzeck & Pallasch 1983, Pallasch, Mutzeck & Reimers 1992). Wie leicht zu erkennen ist, sprechen sie meist eher die eine oder andere Ebene der Handlungskompetenz an, weshalb in der Praxis oft verschiedene Wege kombiniert werden. Dank der Videotechnik ist es möglich, neben dem verbalen auch nonverbales Verhalten zu berücksichtigen (Mimik, Blickverhalten, Gestik, Körperhaltung, Bewegen im Raum).

– Eine mögliche Variante ist die Kombination aus (a) Lernen am Modell durch Videos mit (b) Microteaching und (c) Reflective Teaching (Kramis 1991). Im Microteaching wird zwar real unterrichtet, doch mit dem Schwerpunkt auf einer bestimmten Fertigkeit (z. B. einen Kurzvortrag halten, divergente Fragen stellen, Schülerbeiträge aufgreifen), und zwar anhand eines Mini-Themas vor einer kleinen Lerngruppe und in Phasen von wenigen Minuten, um auf diese Weise die Komplexität der Unterrichtssituation zu reduzieren. Im Reflective Teaching kommt es darauf an, zu vorgegebenen Zielen und Inhalten die passenden Unterrichtsformen auszuwählen und umzusetzen. In der Studie von Kramis führte das Training zu deutlich besseren Noten in der schulpraktischen Abschlussprüfung.
– Eine andere Kombination umfasst Rollenspiele und die Reflexion über die eigene Lehrerrolle (Havers 1998). Im Rollenspiel wird in Havers' Konzept der Umgang mit Disziplinproblemen geübt, wobei die übrigen Seminarteilnehmer die Schülerrolle einnehmen. Videoaufzeichnungen dienen der präzisen Auswertung der Rollenspiele. In der zweiten Komponente des Programms, der Reflexion über die eigenen Berufsvorstellungen, soll unter anderem ein Text geschrieben werden über Menschen und Erfahrungen in der eigenen Schulzeit, die die eigenen Vorstellungen vom Lehrerberuf geprägt haben.

---

- Seminare, Bücher etc.
- Lehrfilme
- Hospitationen
- Unterrichtsproben, Praktika
  - mit Selbstreflexion
  - mit Beobachtern und Beurteilern
  - mit Video-/Audio-Aufnahmen
- Verhaltenstraining
  - zu einzelnen Fertigkeiten
  - zu einzelnen Situationen
- Gespräche (über Gefühle, subjektive Theorien u. a.)
  - Kollegiale Beratung und Supervision
  - Supervision mit externen Supervisoren

---

**Tafel 41:** Verbesserung des eigenen Lehrerverhaltens – einige Lernwege

Um über längere Zeit und in eigener Regie das eigene Unterrichtsverhaltens zu erkunden und zu verbessern, ist es eine hilfreiche Empfehlung, kollegial mit einem Tandempartner zu kooperieren (Tennstädt et al. 1990, Humpert & Dann 2001, Wahl 1991). Dadurch wird es möglich, sich wechselseitig im Unterricht zu beobachten, gemeinsam Alltagstheorien zu klären (z. B. subjektive Aggressionserklärungen) und neue Handlungsmöglichkeiten zu entwickeln usw. (konkrete Anleitungen bei Humpert & Dann 2001).

### Elterntraining

Elternkurse sind häufig offen für alle interessierten Eltern, die ihre Erziehungskompetenz verbessern möchten; sie werden z. B. über die Volkshochschule angeboten. Manchmal richten sie sich aber auch an spezielle Gruppen, z. B. an Eltern mit besonderen Erziehungsproblemen, an Pflegeeltern, Stieffamilien oder Alleinerziehende.

»Ein typisches Elterntrainingsprogramm... klärt mit den Teilnehmern die Ziele hinsichtlich des eigenen Erziehungsverhaltens und des Verhaltens der Kinder, lässt die Teilnehmer über Erziehungseinstellungen sprechen, vermittelt Wissen über Zusammenhänge erzieherischer Maßnahmen mit kindlichen Verhaltensweisen, lässt bestimmte Erziehungsmaßnahmen üben, z. B. wie man mit einem Kind in einer Konfliktsituation spricht, auf welche Weise man belohnen oder bestrafen soll oder wie man sich mit Kindern unterschiedlicher Altersgruppen beschäftigt. Häufig wird auch die selbst erfahrene Erziehung in der Herkunftsfamilie thematisiert... oder es wird darüber gesprochen, was es für die Einzelnen bedeutet, Vater bzw. Mutter zu sein« (Minsel 1994, S. 551).

Diese Beschreibung macht deutlich, dass auch in Elterntrainings meist unterschiedliche Lernebenen angesprochen werden, von der Vermittlung von Sachkenntnissen über emotionale Selbstklärungen bis hin zur Übung bestimmter Verhaltensweisen. Um die Übertragung in die Praxis zu fördern, können die Eltern auch »Hausaufgaben« bekommen, über die sie dann im Kurs berichten.

*Was* die Eltern lernen und auf welchen Wegen, richtet sich ggf. auch nach dem individuellen »Lernbedarf«, und manche Programme ermöglichen hier eine flexible Anpassung.

Ein jüngeres Beispiel eines Elterntrainings ist das erfolgreiche australische Programm Triple-P (Sanders 1996), das auch in Deutschland eingeführt wurde (Kuschel et al. 2000). Es umfasst fünf Interventionsstufen: (1) Allgemeine Information zu Erziehung, (2) Kurzberatung für Eltern mit spezifischen Erziehungsproblemen, (3) Kurzberatung plus aktives Verhaltenstraining im Rollenspiel, (4) intensives Training, (5) erweiterte Intervention auf Familienebene, auch mit Kommunikationstraining für die Ehepartner, Anleitung zum Stressmanagement usw. Die eingesetzten Stufen werden hier dem individuellen Bedarf angepasst. Manche Eltern kommen bereits mit Stufe 1 aus. Zu den konkreten Erziehungspraktiken, die zur Sprache kommen und ggfs. auch geübt werden, gehören unter anderem: Regeln aufstel-

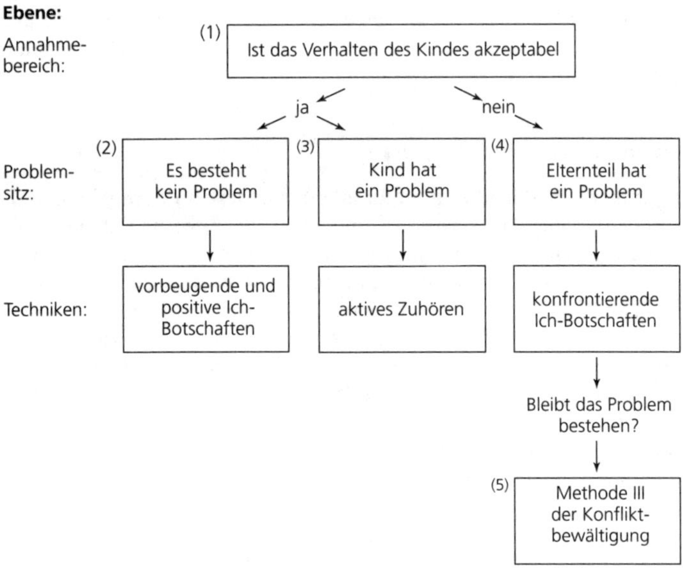


**Tafel 42:** Struktur des Gordon-Elterntrainings (aus Schneewind 1999, S. 244)

len, ruhige Anweisungen geben, erwünschtes Verhalten des Kindes belohnen, bestimmte Verhaltensweisen ignorieren u. a.

Gute Kommunikation ist der Kern des Trainings nach Thomas Gordon, das es sowohl für Eltern wie für Lehrer/innen gibt. Die zu erlernenden Kommunikationsmuster wurden bereits an anderer Stelle beschrieben (s. S. 88). Tafel 42 stellt die Struktur des Trainings dar. Evaluationen belegen, dass es zu nachhaltigen positiven Auswirkungen auf das Verhalten und die Einstellungen von Eltern und Kindern sowie auf das Beziehungsklima führen kann. Dies gilt ebenso für das entsprechende Lehrertraining (Müller 2002, Müller, Hager & Heise 2001).

Elterntrainings sind häufig Teil einer umfassenderen Intervention, zu der auch psychologische Beratung und Arbeit mit den Kindern (z. B. das »Training mit aggressiven Kindern« von Petermann & Petermann 2001) oder auch ein Partnertraining gehören können. Statt der »Veränderung« Einzelner wird sozusagen gemeinsames Umlernen und damit die Änderung eines ganzen Interaktionssystems angestrebt (ähnlich wie etwa bei der Mehr-Ebenen-Intervention zur Gewaltverminderung in der Schule; vgl. S. 111).

Insgesamt ist die »Erziehung der Erzieher« sicherlich nie allein durch einzelne Kurse oder Ausbildungselemente zu erfüllen, sondern ist im Idealfall vielseitiges und lebenslanges Lernen.

# Literatur


Achtzehn Autoren (2000). *Die Kooperative Methode im Unterricht. 14 Fallbeispiele zur Lösung von Konflikten und zur Verbesserung der Kommunikation und Kooperation in Schulklassen.* Materialien aus der Arbeitsgruppe Beratung und Training, herausgegeben von Alexander Redlich. Fachbereich Psychologie der Universität Hamburg.

Aebli, H. (1983). *Zwölf Grundformen des Lehrens.* Stuttgart: Klett-Cotta.

Anderson, J. R. (2001). *Kognitive Psychologie* (3. Aufl.). Heidelberg: Spektrum.

Antonovsky, A. (1997). *Salutogenese. Zur Entmystifizierung der Gesundheit.* Tübingen: dgvt.

Artelt, C., Stanat, P., Schneider, W. & Schiefele, U. (2001). Lesekompetenz: Textkonzeption und Ergebnisse. In J. Baumert et al. (Deutsches PISA-Konsortium) (Hrsg.), *PISA 2000. Basiskompetenzen von Schülerinnen und Schülern im internationalen Vergleich* (S. 69-137). Opladen: Leske + Budrich.

Asendorpf, J. (1988). *Keiner wie der andere. Wie Persönlichkeitsunterschiede entstehen.* München: Piper.

Asendorpf, J. (1998). Entwicklungsgenetik. In H. Keller (Hrsg.), *Lehrbuch Entwicklungspsychologie* (S. 97-118). Bern: Huber.

Ausubel, D. P., Novak, J. D. & Hanesian, H. (1980). *Psychologie des Unterrichts, Band 1 und 2* (2., völlig neubearb. Aufl.). Weinheim: Beltz.

Baddeley, A. (1988). *So denkt der Mensch. Unser Gedächtnis und wie es funktioniert.* München: Knaur.

Ballstedt, S. P. (1997). *Wissensvermittlung. Die Gestaltung von Lernmaterial.* Weinheim: Beltz.

Bandura, W. (1986). *Sozial-kognitive Lerntheorie.* Stuttgart: Klett-Cotta.

Bandura, A. (1997). *Self-efficacy. The exercise of control.* New York: Freeman.

Baumert, J. & Schümer, G. (2001). Familiäre Lebensverhältnisse, Bildungsbeteiligung und Kompetenzerwerb. In J. Baumert et al. (Deutsches PISA-Konsortium) (Hrsg.), *PISA 2000. Basiskompetenzen von Schülerinnen und Schülern im internationalen Vergleich* (S. 323-407). Opladen: Leske + Budrich.

Baumrind, D. (1971). Current patterns of parental authority. *Developmental Psychology Monographs*, 4, 1-101.

Baumrind, D. (1991). The influence of parenting style on adolescent competence and substance use. *Journal of Early Adolescence*, 11, 56-95.

Baumrind, D. (1993). The average expectable environment is not good enough: A response to Scarr. *Child Development*, 64, 1299-1317.

Becker, P. (1986). Theoretischer Rahmen. In P. Becker & B. Minsel: *Psychologie der seelischen Gesundheit, Band* 2 (S. 1-90). Göttingen: Hogrefe.

Becker, P. (1997). *Psychologie der seelischen Gesundheit. Band 1: Theorien, Modelle, Diagnostik* (2. Aufl.). Göttingen: Hogrefe.

Becker, W. C. (1964). Consequences of different kinds of parental discipline. In M. L. Hoffman & L. W. Hoffman (Eds.), *Review of child development research, Vol. 1* (pp. 169-208). New York: Russel Sage.

Beelmann, A. (2003). Wirksamkeit eines sozialen Problemlösetrainings bei entwicklungsverzögerten Vorschulkindern. *Zeitschrift für Pädagogische Psychologie*, 17, 27-41.

Behr, M. & Walterscheid-Kramer, J. (1995). *Einfühlendes Erzieherverhalten* (4. Aufl.). Weinheim: Beltz.

Bender, B., Fleischer, T. & Mersmann, B. (Hrsg.) (1999). *Person und Beziehung in Schule und Unterricht.* Köln: GwG.

Bengel, J., Strittmatter, R. & Willmann, H. (2002). *Was erhält Menschen gesund? Antonovskys Modell der Salutogenese – Diskussionsstand und Stellenwert* (erw. Neuaufl.). Köln: Bundeszentrale für gesundheitliche Aufklärung.

Bereiter, C. (1980). Development in writing. In L. W. Gregg & E. R. Steinberg (Eds.), *Cognitive processes in writing* (pp. 73-93). Hillsdale, NJ: Erlbaum.

Betz, D. & Breuninger, H. (1996). *Teufelskreis Lernstörungen. Theoretische Grundlegung und Standardprogramm* (4. Aufl.). Weinheim: Psychologie Verlags Union.

Bieg, S. & Behr, M. (2002). Wahrnehmen und Erleben von Gefühlen – ein Ansatzpunkt für die schulische Förderung. *Gesprächspsychotherapie und Personzentrierte Beratung*, 33, 277-284.

Bierhoff, H. W. (2000). *Sozialpsychologie. Ein Lehrbuch* (5. Aufl.). Stuttgart: Kohlhammer.

Bierhoff, H. W. (2001). Prosoziales Verhalten in der Schule. In D.H. Rost (Hrsg.), *Handwörterbuch Pädagogische Psychologie* (2., überarb. u. erw. Aufl.) (S. 562-567). Weinheim: Beltz PVU.

Bierhoff, H. W. (2002). *Einführung in die Sozialpsychologie*. Weinheim: Beltz.

Biermann-Ratjen, E. M. (1996). Entwicklungspsychologie und Störungslehre. In C. Boeck-Singelmann, B. Ehlers, T. Hensel, F. Kemper & C. Monden-Engelhardt (Hrsg.), *Personzentrierte Psychotherapie mit Kindern und Jugendlichen, Band 1* (S. 9-28). Göttingen: Hogrefe.

Bilsky, W. (1989). *Angewandte Altruismusforschung. Analyse und Rezeption von Texten über Hilfeleistung.* Bern: Huber.

Birkel, P. & Birkel, C. (2002). Wie einig sind sich Lehrer bei der Aufsatzbeurteilung? Eine Replikationsstudie zur Untersuchung von Rudolf Weiss. *Psychologie in Erziehung und Unterricht*, 49, 219-224.

Bloom, B. S. (Hrsg.) (1972). *Taxonomie von Lernzielen im kognitiven Bereich.* Weinheim: Beltz.

Borg-Laufs, M. (Hrsg.) (2001). *Lehrbuch der Verhaltenstherapie mit Kindern und Jugendlichen, Band II: Interventionsmethoden*. Tübingen: dgvt-Verlag.

Brandstätter, H. & Mayr, J. (1994). Die Lehrer-Persönlichkeits-Adjektivskalen (LPA). Ein Instrument zur Selbsteinschätzung berufsrelevanter Persönlichkeitsmerkmale. In J. Mayr (Hrsg.), *Lehrer/in werden* (S. 231-247). Innsbruck: Österreichischer Studien Verlag.

Brezinka, W. (1978). *Metatheorie der Erziehung.* München: Reinhardt.

Brickenkamp, R. (1997). *Handbuch psychologischer und pädagogischer Tests* (2., überarb. Aufl.). Göttingen: Hogrefe.

Bronfenbrenner, U. (1981). *Die Ökologie der menschlichen Entwicklung.* Stuttgart: Klett-Cotta.

Brophy, J. E. & Good, T. L. (1986). Teacher behavior and student achievement. In M. C. Wittrock (Ed.), *Handbook of research on teaching* (3rd edition) (pp.328-375). New York: Macmillan.

Bruer, J. T. (1993). *Schools for thought. A science of learning in the classroom.* Cambrige, Mass.: Institute of Technology.

Brünken, R., Steinbacher, S. & Leutner, D. (2000). Räumliches Vorstellungsvermögen und Lernen mit Multimedia. In D. Leutner & R. Brünken (Hrsg.), *Neue Medien in Unterricht, Aus- und Weiterbildung* (S. 37-46). Münster: Waxmann.

Brunner, E. J. & Huber, G. L. (1989). *Interaktion und Erziehung.* München: Psychologie Verlags Union.

Brunstein, J. C. (2000). Instruktionspsychologie: Schule und Unterricht. In J. Straub, A. Kochinka & H. Werbik (Hrsg.), *Psychologie in der Praxis* (S. 373-396). München: dtv.

Buff, A. (2001). Warum lernen Schülerinnen und Schüler? Eine explorative Studie zur Lernmotivation auf der Basis qualitativer Daten. *Zeitschrift für Entwicklungspsychologie und Pädagogische Psychologie*, 33, 157-164.

Campione, J. C. (1984). Ein Wandel in der Instruktionsforschung mit lernschwierigen Kindern: Die Berücksichtigung metakognitiver Komponenten. In F. E. Weinert & R. Kluwe (Hrsg.), *Metakognition, Motivation und Lernen* (S. 109-131). Stuttgart: Kohlhammer.

Cronbach, L. J. (1971). *Educational psychology.* London: Hart-Davis.

Cropley, A. (2001). Kreativität und Kreativitätsförderung. In D.H. Rost (Hrsg.), *Handwörterbuch Pädagogische Psychologie* (2., überab. u. erw. Aufl.) (S. 366-373). Weinheim: Beltz PVU.

Czerwenka, K. (Hrsg.) (2002). *Das aufmerksamkeitsgestörte und hyperaktive Kind. Ursachen, didaktische Konzepte, schulische Hilfen* (2. Aufl.). Weinheim: Beltz.

Czeschlik, T. (2000). Umgang mit ängstlichen Schülern. In M. K. W. Schweers (Hrsg.), *Lehrer-Schüler-Interaktion* (S. 213-229). Opladen: Leske + Budrich.

DeCharms, R. (1968). *Personal causation.* New York: Academic Press.

DeCharms, R. (1979). *Motivation in der Klasse.* München: Moderne Verlags GmbH.

Deci, E. L. & Ryan, R. M. (1993). Die Selbstbestimmungstheorie der Motivation und ihre Bedeutung für die Pädagogik. *Zeitschrift für Pädagogik*, 39, 223-238.

DeCorte, E. (1980). Zum Stand der empirischen Überprüfung der kognitiven Taxonomie von Bloom: Methoden und Ergebnisse. In K. J. Klauer & H. J. Kornadt (Hrsg.), *Jahrbuch für Empirische Erziehungswissenschaft 1980* (S. 43-65). Düsseldorf: Schwann.

Dietrich, G. (1985). *Erziehungsvorstellungen von Eltern.* Göttingen: Hogrefe.

Dollase, R. (1984). *Grenzen der Erziehung.* Düsseldorf: Schwann.

Döpfner, M. (2000). Hyperkinetische Störungen. In F. Petermann (Hrsg.), *Lehrbuch der Klinischen Kinderpsychologie und -psychotherapie* (4., vollst. überarb. u. erw. Aufl.) (S. 151-186). Göttingen: Hogrefe.

Döpfner, M., Lehmkuhl, G., Heubrock, D. & Petermann, F. (2000a). *Ratgeber Psychische Auffälligkeiten bei Kindern und Jugendlichen.* Göttingen: Hogrefe.

Döpfner, M., Lehmkuhl, G., Heubrock, D. & Petermann, F. (2000b). *Diagnostik psychischer Störungen im Kindes- und Jugendalter.* Göttingen: Hogrefe.

Dörner, D. (1976). *Problemlösen als Informationsverarbeitung.* Stuttgart: Kohlhammer.

Dörner, D. (1989). *Die Logik des Mißlingens. Strategisches Denken in komplexen Situationen.* Reinbek: Rowohlt.

Doyle, W. (1986). Classroom organization and management. In M. C. Wittrock (Ed.), *Handbook of research on teaching* (3rd edition) (pp. 392-431). New York: Macmillan.

Dreikurs, R. & Solz, V. (1997). *Kinder fordern uns heraus. Wie erziehen wir sie zeitgemäß?* (3. Aufl.). Stuttgart: Klett Cotta. (1. Aufl. 1970)

Dreikurs, R. (2002). *Ermutigung an jedem Tag. Zuversicht für Eltern und Kinder.* Freiburg: Herder.

Duncker, K. (1935). *Zur Psychologie des produktiven Denkens.* Berlin: Springer.

Dunn, J. & Plomin, R. (1996). *Warum Geschwister so verschieden sind.* Stuttgart: Klett-Cotta.

Edelmann, W. (2000). *Lernpsychologie* (6. vollst. überarb. Aufl.). Weinheim: Psychologie Verlags Union.

Eder, F. (1992). Schulklima und die Entwicklung allgemeiner Interessen in der Schule. In A. Krapp & M. Prenzel (Hrsg.), *Interesse, Lernen, Leistung* (S. 165-194). Münster: Aschendorff.

Eder, F. (1996). *Schul- und Klassenklima.* Innsbruck: Studien-Verlag.

Eickhoff, C. & Zinnecker, J. (2000). *Schutz oder Risiko? Familienumwelten im Spiegel der Kommunikation zwischen Eltern und ihren Kindern.* Köln: Bundeszentrale für gesundheitliche Aufklärung.

Eigler, G. (1997). Textproduzieren als konstruktiver Prozess. In F. E. Weinert (Hrsg.), *Psychologie des Unterrichts und der Schule* (= Enzyklopädie der Psychologie, Pädagogische Psychologie Band 3) (S. 365-395). Göttingen: Hogrefe.

Einsiedler, W. (1997). Unterrichtsqualität und Leistungsentwicklung: Literaturüberblick. In F. E. Weinert & A. Helmke (Hrsg.), *Entwicklung im Grundschulalter.* Weinheim: Psychologie Verlags Union.

Eisenberg, N. (1992). *The caring child.* Cambridge/Mass.: Harvard University Press.

Ellis, A. & Hoellen, B. (1997). *Die Rational-Emotive Verhaltenstherapie – Reflexionen und Neubestimmung.* München: Pfeiffer.

Eron, L. D., Huesmann, L. R. & Zelli, A. (1991). The role of parental variables in the learning of aggression. In D. J. Pepler & K. H. Rubin (Eds.), *The development and treatment of childhood aggression* (pp. 169-188). Hillsdale: Erlbaum.

Evertson, C. M., Emmer, E. T. & Worsham, M. E. (2000). *Classroom management for elementary teachers* (5th ed.). Boston: Allyn and Bacon.

Ewert, 0. (1979). Zum Selbstverständnis der Pädagogischen Psychologie im Wandel der Geschichte. In J. Brandtstädter, G. Reinert & K. A. Schneewind

(Hrsg.), *Pädagogische Psychologie: Probleme und Perspektiven* (S. 15-28). Stuttgart: Klett-Cotta.

Federer, M., Margraf, J. & Schneider, S. (2000). Leiden schon Achtjährige an Panik? Prävalenzuntersuchung mit Schwerpunkt Panikstörung und Agoraphobie. *Zeitschrift für Kinder- und Jugendpsychiatrie*, 28, 205-214.

Feldkircher, M. (1994). Erziehungsziele in West- und Ostdeutschland. In M. Braun & P. Mohler (Hrsg.), *Blickpunkt Gesellschaft 3. Einstellungen und Verhalten der Bundesbürger* (S. 175-208). Opladen: Westdeutscher Verlag.

Fittkau, B. & Schulz von Thun, F. (1977). Grundzüge unseres Kommunikations- und Verhaltenstrainings für Berufspraktiker. In B. Fittkau, H. M. Müller-Wolf & F. Schulz von Thun (Hrsg.), *Kommunizieren lernen (und umlernen)* (S. 101-113). Braunschweig: Westermann.

Flammer, A. (1975). Wechselwirkungen zwischen Schülermerkmalen und Unterrichtsmethoden. In R. Schwarzer und K. Steinhagen (Hrsg.), *Adaptiver Unterricht* (S. 27-41). München: Kösel.

Flick, U. Kardoff, E. V. & Steinke, I. (Hrsg.) (2000). *Qualitative Forschung. Ein Handbuch*. Reinbek: Rowohlt.

Fliegel, S., Groeger, W.M., Künzel, R., Schulte, D. & Sorgatz, H. (1998). *Verhaltenstherapeutische Standardmethoden. Ein Übungsbuch* (4. Aufl.). Weinheim: Beltz PVU.

Freitag, M. (1998). *Was ist eine gesunde Schule? Einflüsse des Schulklimas auf Schüler- und Lehrergesundheit*. Weinheim: Juventa.

Friedrich, H. F. & Mandl, H. (1997). Analyse und Förderung selbstgesteuerten Lernens. In F. E. Weinert &. H. Mandl (Hrsg.), *Psychologie der Erwachsenenbildung* (= Enzyklopädie der Psychologie, Pädagogische Psychologie Band 4) (S. 237-293). Göttingen: Hogrefe.

Friedrich, H. F. (1995). Analyse und Förderung kognitiver Lernstrategien. *Empirische Pädagogik*, 9, 115-153.

Gage, N. L. (1979). *Unterrichten – Kunst oder Wissenschaft?* München: Urban & Schwarzenberg.

Gage, N. L. & Berliner, D. C. (1996). *Pädagogische Psychologie* (5., vollst. überarb. Aufl.). München: Psychologie Verlags Union.

Gagné R. M. (1980). *Die Bedingungen des menschlichen Lernens* (5. neubearb. Aufl.). Hannover: Schroedel.

Genser, B., Brösskamp, C. & Groth, H. P. (1980). Instrumentelle Überzeugungen von Eltern in hypothetischen Erziehungssituationen. In H. Lukesch, M. Perrez & K. A. Schneewind (Hrsg.), *Familiäre Sozialisation und Intervention* (S. 145-160). Bern: Huber.

Gloger-Tippelt, G. (2002). Der Beitrag der Bindungsforschung zur klinischen Entwicklungsypsychologie der Familie. In B. Rollett & H. Werneck (Hrsg.), *Klinische Entwicklungspsychologie der Familie* (S. 118-141). Göttingen: Hogrefe.

Good, T. L. & Brophy, J. E. (1997). *Looking in Classrooms.* New York: Addison Wesley.

Göppel, R. (1997). *Ursprünge der seelischen Gesundheit. Risiko- und Schutzfaktoren in der kindlichen Entwicklung*. Würzburg: edition bentheim.

Gordon, T. (1995). *Lehrer-Schüler-Konferenz. Wie man Konflikte in der Schule löst* (9. Aufl.). München: Heyne. (1. Aufl. 1977)

Gordon, T. (1996). *Familienkonferenz. Die Lösung von Konflikten zwischen Eltern und Kind* (21. Aufl.). München: Heyne. (1. Aufl. 1972)

Gräsel, C. (1999). Behavioristische Lerntheorien. In C. Perleth & A. Ziegler (Hrsg.), *Pädagogische Psychologie* (S. 216-226). Bern: Huber.

Gray, M. & Steinberg, L. (1999). Unpacking authoritative parenting: reassessing a multidimensional construct. *Journal of Marriage and the Family*, 61, 574-587.

Grell, J. (1980). *Techniken des Lehrerverhaltens* (10. Aufl.). Weinheim: Beltz.

Grell, J. & Grell, M. (1979). *Unterrichtsrezepte.* Weinheim: Beltz.

Grüneisen, V. & Hoff, E. H. (1980). *Familienerziehung und Lebenssituation.* Weinheim: Beltz.

Guilford, J. P. (1964). *Persönlichkeit. Logik, Methodik und Ergebnisse ihrer quantitativen Erforschung.* Weinheim: Beltz.

Haag, L. (2001). Hält Nachhilfeunterricht, was er verspricht? Eine Evaluierungsstudie. *Zeitschrift für Pädagogische Psychologie,* 15, 38-44.

Haag, L. & Stern, E. (2000). Non scolae sed vitae discimus? Auf der Suche nach globalen und spezifischen Transfereffekten des Lateinunterrichts. *Zeitschrift für Pädagogische Psychologie*, 14, 146-157.

Hackauf, H. & Winzen, G. (1999). *On the state of young peoplés health in the European Union*. München: Deutsches Jugendinstitut.

Hänsel, D. (Hrsg.) (1999). *Projektunterricht. Ein praxisorientiertes Handbuch.* Weinheim: Beltz.

Hasebrook, J. (2001). Aptitude-Treatment-Interaction (ATI). In D.H. Rost (Hrsg.), *Handwörterbuch Pädagogische Psychologie* (2., überab. u. erw. Aufl.) (S. 12-17). Weinheim: Beltz PVU.

Hasselhorn, M. (2001). Metakognition. In D.H. Rost (Hrsg.), *Handwörterbuch Pädagogische Psychologie* (2., überab. u. erw. Aufl.) (S. 466-471). Weinheim: Beltz PVU.

Hasselhorn, M. & Hager, W. (2001). Kognitives Training. In D.H. Rost (Hrsg.), *Handwörterbuch Pädagogische Psychologie* (2., überab. u. erw. Aufl.) (S. 343-351). Weinheim: Beltz PVU.

Hasselhorn, M. & Körkel, J. (1983). Gezielte Förderung der Lernkompetenz am Beispiel der Textverarbeitung. *Unterrichtswissenschaft*, 11, 370-382.

Hautzinger, M. (Hrsg.) (2000). *Kognitive Verhaltenstherapie bei psychischen Störungen*. Weinheim: Beltz PVU.

Havers, N. (1998). Disziplinschwierigkeiten im Unterricht. Ein Trainingsseminar im Lehrerstudium. *Die Deutsche Schule*, 90, 189-198.

Havers, N. (1999). Erziehung. In C. Perleth & A. Ziegler (Hrsg.), *Pädagogische Psychologie* (S. 13-20). Bern: Huber.

Heckhausen, H. (1968). Förderung der Lemmotivation und der intellektuellen Tüchtigkeiten. In H. Roth (Hrsg.), *Begabung und Lernen* (S. 193-228). Stuttgart: Klett.

Heckhausen, H. (1972). Die Interaktion der Sozialisationsvariablen in der Genese des Leistungsmotivs. In C. F. Graumann (Hrsg.), *Sozialpsychologie* (= Handbuch der Psychologie, Bd. 7/2) (S. 955-1019). Göttingen: Hogrefe.

Heckhausen, G. & Rheinberg, F. (1980). Lernmotivation im Unterricht erneut betrachtet. *Unterrichtswissenschaft*, 8, 7-47.

Held, J. (2001). Pädagogische Psychologie. In H. Keupp & K. Weber (Hrsg.), *Psychologie. Ein Grundkurs* (S. 132-146). Reinbek: Rowohlt.

Heller, K.A. (1999). Zum Selbstverständnis der Pädagogischen Psychologie: Aktuelle Probleme und Zukunftsperspektiven. In C. Perleth & A. Ziegler (Hrsg.), *Pädagogische Psychologie* (S. 309-314). Bern: Huber.

Helmke, A. & Renkl, A. (1993). Unaufmerksamkeit in Grundschulklassen: Problem der Klasse oder des Lehrers? *Zeitschrift für Entwicklungspsychologie und Pädagogische Psychologie*, 25, 185-205.

Helmke, A & Schrader, F. W. (2001). Determinanten der Schulleistung. In D.H. Rost (Hrsg.), *Handwörterbuch Pädagogische Psychologie* (2., überab. u. erw. Aufl.) (S. 81-91). Weinheim: Beltz PVU.

Hennig, C. & Knödler, U. (2000). *Problemschüler Problemfamilien. Ein praktisches Lehrbuch zum systemischen Arbeiten mit schulschwierigen Kindern.* Weinheim: Beltz.

Hermens, A. & Tismer, K. G. (2000). Wie steuern Kinder ihre Eltern? Die Replikation einer Fragebogenuntersuchung von Pauls und Johann (1984) bei 371 acht- bis zwölfjährigen Kindern. *Psychologie in Erziehung und Unterricht*, 47, 29-45.

Herrmann, T. (1979). Pädagogische Psychologie als psychologische Technologie. In J. Brandstädter, G. Reinert & K. A. Schneewind (Hrsg.), *Pädagogische Psychologie: Probleme und Perspektiven* (S. 209-236). Stuttgart: Klett.

Herrmann, T. (1991). *Lehrbuch der empirischen Persönlichkeitsforschung* (6. Aufl.). Göttingen: Hogrefe.

Herrmann, T. (1994). Psychologie als Wissenschaft. In F. Rösler & I. Florin (Hrsg.), *Psychologie und Gesellschaft* (S. 15-26). Stuttgart: Wissenschaftliche Verlagsgesellschaft.

Hingst, W. (1994). Programm zur Prophylaxe der Lese- und Rechtschreibschwäche in der 1. und 2. Klasse der Grundschule. *Psychologie in Erziehung und Unterricht*, 41, 172-179.

Hofer, M. (1986). *Sozialpsychologie der Erziehung. Wie das Denken und Verhalten von Lehrern organisiert ist.* Göttingen: Hogrefe.

Hofer, M. (1987). Pädagogische Psychologie: fünf Überlegungen zum Selbstverständnis eines Faches. *Psychologische Rundschau*, 38, 82-95.

Hoff, E. & Grüneisen, V. (1978). Arbeitserfahrungen, Erziehungseinstellungen und Erziehungsverhalten von Eltern. In K. A. Schneewind & H. Lukesch (Hrsg.), *Familiäre Sozialisation* (S. 65-89). Stuttgart: Klett.

Hoffman M. L. (2000). *Empathy and moral development.* Cambridge: Cambridge University Press.

Holling, H. & Kanning, U. P. (1999). *Hochbegabung. Forschungsergebnisse und Fördermöglichkeiten.* Göttingen: Hogrefe.

Humpert, W. & Dann, H. D. (2001). *KTM kompakt. Basistraining zur Störungsreduktion und Gewaltprävention für pädagogische und helfende Berufe auf der Grundlage des »Konstanzer Trainingsmodells«.* Bern: Huber.

Hurrelmann, K. (1994). *Familienstreß, Schulstreß, Freizeitstreß. Gesundheitsförderung für Kinder und Jugendliche* (2. Aufl.). Weinheim: Beltz.

Hurrelmann, K. & Ulich, D. (1991). Gegenstands- und Methodenfragen der Sozialisationsforschung. In K. Hurrelmann & D. Ulich (Hrsg.), *Neues Hand-*

*buch der Sozialisationsforschung* (4., völlig neubearb. Aufl.) (S. 3-20). Weinheim: Beltz.

Ingenkamp, K. H. (1971). Sind Zensuren aus verschiedenen Klassen vergleichbar? In K. H. Ingenkamp (Hrsg.), *Die Fragwürdigkeit der Zensurengebung* (S. 156163). Weinheim: Beltz.

Ingenkamp, K. H. (1997). *Lehrbuch der pädagogischen Diagnostik* (4., neu ausgest. Aufl.). Weinheim: Beltz.

Jäger, R. S. (2000). *Von der Beobachtung zur Notengebung*. Landau: Verlag Empirische Pädagogik.

Jerusalem, M. & Weber, H. (Hrsg.) (2003). *Psychologische Gesundheitsförderung. Diagnostik und Prävention.* Göttingen: Hogrefe.

Joraschky, P. (1996). Die System- und Strukturdiagnose. In M. Cierpka (Hrsg.), *Handbuch der Familiendiagnostik* (S. 317-335). Göttingen: Hogrefe.

Junge, J., Neumer, S., Manz, R. & Margraf, J. (2002). *Gesundheit und Optimismus. GO. Ein Trainingsprogramm für Jugendliche.* Weinheim: Beltz.

Jüngst, K. L. (1987). Lehrertätigkeiten zur Förderung des Problemlösens. In H. Neber (Hrsg.), *Angewandte Problemlösepsychologie* (S. 152-172). Münster: Aschendorff.

Kaiser, A. & Kaiser, R. (1999). *Metakognition: Denken und Problemlösen optimieren*. Neuwied: Luchterhand.

Kasten, H. (2001). Geschlechtsunterschiede. In D.H. Rost (Hrsg.), Handwörterbuch Pädagogische Psychologie (2., überab. u. erw. Aufl.) (S. 212-219). Weinheim: Beltz PVU.

Katz, L. F. & Gottman, J. M. (1993). Patterns of marital conflict predict children's internalizing and externalizing behavior. *Developmental Psychology*, 29, 940-950.

Keller, G. (1983). Die Effektivität der Lern- und Arbeitsverhaltensmodifikation. In H. P. Trolldenier & B. Meißner (Hrsg.), *Texte zur Schulpsychologie und Bildungsberatung, Band 4* (S. 139-143). Braunschweig: Pedersen.

Keller, G. (1991). *Lehrer helfen lernen* (3., erw. Aufl.). Donauwörth: Auer.

Khanide, M. & Giebeler, K. (2003). *Ohne Angst verschieden sein. Ein Praxishandbuch für die interkulturelle Arbeit.* Gütersloh: Verlag Bertelsmann-Stiftung.

Kirckhoff, M. (1998). *Mind mapping* (12. Aufl.). Offenbach: Gabal.

Klauer, K. J. (1973). *Revision des Erziehungsbegriffs. Grundlagen einer empirisch-rationalen Pädagogik.* Düsseldorf. Schwann.

Klauer, K. J. (1987a). *Kritieriumsorientierte Tests.* Göttingen: Hogrefe.

Klauer, K. J. (1987b). Fördernde Notengebung durch Benotung unter drei Bezugssystemen. In R. Olechowski & E. Persy (Hrsg.), *Fördernde Leistungsbeurteilung* (S. 180-206). Wien: Jugend und Volk.

Klauer, K. J. (2001a). Situiertes Lernen. In D.H. Rost (Hrsg.), *Handwörterbuch Pädagogische Psychologie* (2., überab. u. erw. Aufl.) (S. 635-641). Weinheim: Beltz PVU.

Klauer, K. J. (2001b). Forschungsmethoden der Pädagogischen Psychologie. In A. Krapp & B. Weidenmann (Hrsg.), *Pädagogische Psychologie* (4., vollst. überarb. Aufl.) (S. 75-97). Weinheim: Beltz PVU.

Klauer, K. J. & Lauth, G. W. (1997). Lernbehinderung und Leistungschwierigkeiten. In F. E. Weinert (Hrsg.), *Psychologie des Unterrichts und der Schule*

(= Enzyklopädie der Psychologie, Pädagogische Psychologie Band 3) (S. 707-770). Göttingen: Hogrefe.

Klein, W. & Krey, B. (1999). *Umgang mit schwierigen Schülern*. Hohengehren: Schneider.

Kleiter, E. F. (1997). *Film und Aggression – Aggressionspsychologie*. Weinheim: Deutscher Studienverlag.

Klieme, E., Neubrand, M. & Lüdtke, O. (2001). Mathematische Grundbildung: Testkonzeption und Ergebnisse. In J. Baumert et al. (Deutsches PISA-Konsortium) (Hrsg.), *PISA 2000. Basiskompetenzen von Schülerinnen und Schülern im internationalen Vergleich* (S. 139-190). Opladen: Leske + Budrich.

Kohlberg, L. (1974). *Zur kognitiven Entwicklung des Kindes*. Frankfurt: Suhrkamp.

Kossakowski, A. (1991). Der Heranwachsende als Subjekt seiner Entwicklung. In H. D. Schmidt, V. Schaarschmidt & V. Peter (Hrsg.), *Dem Kinde zugewandt* (S. 35-46). Hohengehren: Schneider.

Kounin, J. (1976). *Techniken der Klassenführung*. Stuttgart: Klett.

Kramis, J. (1991). Eine Kombination mit hoher Effektivität: Microteaching, Reflective Teaching, Unterrichtsbeobachtung. *Unterrichtswissenschaft*, 19, 260-277.

Krapp, A. (1976). Bedingungsfaktoren der Schulleistung. *Psychologie in Erziehung und Unterricht,* 23, 91109.

Krapp, A. (1998). Entwicklung und Förderung von Interessen im Unterricht. *Psychologie in Erziehung und Unterricht*, 44, 185-201.

Krapp, A., Prenzel, M. & Weidenmann, B. (2001). Geschichte, Gegenstandsbereich und Aufgaben der Pädagogischen Psychologie (S. 1-29). In A. Krapp & B. Weidenmann (Hrsg.), *Pädagogische Psychologie* (4., vollst. überarb. Aufl.). Weinheim: Beltz PVU.

Krause, C. (2000/2001). *Selbstwert stärken – Gesundheit fördern. Band 1 und 2.* Donauwörth: Auer.

Kriz, J. (2001). *Grundkonzepte der Psychotherapie* (5., vollst. überarb. Aufl.) Weinheim: Beltz PVU.

Krohne, H. W. & Hock, M. (1994). *Elterliche Erziehung und Angstentwicklung des Kindes*. Bern: Huber.

Krohne, H.W. & Hock, M. (2001). Erziehungsstil. In D.H. Rost (Hrsg.), *Handwörterbuch Pädagogische Psychologie* (2. überarb. u. erw. Aufl.) (S. 139-146). Weinheim: Beltz PVU.

Krug, S. & Heckhausen, H. (1982). Motivförderung in der Schule. In F. Rheinberg (Hrsg.), *Bezugsnormen zur Schulleistungsbewertung. Analysen und Intervention* (= Jahrbuch für Empirische Erziehungswissenschaft 1982) (S. 65-114). Düsseldorf: Schwann.

Kruse, O. (1995). *Keine Angst vor dem leeren Blatt. Ohne Schreibblockaden durchs Studium* (4., erw. Aufl.). Frankfurt: Campus.

Kuhl, U. (1986). *Selbstsicherheit und prosoziales Verhalten*. München: Profil.

Kuschel, A., Miller, Y., Köppe, E., Lübke, A., Hahlweg, K. & Sanders, M. R. (2000). Prävention von oppositionellen und aggressiven Verhaltensstörungen bei Kindern: Triple P – ein Programm zu einer positiven Erziehung. *Kindheit und Entwicklung*, 9, 20-29.

Lamborn, S. D., Mounts, N. S., Steinberg, L. & Dornbusch, S. M. (1991). Patterns of competence and adjustment among adolescents from authoritative, authoritarian, indulgent, and neglectful families. *Child Development*, 62, 1049-1065.

Langer, I., Schulz von Thun, F. & Tausch, R. (2002). *Sich verständlich ausdrücken* (7., überarb. u. erw. Aufl.). München: Reinhardt.

Langfeldt, H. P. & Tent, L. (1999). *Pädagogisch-psychologische Diagnostik, Band 2: Anwendungsbereiche und Praxisfelder.* Göttingen: Hogrefe.

Lauth, G. W. & Schlottke, P. F. (1999). *Training mit aufmerksamkeitsgestörten Kindern* (4., korr. Aufl.). Weinheim: Psychologie Verlags Union.

Lewin, K., Lippitt, R. & White, R. K. (1939). Patterns of aggressive behavior in experimentally created social climates. *Journal of Social Psychology,* 10, 271-299.

Lickona, T. (1989). *Wie man gute Kinder erzieht. Die moralische Entwicklung des Kindes von der Geburt bis zum Kindesalter und was Sie dazu beitragen können*. München: Kindt.

Lienert, G. A. & Raatz, U. (1998). *Testaufbau und Testanalyse* (6. Aufl.). Weinheim: Psychologie Verlags Union.

Lions Clubs International & Quest International (Hrsg.) (1997). *Erwachsen werden – Persönlichkeitsentfaltung von Jugendlichen.* Wiesbaden: Lions Clubs International.

Lissmann, U. (1997). *Probleme und Möglichkeiten der Schülerbeurteilung.* Landau: Verlag Empirische Pädagogik.

Lukesch, H. (1998). *Einführung in die pädagogisch-psychologische Diagnostik* (2., vollst. neu bearb. Aufl.). Regensburg: Roderer.

Maccoby, E. E., & Martin, J. A. (1983). Socialization in the context of the family: Parent-child interaction. In E. M. Hetherington (Ed.), P. H. Mussen (Series Ed.), *Handbook of child psychology, Vol. 4: Socialization, personality, and social development* (4th Ed) (pp. 1-101). New York: Wiley.

Mähler, C. & Hasselhorn, M. (2001a). Lern- und Gedächtnistraining bei Kindern. In K. J. Klauer (Hrsg.), *Handbuch Kognitives Training* (2., überarb. u. erw. Aufl.) (S. 407-429). Göttingen: Hogrefe.

Mähler, C. & Hasselhorn (2001b). Transfer. In D.H. Rost (Hrsg.), *Handwörterbuch Pädagogische Psychologie* (2., überab. u. erw. Aufl.) (S. 721-730). Weinheim: Beltz PVU.

Mandl, H., Friedrich, H. F. & Hron, A. (1986). Psychologie des Wissenserwerbs. In B. Weidenmann, A. Krapp et al. (Hrsg.), *Pädagogische Psychologie* (S. 143-218). München: Psychologie Verlags Union.

McPhillimy, B. (1996). *Controlling your class.* New York: Wiley.

Metzig, W. & Schuster, M. (2000). *Lernen zu lernen* (4. Aufl). Berlin: Springer.

Meumann, E. (1907). *Vorlesungen zur Einführung in die experimentelle Pädagogik und ihre psychologischen Grundlagen.* Leipzig: Engelmann.

Mietzel, G. (1998). *Pädagogische Psychologie des Lernens und Lehrens.* Göttingen: Hogrefe.

Mietzel, G. (2002). *Wege in die Entwicklungspsychologie. Kindheit und Jugend* (4., vollst. überarb. Aufl.). Weinheim: Beltz PVU.

Miller, Y. (2001). *Erziehung von Kindern im Kindergartenalter. Erziehungsverhalten und Kompetenzüberzeugungen von Eltern und der Zusammenhang zu kindlichen Verhaltensstörungen.* Dissertation. Braunschweig: TU Braunschweig. Gemeinsame Naturwissenschaftliche Fakultät.

Minsel, B. (1994). Eltern- und Familienbildung. In R. Tippelt (Hrsg.), *Handbuch Erwachsenenbildung/Weiterbildung* (S. 549-555). Opladen: Leske + Budrich.

Montada, L. (2002a). Fragen, Konzepte, Perspektiven. In R. Oerter & L. Montada (Hrsg.), *Entwicklungspsychologie* (5., vollst. überarb. Aufl.) (S. 3-53). Weinheim: Beltz PVU.

Montada, L. (2002b). Moralische Entwicklung und moralische Sozialisation. In R. Oerter & L. Montada (Hrsg.), *Entwicklungspsychologie* (5., vollst. überarb. Aufl.) (S. 619-647). Weinheim: Beltz PVU.

Moos, R. & Moos, B. S. (1981). *Family Environment Scale Manual.* Palo Alto: Consulting Psychologists' Press.

Müller, C. T. (2002). Wirksamkeitsstudien zu Personzentrierten Eltern- und Lehrertrainings nach Thomas Gordon – eine Meta-Evaluation. *Gesprächspsychotherapie und Personzentrierte Beratung, 4,* 293-299.

Müller, C. T., Hager, W. & Heise, E. (2001). Zur Effektivität des Gordon-Eltern-Trainings (PET) – eine Meta-Evaluation. *Gruppendynamik und Organisationsberatung*, 3, 339-364.

Muck, M. & Trescher, H. G. (Hrsg.) (1993). *Grundlagen der Psychoanalytischen Pädagogik.* Grünwald: Mainz.

Mussen, P. H. & Eisenberg-Berg, N. (1979). *Helfen, Schenken, Anteilnehmen. Untersuchungen zur Entwicklung des prosozialen Verhaltens.* Stuttgart: Klett-Cotta.

Mutzeck, W. & Pallasch, W. (Hrsg.) (1983). *Handbuch zum Lehrertraining. Konzepte und Erfahrungen.* Weinheim: Beltz.

Nickel, H. & Fenner, H. J. (1974). Direkte und indirekte Lenkung im Unterricht in Abhängigkeit von fachspezifischen und methodisch didaktischen Variablen sowie Alter und Geschlecht des Lehrers. *Zeitschrift für Entwicklungspsychologie und Pädagogische Psychologie*, 6, 178-191.

Nickel, H., Heller, K. & Neubauer, W. (1976). *Psychologie in der Erziehungswissenschaft. Band II: Verhalten im sozialen Kontext.* Stuttgart: Klett.

Noack, P. & Kracke, B. (2000). Pädagogische Psychologie: Fragestellungen, Grundbegriffe, Zielsetzungen. In J. Straub, A. Kochinka & H. Werbik (Hrsg.), *Psychologie in der Praxis* (S. 333-352). München: Deutscher Taschenbuch Verlag.

Nolting, H. P. (1997). *Lernfall Aggression – Wie sie entsteht, wie sie zu vermindern ist* (vollst. überarb. Neuausg.). Reinbek: Rowohlt.

Nolting, H. P. (2002). *Störungen in der Schulklasse. Ein Leitfaden zur Vorbeugung und Konfliktlösung*. Weinheim: Beltz.

Nolting, H. P. & Knopf, H. (1997). Gewaltverminderung in der Schule: Erprobung einer kooperativen Intervention. *Praxis der Kinderpsychologie und Kinderpsychiatrie*, 46, 195-205.

Nolting, H. P. & Knopf, H. (1998). Gewaltverminderung in der Schule: Viele Vorschläge – wenig Studien. *Psychologie in Erziehung und Unterricht*, 45, 249-260.

Nolting, H. P. & Paulus, P. (1999). *Psychologie lernen. Eine Einführung und Anleitung* (vollst. überarb. Neuausgabe). Weinheim: Beltz.

Nuber, U. (1995). *Der Mythos vom frühen Trauma.* Frankfurt: Fischer.

Oerter, R. (1987). Pädagogische Psychologie im Wandel: Rückblick und Neuorientierung. *Zeitschrift für Pädagogische Psychologie*, 1, 1-28.

Oerter, R., Hagen, C. v., Röper, G. & Noam, G. (Hrsg.) (1999). *Klinische Entwicklungspsychologie. Ein Lehrbuch.* Weinheim: Beltz PVU.

Olechowski, R. & Persy, E. (Hrsg.) (1987). *Fördernde Leistungsbeurteilung.* Wien: Jugend und Volk.

Olweus, D. (2002). *Gewalt in der Schule* (3., korr. Aufl). Bern: Huber.

Opp, G., Fingerle, M. & Freytag, A. (1999). *Was Kinder stärkt. Erziehung zwischen Risiko und Resilienz.* München: Ernst Reinhardt Verlag.

Paetzold, B. (1986). Änderung von elterlichen Erziehungszielen in den letzten zehn Jahren? Ein Vergleich. *Psychologie in Erziehung und Unterricht*, 33, 137-140.

Palincsar, A. S. & Brown, A. L. (1984). Reciprocal teaching of comprehension-fostering and monitoring activities. *Cognition and Instruction*, 1, 117-175.

Pallasch, W. Mutzeck, W. & Reimers, H. (Hg.) (1992). *Beratung – Training – Supervision. Eine Bestandsaufnahme über Konzepte zum Erwerb von Handlungskompetenz in pädagogischen Arbeitsfeldern.* München. Juventa.

Paris, S. G. & Jacobs, J. E. (1984). The benefits of informed instruction for children's reading awareness and comprehension skills. *Child Development*, 55, 2083-2093.

Patterson, G. R., Chamberlain, P. & Reid, J. B. (1982). A comparative evaluation of a parent-training program. *Behavior Therapy*, 13, 638-650.

Patterson, G. R., DeBaryshe, B. D. & Ramsey, E. (1989). A developmental perspective on antisocial behavior. *American Psychologist*, 44, 329-335.

Paulus, P. (1984). Selbstverwirklichung und retrospektiv perzipierte elterliche Erziehung. *Psychologie in Erziehung und Unterricht*, 31, 171-177.

Paulus, P. (1994). *Selbstverwirklichung und psychische Gesundheit. Konzeptuelle Analysen und ein Neuentwurf.* Göttingen: Hogrefe.

Paulus. P. (2002). Gesundheitsförderung im Setting Schule. *Bundesgesundheitsblatt – Gesundheitsforschung – Gesundheitsschutz*, 45, 970-975.

Paulus, P. (2003). Schulische Gesundheitsförderung – vom Kopf auf die Füße gestellt. Von der Gesundheitsfördernden Schule zur »guten gesunden Schule«. In K. Aregger & U. Lattmann (Hrsg.), *Gesundheitsfördernde Schule – eine Utopie?* (S. 92-116). Luzern: Sauerländer.

Paulus, P. & Brückner, G. (Hrsg.) (2000). *Wege zu einer gesünderen Schule.* Tübingen: dgvt-Verlag.

Perrez, M., Huber, G. L. & Geißler, K. A. (2001). Psychologie der pädagogischen Interaktion. In A. Krapp & B. Weidenmann (Hrsg.), *Pädagogische Psychologie* (4., vollst. überarb. Aufl.) (S. 357-413). Weinheim: Beltz PVU.

Petermann, F., Döpfner, G., Lehmkuhl, G. & Scheithauer, H. (2000). Klassifikation und Epidemiologie psychischer Störungen. In F. Petermann (Hrsg.), *Lehrbuch der Klinischen Kinderpsychologie und -psychotherapie* (4., vollst. überarb. u. erw. Aufl.) (S. 29-56). Göttingen: Hogrefe.

Petermann, U., Essau, C. A. & Petermann, F. (2000). Angststörungen. In F. Petermann (Hrsg.), *Lehrbuch der Klinischen Kinderpsychologie und -psychotherapie* (4., vollst. überarb. u. erw. Aufl.) (S. 227-270). Göttingen: Hogrefe.

Petermann, F., Döpfner, M. & Schmidt, M. H. (2001). *Aggressiv-dissoziale Störungen*. Göttingen: Hogrefe.

Petermann, F. & Petermann, U. (2001). *Training mit aggressiven Kindern* (10., völlig überarb. Aufl.). Weinheim: Beltz PVU.

Plath, I. (2001). Metaanalyse. In D. H. Rost (Hrsg.), *Handwörterbuch Pädagogische Psychologie* (2., überarb. u. erw. Aufl.) (S. 461-465). Weinheim: Beltz PVU.

Preiser, S. (2001). Kontrollüberzeugungen. In D.H. Rost (Hrsg.), *Handwörterbuch Pädagogische Psychologie* (2., überarb. u. erw. Aufl.) (S. 355-360). Weinheim: Beltz PVU.

Preiser, S. (2003). *Pädagogische Psychologie.* Weinheim: Juventa.

Prenzel, M. (1988). *Die Wirkungsweise von Interesse.* Opladen: Westeutscher Verlag.

Pressley, M. & McCormick, C. (1995). *Cognition, teaching, and assessment.* New Vork: HarperCollins.

Redlich, A. & Schley, W. (1981). *Kooperative Verhaltensmodifikation im Unterricht* (2., überarb. Aufl.). München: Urban & Schwarzenberg.

Reinmann-Rothmeier, G. & Mandl, H. (1999). Instruktion. In C. Perleth & A. Ziegler (Hrsg.), *Pädagogische Psychologie* (S. 207-215). Bern: Huber.

Reinmann-Rothmeier, G. & Mandl, H. (2001). Unterrichten und Lernumgebungen gestalten. In A. Krapp & B. Weidenmann (Hrsg.), *Pädagogische Psychologie* (S. 601-646). Weinheim: Beltz PVU.

Remschmidt, H., Schmidt, M.H. & Poustka, F. (2001). *Multiaxiales Klassifikationsschema für psychische Störungen des Kindes- und Jugendalters nach CD-10 der WHO.* Bern: Huber.

Resch, F., Parzer, P., Brunner, R. M., Haffner, J., Koch, E., Oelkers, R., Schuch, B. & Strehlow, U. (1999). *Entwicklungspsychopathologie des Kindes- und Jugendalters* (2., überarb. u. erw. Aufl.). Weinheim: Beltz PVU.

Rheinberg, F. (1989). *Zweck und Tätigkeit.* Göttingen: Hogrefe.

Rheinberg, F. (1997). *Motivation* (2., überarb. u. erw. Aufl.). Stuttgart: Kohlhammer.

Rheinberg, F. & Fries, S. (2001). Motivationstraining. In K. J. Klauer (Hrsg.), *Handbuch Kognitives Training* (S. 349-373). Göttingen. Hogrefe.

Rheinberg, F. & Krug, S. (1999). *Motivationsförderung im Schulalltag* (2., überarb. u. erw. Aufl.). Göttingen: Hogrefe.

Rogers, C.R. (2003). *Entwicklung der Persönlichkeit* (14. Aufl.). Stuttgart: Klett-Cotta. (Amer. Orig. 1961).

Rosemann, B. (1999). Statistische Grundbegriffe und Forschungsmethoden. In C. Perleth & A. Ziegler (Hrsg.), *Pädagogische Psychologie* (S. 269-279). Bern: Huber.

Rosenbusch, H. S. (1995). Nonverbale Kommunikation im Unterricht – Die stille Sprache im Klassenzimmer. In H. S. Rosenbusch & O. Schober (Hrsg.), *Körpersprache in der schulischen Erziehung* (2., vollst. überarb. u. erw. Aufl.). Hohengehren: Schneider.

Ross, L. & Nisbett, R. E. (1991). *The person and the situation.* New York: McGraw-Hill.

Rost, D.H. (2001). Pädagogische Verhaltensmodifikation. In D.H. Rost (Hrsg.), *Handbuch Pädagogische Psychologie* (2., überarb. u. erw. Aufl.) (S. 512-520). Weinheim. Beltz PVU.

Rost, D.H. & Schermer, F. J. (2001). Leistungsängstlichkeit. In D.H. Rost (Hrsg.), *Handwörterbuch Pädagogische Psychologie* (2., überarb. u. erw. Aufl.) (S. 405-413). Weinheim: Beltz PVU.

Roth, H. (1959). Psychologie und Pädagogik und das Problem einer Pädagogischen Psychologie. In J. Derbolav & H. Roth (Hrsg.), *Psychologie und Pädagogik* (S. 77-138). Heidelberg: Quelle & Meyer.

Rowe, D. C. (1997). *Genetik und Sozialisation.* Weinheim: Psychologie Verlags Union.

Rutter, M., Maughan, B., Mortimer, P. & Ouston, J. (1980). *Fünfzehntausend Stunden. Schulen und ihre Wirkung auf die Kinder.* Weinheim: Beltz.

Saldern, v., M. (1991). Die Lernumwelt aus der Sicht von Lehrern und Schülern. *Psychologie in Erziehung und Unterricht*, 38, 190-198.

Sander, E. (1981). *Lernstörungen. Ursachen, Prophylaxe, Einzelfallhilfe.* Stuttgart: Kohlhammer.

Sanders, M. R. (1996). New directions in behavioral family intervention with children. In T. H. Ollendick & R. J. Prinz (Eds.), *Advances in clinical child psychology* (Vol. 18, pp. 283-330). New York: Plenum Press.

Sarasin, S. (1995). *Das Lehren und Lernen von Lernstrategien.* Hamburg: Kovac.

Sass, H., Wittchen, H. U., & Zaudig, M. (2001). *Diagnostisches und Statistisches Manual psychischer Störungen DSM-IV* (4. unveränd. Aufl.). Göttingen: Hogrefe.

Scarr, S. (1992). Developmental theories for the 1990s: Development and individual differences. *Child Development,* 63, 1-19.

Schachinger, H. E. (2002). *Das Selbst, die Selbsterkenntnis und das Gefühl für den eigenen Wert. Einführung und Überblick.* Bern: Huber.

Schermer, F. (2002). *Lernen und Gedächtnis* (3., überarb. u. erw. Aufl.). Stuttgart: Kohlhammer.

Schiefele, H., Haußer, K. & Schneider, G. (1979). »Interesse« als Ziel und Weg der Erziehung. *Zeitschrift für Pädagogik,* 25, 1-20.

Schiefele, U. & Pekrun, R. (1996). Psychologische Modelle des fremdgesteuerten und selbstgesteuerten Lernens. In F. E. Weinert, (Hrsg.), *Psychologie des Lernens und der Instruktion* (= Enzyklopädie der Psychologie, Pädagogische Psychologie Band 2) (S. 249-278). Göttingen: Hogrefe.

Schmidt-Denter, U. (1996). *Soziale Entwicklung. Ein Lehrbuch über soziale Beziehungen im Laufe des menschlichen Lebens.* Weinheim: Psychologie Verlags Union.

Schmidt-Denter, U. (1999). Soziale Kompetenz. In C. Perleth & A. Ziegler (Hrsg.). *Pädagogische Psychologie* (S. 123-132). Bern: Huber.

Schmidtchen, S. (2001). *Allgemeine Psychotherapie für Kinder, Jugendliche und Familien.* Stuttgart: Kohlhammer.

Schnabel, P. E. (2001). *Familie und Gesundheit: Bedingungen, Möglichkeiten und Konzepte der Gesundheitsförderung.* Weinheim: Juventa.

Schneewind, K. A. (1983). Autonomes Handeln: Einige Anmerkungen zur Geschichte, Theorie und Empirie eines umstrittenen Konzepts. In G. Bittner (Hrsg.), *Personale Psychologie* (S. 135-151). Göttingen: Hogrefe.

Schneewind, K. A. (1999). *Familienpsychologie* (2., überarb. Aufl.). Stuttgart: Kohlhammer.

Schneewind, K. A., Beckmann, M. & Engfer, A. (1983). *Eltern und Kinder. Umwelteinflüsse auf das familiäre Verhalten.* Stuttgart: Kohlhammer.

Schneider, W. (2001). Training der phonologischen Bewußtheit. In K. J. Klauer (Hrsg.), *Handbuch Kognitives Training* (2., überarb. u. erw. Aufl.) (S. 69-95). Göttingen: Hogrefe.

Schnotz, W. (1994). *Aufbau von Wissenstrukturen.* Weinheim: Psychologie Verlags Union.

Schönpflug, W. & Schönpflug, U. (1997). *Psychologie. Allgemeine Psychologie und ihre Verzweigungen in die Entwicklungs-, Persönlichkeits- und Sozialpsychologie* (4. Aufl.). Weinheim: Psychologie Verlags Union.

Schreiner, G. (1983). Die Entwicklung moralischer Handlungsfähigkeit. In B. Fittkau (Hrsg.), *Pädagogisch-psychologische Hilfen für Erziehung, Unterricht und Beratung, Band* 2 (S. 428-460). Braunschweig: Westermann-Pedersen.

Schulz von Thun, F. (1983). Erziehung als zwischenmenschliche Kommunikation. In B. Fittkau (Hrsg.), *Pädagogisch-psychologische Hilfen* für *Erziehung, Unterricht und Beratung, Band 1* (S. 272-310). Braunschweig: Westermann-Pedersen.

Schulz von Thun, F. (2003). *Miteinander reden: Störungen und Klärungen. Psychologie der zwischenmenschlichen Kommunikation* (42. Aufl.). Reinbek: Rowohlt. (1. Aufl. 1981)

Schümer, G. (2001). Institutionale Bedingungen schulischen Lernen im internationalen Vergleich. In J. Baumert et al. (Deutsches PISA-Konsortium) (Hrsg.), *PISA 2000. Basiskompetenzen von Schülerinnen und Schülern im internationalen Vergleich* (S. 411-427). Opladen: Leske + Budrich.

Schwartz, S. H. & Howard, J. A. (1981). A normative decision-making model of altruism. In J. P. Rushton & R. M. Sorrentino (Eds.), *Altruism and helping behaviour* (S. 189-211). Hillsdale, NJ: Lawrence Erlbaum.

Schwenkmezger, P. & Schmidt, L. R. (Hrsg.) (1994). *Lehrbuch der Gesundheitspsychologie.* Stuttgart: Enke.

Selg, H. (1993). *Fördern Medien die Gewaltbereitschaft?* In: Aggression und Gewalt (Red. h. G. Wehling) (S. 74-84). Stuttgart: Kohlhammer.

Selg, H., Klapprott, J & Kamenz, R. (1992). *Forschungsmethoden der Psychologie.* Stuttgart: Kohlhammer.

Selg, H., Mees, U. & Berg, D. (1997). *Psychologie der Aggressivität* (2. überarb. Aufl.). Göttingen: Hogrefe.

Semb, G. B. & Ellis, J. A. (1994). Knowledge taught in school: What is remembered? *Review of Educational Research*, 64, 253-286.

Shure, M. B. & Spivack, G. (1981). *Probleme lösen im Gespräch. Erziehung als Hilfe zur Selbsthilfe.* Stuttgart: Klett-Cotta.

Simons, P. R. J. (1992). Lernen, selbständig zu lernen – ein Rahmenmodell. In H. Mandl & H. F. Friedrich (Hrsg.), *Lern- und Denkstrategien* (S. 251-264). Göttingen: Hogrefe.

Smith, P. & Sharp, S. (Eds.) (1994). *School bullying: Insights and perspectives.* London: Routledge.

Smith, P. (1999). Aggression und Bullying in Schulen. In M. Schäfer & D. Frey (Hrsg.), *Aggression und Gewalt unter Kindern und Jugendlichen* (S. 19-40). Göttingen: Hogrefe.

Sörensen, B. (Hrsg.) (1997). *Bevor Kinder zu »Fällen« werden. Kooperationspartner für die Grundschule, Informationen, Fallbeispiele.* Seelze-Velber: Kallmeyer.

Stapf, A. (1975). Neuere Untersuchungen zur elterlichen Strenge und Unterstützung. In H. Lukesch (Hrsg.), *Auswirkungen elterlicher Erziehungsstile* (S. 28-39). Göttingen: Hogrefe.

Stapf, K., Herrmann, T., Stapf, A. & Stäcker, K. (1972). *Psychologie des elterlichen Erziehungsstils.* Bern/Stuttgart: Huber/Klett.

Staudinger, U. M. & Schindler, I. (2002). Produktives Leben im Alter I: Aufgaben, Funktionen und Kompetenzen. In R. Oerter & L. Montada (Hrsg.), *Entwicklungspsychologie* (5., vollst. überarb. Aufl.) (S. 955-982). Weinheim: Beltz PVU.

Steiner, G. (1996). *Lernen. Zwanzig Szenarien aus dem Alltag* (2., vollst. überarb. Aufl.). Bern: Huber.

Steiner, G. (2001). Lernen und Wissenserwerb. In A. Krapp & B. Weidenmann (Hrsg.), *Pädagogische Psychologie* (S. 137–205). Weinheim: Beltz PVU.

Steinhausen, H. C. (2000). *Seelische Störungen im Kindes- und Jugendalter.* Stuttgart: Klett-Cotta.

Stößner, A. (1909). *Lehrbuch der pädagogischen Psychologie. Auf der Grundlage der physiologisch-experimentellen Psychologie bearbeitet.* Leipzig: Klinkhardt.

Strittmatter, P. (1997). *Schulangstreduktion. Abbau von Angst in schulischen Leistungssituationen* (2., überarb. Aufl). Neuwied: Luchterhand.

Sturzbecher, D. & Kalb, K. (1993). Vergleichende Analyse elterlicher Erziehungsziele in der ehemaligen DDR und der alten Bundesrepublik. *Psychologie in Erziehung und Unterricht*, 40, 143-147.

Suchman, J. R. (1981). Fragetraining: Aufbau von Fertigkeiten zur selbständigen Entdeckung. In H. Neber (Hrsg.), *Entdeckendes Lernen* (3., völlig. überarb. Aufl) (S. 244-271). Weinheim: Beltz.

Tausch, R. & Tausch, A. M. (1998). *Erziehungspsychologie. Begegnung von Person zu Person* (12. Aufl.) Göttingen: Hogrefe. (1. Aufl. 1963).

Tausch, R. (1999). Achtung und Einfühlung – Kompaß für didaktische und erzieherische Handlungen von Lehrern und Erziehern. In B. Bender, T. Fleischer & B. Mersmann (Hrsg.), *Person und Beziehung in Schule und Unterricht* (S. 3-12). Köln: GwG-Verlag.

Tennstädt, K. C., Krause, F., Humpert, W. & Dann, H. D. (1990). *Das Konstanzer Trainingsmodell (KTM). Neue Wege im Schulalltag: Ein Selbsthilfeprogramm für zeitgemäßes Unterrichten und Erziehen. Band 1: Trainingshandbuch* (2. korr. u. erw. Aufl.). Bern: Huber.

Tent, L., Fingerhut, W. & Langfeldt, H. P. (1976). *Quellen des Lehrerurteils. Untersuchungen zur Aufklärung der Varianz von Schulnoten.* Weinheim: Beltz.

Terhart, E. (Hrsg.) (2000). *Perspektiven der Lehrerbildung in Deutschland. Abschlussbericht der von der Kultusministerkonferenz eingesetzen Kommission.* Weinheim: Beltz.

Thomae, H. (1986). Entwicklung. In W. Sarges & R. Fricke (Hrsg.), *Psychologie für die ErwachsenenbildunglWeiterbildung. Ein Handbuch in Grundbegriffen* (S. 201205). Göttingen: Hogrefe.

Thomas, A. & Chess, S. (1977). *Temperament and behavior.* New York: Brunner/Mazel.

Thomas, V. (1996). Prozessmodelle und Ratingskalen. In M. Cierpka (Hrsg.), *Handbuch der Familiendiagnostik* (S. 413-429). Göttingen: Hogrefe.

Thorndike, E. L. (1924). Mental discipline in high school studies. *Journal of Educational Psychology*, 15, 1-22, 83-98.

Thorndike, E. L. & Woodworth, R. S. (1901). The influence of improvement in one mental function upon the efficiency of other functions. *Psychological Review*, 8, 247-261.

Thurner, F. (1981). *Lehren – Lernen – Beurteilen. Einführung in die Pädagogische Psychologie.* Königstein: Athenäum.

Todt, E. (1990). Entwicklung des Interesses. In H. Hetzer et al. (Hrsg.), *Angewandte Entwicklungspsychologie des Kindes- und Jugendalters* (2., überarb. u. erg. Aufl.) (S. 213-264). Heidelberg: Quelle & Meyer.

Tücke, M. (1998). *Psychologie in der Schule – Psychologie für die Schule.* Münster: LIT.

Ulich, D. (1987). *Krise und Entwicklung. Zur Psychologie der seelischen Gesundheit.* München: Psychologie Verlags Union.

Ulich, D. & Jerusalem, M. (1996). Interpersonale Einflüsse auf die Lernleistung. In F.E. Weinert &. (Hrsg.), *Psychologie des Lernens und der Instruktion* (S. 181-208) (= Enzyklopädie der Psychologie, Pädagogische Psychologie Band 2). Göttingen: Hogrefe.

Ulich, D. & Mayring, P. (1992). *Psychologie der Emotionen*. Stuttgart: Kohlhammer.

Ulich, K. (1996). *Beruf: Lehrer/in. Arbeitsbelastungen, Beziehungskonflikte, Zufriedenheit.* Weinheim: Beltz.

Ulich, K. (2001). *Einführung in die Sozialpsychologie der Schule*. Weinheim: Beltz.

Uslucan, H. H., Fuhrer, U. & Rademacher, J. (2003). Jugendgewalt und familiale Desintegration. *Psychologie in Erziehung und Unterricht*, 50, 281-293.

Voß, R. (1990). Systemische Konsultation und interdisziplinäre Kooperation. Förderung sozialer Netzwerke durch professionelle Unterstützung. In R. Huschke-Rhein (Hrsg.), *Zur Praxisrelevanz der Systemtheorien.* Köln: Rhein-Verlag.

Wahl, D. (1991). *Handeln unter Druck. Der weite Weg vom Wissen zum Handeln bei Lehrern, Hochschullehrern und Erwachsenenbildnern*. Weinheim: Deutscher Studien Verlag.

Wahl, D., Weinert, F. E. & Huber, G. L. (2001). *Psychologie für die Schulpraxis. Ein handlungsorientiertes Lehrbuch für Lehrer* (7. Aufl.). München: Kösel.

Weindrich, D., Laucht, M., Esser, G. & Schmidt, M. H. (1992). Disharmonische Partnerschaft der Eltern und kindliche Entwicklung im Säuglings- und Kindesalter. *Praxis der Kinderpsychologie und Kinderpsychiatrie*, 41, 114-118.

Weinert, F. E. (1974a). Einführung in das Problemgebiet der Pädagogischen Psychologie. In F. E. Weinert et al. (Hrsg.), *Funkkolleg Pädagogische Psychologie, Band 1* (S. 29-63). Frankfurt: Fischer.

Weinert, F. E. (1974b). Die Familie als Sozialisationsbedingung. In F. E. Weinert et al. (Hrsg.), *Funkkolleg Pädagogische Psychologie, Band 1* (S. 355-386). Frankfurt: Fischer.

Weinert, F. E. (1982). Selbstgesteuertes Lernen als Voraussetzung, Methode und Ziel des Unterrichts. *Unterrichtswissenschaft*, 2, 99-110.

Weinert, F. E. (1996). Lerntheorien und Instruktionsmodelle. In F. E. Weinert (Hrsg.), *Psychologie des Lernens und der Instruktion* (= Enzyklopädie der Psychologie, Pädagogische Psychologie Band 2) (S. 1-48). Göttingen: Hogrefe.

Weinert, F. E. (2001). Pädagogische Psychologie. In R. K. Silbereisen & D. Frey (Hrsg.), *Perspektiven der Psychologie* (S. 142-156). Weinheim: Beltz.

Weinert, F. E. & Helmke, A. (1996). Der gute Lehrer: Person, Funktion oder Fiktion? In A. Leschinsky (Hrsg.), *Die Institutionalisierung von Lehren und Lernen* (S. 223-233). Weinheim: Beltz.

Weinert, F. E. & Schrader, F. W. (1997). Lernen lernen als psychologisches Problem. In F. E. Weinert &. H. Mandl (Hrsg.), *Psychologie der Erwachsenenbildung* (= Enzyklopädie der Psychologie, Pädagogische Psychologie Band 4). Göttingen: Hogrefe.

Weinstein, C. E. & Mayer, R. E. (1986). The teaching of learning strategies. In M. C. Wittrock (Ed.), *Handbook of research on teaching* (3rd edition) (pp.315-327). New York: Macmillan.

Weiss, R. (1989). *Leistungsbeurteilung in den Schulen – Notwendigkeit oder Übel? Problemanalysen und Verbesserungsvorschläge.* Wien: Jugend und Volk.

Wellenreuther, M. (2001). *Quantitative Forschungsmethoden in der Erziehungswissenschaft. Eine Einführung*. Weinheim: Juventa.

Weltgesundheitsorganisation (1992). Die Ottawa-Charta zur Gesundheitsförderung. In P. Paulus (Hrsg.), *Prävention und Gesundheitsförderung. Perspektiven für die psychosoziale Praxis* (S. 17-22). Köln: GwG-Verlag.

Werder, L. v. (2001). *Kreatives Schreiben von wissenschaftlichen Hausarbeiten und Referaten*. Berlin. Schibri.

Werner, E. & Smith, R. (1992). *Overcoming the odds: High-risk children from birth to adulthood.* New York: Cornell University.

Werner, N. E., Biggbee, M. A. & Crick, N. R. (1999). Aggression und Viktimisierung in Schulen: »Chancengleichheit« für aggressive Mädchen. In M. Schäfer & D. Frey (Hrsg.), *Aggression und Gewalt unter Kindern und Jugendlichen* (S. 153-177). Göttingen: Hogrefe.

Wetzels, P. (1997). *Gewalterfahrungen in der Kindheit.* Baden-Baden: Nomos.

Wilberg, S. & Rost, D.H. (1997). Klassengröße und Geschichtskenntnisse. *Zeitschrift für Pädagogische Psychologie*, 11, 65-68.

Winkler Metzke, C. & Steinhausen, C. (1999). Risiko-, Protektions- und Vulnerabilitätsfaktoren für seelische Gesundheit und psychische Störungen im Jugendalter. *Zeitschrift für Klinische Psychologie*, 28, 45-53.

Wittchen, H. U., Müller, N. & Storz, S. (1998). Psychische Störungen: Häufigkeit, psychosoziale Beeinträchtigungen und Zusammenhänge mit körperlichen Erkrankungen. *Gesundheitswesen*, 60 (Sonderheft 2), 95-100.

World Health Organization (2001). *The World Mental Health Report.* Geneva: WHO.

Wulfhorst, B. (2002). *Theorie der Gesundheitspädagogik. Legitimation, Aufgabe und Funktion der Gesundheitserziehung.* Weinheim: Juventa.

Zielinski, W. (1974). Die Beurteilung von Schülerleistungen. In F. E. Weinert et al. (Hrsg.), *Funkkolleg Pädagogische Psychologie, Band 2* (S. 877-900). Frankfurt: Fischer.

Zielinski, W. (1998). *Lernschwierigkeiten. Ursachen, Diagnostik, Intervention* (3. Aufl.). Stuttgart: Kohlhammer.

Zimbardo, P. G. & Gerrig, R. J. (1999). *Psychologie* (7., neu übers. u. bearb. Aufl.). Berlin: Springer.

Zimmermann, P., Suess, G. J.,Scheuerer-Englisch, H. & Grossmann, K. (2000). Der Einfluss der Eltern-Kind-Bindung auf die Entwicklung psychischer Gesundheit. In F. Petermann, K. Niebank & H. Scheithauer (Hrsg.), *Risiken der frühkindlichen Entwicklung* (S. 301-327). Göttingen: Hogrefe.

# Sachregister